CW00448990

Developing Chinese

第二版
2nd Edition

Elementary Comprehensive Course

初级综合

（II）

徐桂梅　编著

王　瑞　翻译

北京语言大学出版社
BEIJING LANGUAGE AND CULTURE
UNIVERSITY PRESS

Developing
Chinese

第二版
2nd Edition

　　《发展汉语》（第二版）为普通高等教育"十一五"国家级规划教材。为保证本版编修的质量和效率，特成立教材编写委员会和教材编辑委员会。编辑委员会广泛收集全国各地使用者对初版《发展汉语》的使用意见和建议，编写委员会据此并结合近年来海内外第二语言教学新的理论和理念，以及对外汉语教学和教材理论与实践的新发展，制定了全套教材和各系列及各册教材的编写方案。编写委员会组织全体编者，对所有教材进行了全面更新。

适用对象

　　《发展汉语》（第二版）主要供来华学习汉语的长期进修生使用，可满足初（含零起点）、中、高各层次主干课程的教学需要。其中，初、中、高各层次的教材也可供汉语言专业本科教学选用，亦可供海内外相关的培训课程及汉语自学者选用。

结构规模

　　《发展汉语》（第二版）采取综合语言能力培养与专项语言技能训练相结合的外语教学及教材编写模式。全套教材分为三个层级、五个系列，即纵向分为初、中、高三个层级，横向分为综合、口语、听力、阅读、写作五个系列。其中，综合系列为主干教材，口语、听力、阅读、写作系列为配套教材。

　　全套教材共28册，包括：初级综合（Ⅰ、Ⅱ）、中级综合（Ⅰ、Ⅱ）、高级综合（Ⅰ、Ⅱ），初级口语（Ⅰ、Ⅱ）、中级口语（Ⅰ、Ⅱ）、高级口语（Ⅰ、Ⅱ），初级听力（Ⅰ、Ⅱ）、中级听力（Ⅰ、Ⅱ）、高级听力（Ⅰ、Ⅱ），初级读写（Ⅰ、Ⅱ），中级阅读（Ⅰ、Ⅱ）、高级阅读（Ⅰ、Ⅱ），中级写作（Ⅰ、Ⅱ）、高级写作（Ⅰ、Ⅱ）。其中，每一册听力教材均分为"文本与答案"和"练习与活动"两本；初级读写（Ⅰ、Ⅱ）为本版补编，承担初级阅读和初级写话双重功能。

编写理念

　　"发展"是本套教材的核心理念。发展蕴含由少到多、由简单到复杂、由生疏到熟练、由模仿、创造到自如运用。"发展汉语"寓意发展学习者的汉语知识，发展学习者对汉语的领悟能力，发展学习者的汉语交际能力，发展学习者的汉语学习能力，不断拓展和深化学习者对当代中国社会及历史文化的了解范围和理解能力，不断增强学习者的跨文化交际能力。

　　"集成、多元、创新"是本套教材的基本理念。集成即对语言要素、语言知识、文化知识以及汉语听、说、读、写能力的系统整合与综合；多元即对教学法、教学理论、教学大纲以及教学材料、训练方式和手段的兼容并包；创新即在遵循汉语作为外语或第二语言教学规律、继承既往成熟的教学经验、汲取新的教学和教材编写研究成果的基础上，对各系列教材进行整体和局部的特色设计。

教材目标

总体目标：全面发展和提高学习者的汉语语言能力、汉语交际能力、汉语综合运用能力和汉语学习兴趣、汉语学习能力。

具体目标：通过规范的汉语、汉字知识及其相关文化知识的教学，以及科学而系统的听、说、读、写等语言技能训练，全面培养和提高学习者对汉语要素（语音、汉字、词汇、语法）形式与意义的辨别和组配能力，在具体文本、语境和社会文化规约中准确接收和输出汉语信息的能力，运用汉语进行适合话语情境和语篇特征的口头和书面表达能力；借助教材内容及其教学实施，不断强化学习者汉语学习动机和自主学习的能力。

编写原则

为实现本套教材的编写理念、总体目标及具体目标，特确定如下编写原则：

（1）课文编选上，遵循第二语言教材编写的针对性、科学性、实用性、趣味性等核心原则，以便更好地提升教材的质量和水平，确保教材的示范性、可学性。

（2）内容编排上，遵循第二语言教材编写由易到难、急用先学、循序渐进、重复再现等通用原则，并特别采取"小步快走"的编写原则，避免长对话、长篇幅的课文，所有课文均有相应的字数限制，以确保教材好教易学，增强学习者的成就感。

（3）结构模式上，教材内容的编写、范文的选择和练习的设计等，总体上注重"语言结构、语言功能、交际情境、文化因素、活动任务"的融合、组配与照应；同时注重话题和场景、范文和语体的丰富性和多样化，以便全面培养学习者语言理解能力和语言交际能力。

（4）语言知识上，遵循汉语规律、汉语教学规律和汉语学习规律，广泛吸收汉语本体研究、汉语教学研究和汉语习得研究的科学成果，以确保知识呈现恰当，诠释准确。

（5）技能训练上，遵循口语、听力、阅读、写作等单项技能和综合技能训练教材的编写规律，充分凸显各自的目标和特点，同时注重听说、读说、读写等语言技能的联合训练，以便更好地发挥"综合语言能力＋专项语言技能"训练模式的优势。

（6）配套关联上，发挥系列配套教材的优势，注重同一层级不同系列平行或相邻课文之间，在话题内容、谈论角度、语体语域、词汇语法、训练内容与方式等方面的协调、照应、转换、复现、拓展与深化等，以便更好地发挥教材的集成特点，形成"共振"合力，便于学习者综合语言能力的养成。

（7）教学标准上，以现行各类大纲、标准和课程规范等为参照依据，制订各系列教材语言要素、话题内容、功能意念、情景场所、交际任务、文化项目等大纲，以增强教材的科学性、规范性和实用性。

实施重点

为体现本套教材的编写理念和编写原则，实现教材编写的总体目标和具体目标，全套教材突出了以下实施重点：

（1）系统呈现汉语实用语法、汉语基本词汇、汉字知识、常用汉字；凸显汉语语素、语段、语篇教学；重视语言要素的语用教学、语言项目的功能教学；多方面呈现汉语口语语体和书面语体的特点及其层次。

（2）课文内容、文化内容今古兼顾，以今为主，全方位展现当代中国社会生活；有针对性地融入与学习者理解和运用汉语密切相关的知识文化和交际文化，并予以恰当的诠释。

（3）探索不同语言技能的科学训练体系，突出语言技能的单项、双项和综合训练；在语言要素学习、课文读解、语言点讲练、练习活动设计、任务布置等各个环节中，凸显语言能力教学和语言应用能力训练的核心地位。并通过各种练习和活动，将语言学习与语言实践、课内学习与课外习得、课堂教学与目的语环境联系起来、结合起来。

（4）采取语言要素和课文内容消化理解型练习、深化拓展型练习以及自主应用型练习相结合的训练体系。几乎所有练习的篇幅都超过该课总篇幅的一半以上，有的达到了2/3的篇幅；同时，为便于学习者准确地理解、掌握和恰当地输出，许多练习都给出了交际框架、示例、简图、图片、背景材料、任务要求等，以便更好地发挥练习的实际效用。

（5）广泛参考《汉语水平等级标准与语法等级大纲》（1996）、《汉语水平词汇与汉字等级大纲》（2001）、《高等学校外国留学生汉语言专业教学大纲》（2002）、《国际汉语教学通用课程大纲》（2008）、《欧洲语言共同参考框架：学习、教学、评估》（中译本，2008）、《新汉语水平考试大纲（HSK1-6级）》（2009-2010）等各类大纲和标准，借鉴其相关成果和理念，为语言要素层级确定和选择、语言能力要求的确定、教学话题及其内容选择、文化题材及其学习任务建构等提供依据。

（6）依据《高等学校外国留学生汉语教学大纲（长期进修）》（2002），为本套教材编写设计了词汇大纲编写软件，用来筛选、区分和确认各等级词汇，控制每课的词汇总量和超级词、超纲词数量。在实施过程中充分依据但不拘泥于"长期进修"大纲，而是参考其他各类大纲并结合语言生活实际，广泛吸收了诸如"手机、短信、邮件、上网、自助餐、超市、矿泉水、物业、春运、打工、打折、打包、酒吧、客户、密码、刷卡"等当代中国社会生活中已然十分常见的词语，以体现教材的时代性和实用性。

基本定性

《发展汉语》（第二版）是一个按照语言技能综合训练与分技能训练相结合的教学模式编写而成的大型汉语教学和学习平台。整套教材在语体和语域的多样性、语言要素和语言知识及语言技能训练的系统性和针对性，在反映当代中国丰富多彩的社会生活、展现中国文化的多元与包容等方面，都做出了新的努力和尝试。

《发展汉语》（第二版）是一套听、说、读、写与综合横向配套，初、中、高纵向延伸的、完整的大型汉语系列配套教材。全套教材在共同的编写理念、编写目标和编写原则指导下，按照统一而又有区别的要求同步编写而成。不同系列和同一系列不同层级分工合作、相互协调、纵横照应。其体制和规模在目前已出版的国际汉语教材中尚不多见。

特别感谢

感谢国家教育部将《发展汉语》（第二版）列入国家级规划教材，为我们教材编写增添了动力和责任感。感谢编写委员会、编辑委员会和所有编者高度的敬业精神、精益求精的编写态度，以及所投入的热情和精力、付出的心血与智慧。其中，编写委员会负责整套教材及各系列教材的规划、设计与编写协调，并先后召开几十次讨论会，对每册教材的课文编写、范文遴选、体例安排、注释说明、练习设计等，进行全方位的评估、讨论和审定。

感谢中国人民大学么书君教授和北京语言大学出版社张健副社长为整套教材编写作出的特别而重要的贡献。感谢北京语言大学出版社戚德祥社长对教材编写和编辑工作的有力支持。感谢关注本套教材并贡献宝贵意见的对外汉语教学界专家和全国各地的同行。

特别期待

○ 把汉语当做交际工具而不是知识体系来教、来学。坚信语言技能的训练和获得才是最根本、最重要的。

○ 鼓励自己喜欢每一本教材及每一课书。教师肯于花时间剖析教材，谋划教法。学习者肯于花时间体认、记忆并积极主动运用所学教材的内容。坚信满怀激情地教和饶有兴趣地学会带来丰厚的回馈。

○ 教师既能认真"教教材"，也能发挥才智弥补教材的局限与不足，创造性地"用教材教语言"，而不是"死教教材"、"只教教材"，并坚信教材不过是教语言的材料和工具。

○ 学习者既能认真"学教材"，也能积极主动"用教材学语言"，而不是"死学教材"、"只学教材"，并坚信掌握一种语言既需要通过课本来学习语言，也需要在社会中体验和习得语言，语言学习乃终生之大事。

李　泉

编写说明

适用对象

《发展汉语·初级综合》（Ⅱ）与《发展汉语·初级综合》（Ⅰ）相衔接，适合已掌握汉语最基本的句型，掌握1000—1200个常用词，能就与个人和日常生活密切相关的话题进行汉语交际的学习者使用。

教材目标

以全面提高初级阶段学习者听、说、读、写综合汉语交际能力为宗旨。具体而言，学完本册教材，学习者应达到以下目标：

（1）熟练掌握普通话语音和汉语拼音；扩大汉语词汇数量，进一步掌握和深化汉语的基本语法结构知识。

（2）增强汉语听、说、读、写能力，特别是听说能力；能运用所学汉语就日常生活和学习进行沟通，能用汉语就熟悉的题材进行描述，能进行一些基本的语段表达。

（3）掌握一般的学习策略、交际策略、资源策略，进一步了解与汉语交际相关的中国文化知识。

（4）注意跨文化交际差异，增强跨文化交际意识和跨文化交际能力。

特色追求

（1）突出教材内容的科学性与实用性

本册教材注重语言要素及其编排和诠释的科学性、准确性，以便于进一步打好语言基础；课文选编注重可学性、趣味性，尤其注重教学内容的实用性，以利于学以致用，增强学习成就感。

（2）综合能力培养与听说优先相结合

本册教材仍属于系统的语言学习的基础阶段，因此仍需以全面而又有重点地培养学习者的语言能力为目标，即把全面培养听、说、读、写综合语言能力，与突出听说的教学理念和实施策略结合起来，但总体上仍着力体现综合传授语言知识和综合训练语言技能的特点。

（3）设计与实施以学习者为中心

以更好地服务于初学者为教材编写的核心理念，以是否有利于初学者的汉语学习作为体例设计和内容编排的标准。为此，本册教材作如下体例安排：

题解：希望通过对课文背景、特色或主旨等的点题，为学习者更好地理解课文进行铺垫。

词语学习：用颜色标注的词语，应重点学习和掌握。

走进课文：在课文旁边加设提问，提示需重点理解的课文内容、词语或语言点。

脚注：对涉及历史和文化的词语、专名、术语等做脚注，以降低课文学习的难度，并保证准确理解课文内容。

综合注释：语言点讲解之后随即练习，以便学用结合。

综合练习：涵盖语素、词语、语法、课文理解、阅读、表达、写作、拓展学习等各方面的内容。

语言点小结：每五课后附一个语言点小结，重要语言点以例句形式提纲挈领地加以概括和呈现，以便于学习者复习和掌握。

（4）练习题设计以提高学习者综合语言能力为宗旨

本册教材的练习题包括书面练习和口语练习，力求将语言形式与交际场景、交际功能、交际需求相结合。练习题型涉及语音、汉字、词汇、语法、功能、文化等，既有课内的练习，也有与课内练习相关的拓展练习。通过多样化的练习方式，使学习者更好地消化、深化对所学内容的理解和记忆，同时在交际方式、交际策略等方面也有所创造和提高，从而逐步培养学习者正确、得体地运用汉语进行交际以及顺利进行跨文化交际的能力。

使用建议

（1）本册教材共 25 课，建议每课用 6 课时完成。

（2）注释着力于简明、扼要，课文编选尽量避免过长，因此教师可视情况予以细化和补充。

（3）"走进课文"可把课文的讲解、讲练跟右侧的问题结合起来。

（4）"综合练习"涵盖语素、词语、语言点、课文理解、阅读、表达、拓展学习等内容。其中，写作练习和拓展学习可课后完成，其他练习建议在课堂上完成。

（5）"课堂活动"希望寓教于乐，以活泼的游戏形式练习所学语言知识，教师的角色类似"导演"，最大限度地确保活动的成功和高效。

特别期待

学习者：

◎ 课前认真预习你将学习的每一课。

◎ 反复大声朗读你正在学习的课文。

◎ 喜欢每一篇课文，并学在其中，乐在其中。

◎ 课后经常复习学过的课文，积极寻找机会使用课文所学内容。

教师：

◇ 及时批改和讲评学习者的课内外作业。

◇ 真诚而恰当地肯定学习者的每一次进步。

◇ 课下深度备课，课上激情投入。

◇ 适时而恰当地传授学习策略，发展学习者的汉语学习能力。

特别致谢

本册教材英文翻译由在加拿大生活和工作的王瑞博士完成，在此谨致谢忱！

《发展汉语》（第二版）编写委员会及本册教材编者

目 录 **Contents**

1 入乡随俗 ⋯⋯⋯⋯⋯⋯⋯⋯⋯⋯⋯⋯⋯⋯⋯⋯⋯⋯⋯⋯⋯ 1
Do as the Romans Do
综合注释： 1. V+着（动作或状态的持续）
　　　　　 2. 不/没⋯⋯不/没⋯⋯（双重否定）
　　　　　 3. 不是A，而是B

2 儿子要回家 ⋯⋯⋯⋯⋯⋯⋯⋯⋯⋯⋯⋯⋯⋯⋯⋯⋯⋯⋯ 11
My Son Is Coming Home
综合注释： 1. 从来
　　　　　 2. 不A 不B
　　　　　 3. 处所+V+着+N（存在句）

3 卖辣椒的女孩儿 ⋯⋯⋯⋯⋯⋯⋯⋯⋯⋯⋯⋯⋯⋯⋯⋯ 21
The Girl Selling Chili Peppers
综合注释： 1. 复合趋向补语
　　　　　 2. 一+M（+N）+都/也+不/没⋯⋯（强调）
　　　　　 3. 既⋯⋯也/又⋯⋯
　　　　　 4. 把+O+V+趋向补语

4 我和中国有个约会 ⋯⋯⋯⋯⋯⋯⋯⋯⋯⋯⋯⋯⋯⋯ 33
I Have a Date with China
综合注释： 1. "是⋯⋯的"句（1）
　　　　　 2. 不但⋯⋯而且⋯⋯
　　　　　 3. 其实

5 为什么我一个人站着吃 ⋯⋯⋯⋯⋯⋯⋯⋯⋯⋯⋯ 44
Why Do I Stand by Myself While Eating
综合注释： 1. V₁+着+V₂
　　　　　 2. 疑问词+也/都⋯⋯

语言点小结（一）⋯⋯⋯⋯⋯⋯⋯⋯⋯⋯⋯⋯⋯⋯⋯⋯⋯ 55
Summary of the Grammar Points（Ⅰ）
动态助词：了、着、过

6 我这里一切都好 ·· 56

Everything Is Fine Here

综合注释：1. 越A越B

2. V+得/不+结果/趋向（可能补语1）

7 我要去埃及 ·· 67

I Want to Go to Egypt

综合注释：1. V/Adj+起来

2. V/Adj+下去

3. V+什么（表示制止劝阻）

4. V得了/不了（可能补语2）

8 旧梦 ·· 78

An Old Memory

综合注释：1. A比B+Adj/VP

2. A比B+Adj/VP+程度

3. A比B+还/更+Adj/VP

9 爱的教育 ·· 90

Education of Love

综合注释：1. N₁让/叫 N₂+V

2. ……，特别是……

3. A不如B（+Adj/VP）

4. A有（没有）B（这么/那么）+Adj/VP

10 快乐，其实很简单 ·· 101

Being Happy Is Actually Quite Easy

综合注释：1. 一+M（N）一+M（N）（数量词重叠）

2. 动量补语

3. 一M比一M+Adj/VP

语言点小结（二）·· 112

Summary of the Grammar Points（II）

比较句

11 书本里的蚂蚁 ·· 113

The Ant in the Book

综合注释：1. 疑问词虚指

2. 疑问词任指

3. V+出来（趋向补语的引申用法）

12 **是"枕头"，不是"针头"** ···················· **124**

It's Pillow, Not Needle Head

综合注释：1. 对……来说

2. 把+A+V成+B

3. 反问句1（是非问句形式）

13 **中国来信改变了我的生活** ···················· **135**

A Letter from China Has Changed My Life

综合注释：1. 除了……（以外），……

2. 不是A就是B

3. 名词/量词重叠

14 **第一次打的** ·································· **146**

Taking a Taxi for the First Time

综合注释：1. 百、千、万的称数法

2. "被"字句

3. 幸好

15 **飞回来的信鸽** ······························ **158**

The Carrier Pigeon Flies Back

综合注释：1. A是A，但（是）/可（是）/就是……

2. 无标记被动句

3. 当……的时候

语言点小结（三） ······························ **170**

Summary of the Grammar Points (III)

被动句

16 **把表拨快三分钟** ···························· **171**

Set the Watch Forward by Three Minutes

综合注释：1. 把+O+V/VP+NM

2. 反问句2（特殊问句形式）

3. 难道

17 约会 183

A Date

综合注释：1. 尽管……，但（是）/可（是）/却……

2. 到底……

18 听电影 194

Listen to the Movie

综合注释：1. 即使……，也/还……

2. （好）像……似的

3. 用"来"表示概数

19 笔友 206

Pen Pals

综合注释：1. 只有……才……

2. "是……的"句（2）

3. 好在

20 第一人格 219

The Highest Human Dignity

综合注释：1. 把+O+V（一/了）V/V一下

2. 从……起

3. 千万

语言点小结（四） 231

Summary of the Grammar Points (Ⅳ)

"把"字句

21 愚公移山 232

Yu Gong Removed the Mountains

综合注释：1. 不管……都/也……

2. ……，再说……

3. V+到底

22 卡 243

Cards

综合注释：1. 不必

2. 只要……就……

3. 既然……就……

23 我的"低碳生活" ·· 254
My Low-Carbon Life
综合注释：1. V+起来+评价
　　　　　2. 怎么也/都+V+不+结果
　　　　　3. 分数与倍数的表达
　　　　　4. 连······都/也······

24 父子长城 ·· 266
Father, Son and the Great Wall
综合注释：1. 哪怕······也······
　　　　　2. 万一
　　　　　3. 用不着

25 搭车去柏林 ·· 278
Going to Berlin by Hitchhiking
综合注释：1. 竟然
　　　　　2. "由"字句
　　　　　3. 一+V/Adj······

语言点小结（五） ·· 290
Summary of the Grammar Points（Ⅴ）
　　　　　概数

词语总表 ·· 291
Vocabulary

语法术语及缩略形式参照表
Abbreviations of Grammar Terms

Grammar Terms in Chinese	Grammar Terms in *pinyin*	Grammar Terms in English	Abbreviations
名词	míngcí	noun	n. / 名
代词	dàicí	pronoun	pron. / 代
数词	shùcí	numeral	num. / 数
量词	liàngcí	measure word	m. / 量
动词	dòngcí	verb	v. / 动
助动词	zhùdòngcí	auxiliary	aux. / 助动
形容词	xíngróngcí	adjective	adj. / 形
副词	fùcí	adverb	adv. / 副
介词	jiècí	preposition	prep. / 介
连词	liáncí	conjunction	conj. / 连
助词	zhùcí	particle	part. / 助
拟声词	nǐshēngcí	onomatopoeia	onom. / 拟声
叹词	tàncí	interjection	int. / 叹
前缀	qiánzhuì	prefix	pref. / 前缀
后缀	hòuzhuì	suffix	suf. / 后缀
成语	chéngyǔ	idiom	idm. / 成
主语	zhǔyǔ	subject	S
谓语	wèiyǔ	predicate	P
宾语	bīnyǔ	object	O
补语	bǔyǔ	complement	C
动宾结构	dòngbīn jiégòu	verb-object	VO
动补结构	dòngbǔ jiégòu	verb-complement	VC
动词短语	dòngcí duǎnyǔ	verbal phrase	VP
形容词短语	xíngróngcí duǎnyǔ	adjectival phrase	AP

1 入乡随俗
Do as the Romans Do

题解
Introduction

一个人到了新的地方，可能会遇到一些不习惯的事情，怎么办呢？最好的办法就是"入乡随俗"。

One who is in a new place may encounter things that he/she is not used to. What should he/she do? The best way is "When in Rome, do as the Romans do."

词语学习
Vocabulary

1	入乡随俗	rù xiāng suí sú	*idm.*	when in Rome, do as the Romans do
2	渐渐	jiànjiàn	*adv.*	gradually; little by little
3	迟到	chídào	*v.*	be late
4	着	zhe	*part.*	*used after a verb or adjective to indicate a continued action or state, often with the particle "呢" at the end of the sentence*
5	不好意思	bù hǎoyìsi		feel embarrassed; be ill at ease
6	为了	wèile	*prep.*	in order to; for
7	闹钟	nàozhōng	*n.*	alarm clock
8	懒虫	lǎnchóng	*n.*	lazybones
9	该	gāi	*aux.*	have to; should; ought to
10	感谢	gǎnxiè	*v.*	thank
11	打招呼	dǎ zhāohu		say hello; greet
12	有些	yǒuxiē	*pron.*	some; not many
13	问好	wèn hǎo	*v.*	say hello to; send one's regards to

14	而	ér	conj.	used to express coordination by joining two elements opposite in meaning that show a contrast
15	奇怪	qíguài	adj.	strange; odd
16	下面	xiàmiàn	n.	following; next
17	邻居	línjū	n.	neighbor
18	对话	duìhuà	n.	dialogue
19	伞	sǎn	n.	umbrella
20	肯定	kěndìng	adv.	surely; sure
21	却	què	adv.	but; yet
22	挺	tǐng	adv.	very; rather
23	亲切	qīnqiè	adj.	warm; cordial
24	熟人	shúrén	n.	acquaintance
25	回答	huídá	v.	answer
26	成语	chéngyǔ	n.	idiom; set phrase
27	适应	shìyìng	v.	get used to; be accustomed to
28	风俗	fēngsú	n.	social custom

走进课文
Text

入乡随俗

来中国半年多了，我已经渐渐地习惯了这里的生活。

刚来中国的时候，最不习惯的是早上八点钟上

1. "我"来中国多长时间了，有什么变化？

2. "我"最不习惯的是什么？

课。因为¹我是个夜猫子²，喜欢晚睡晚起，所以经常迟到。你进教室的时候，别人正上着课呢，大家都看着你，真不好意思。为了不迟到，我买了一个闹钟。每天早上一到七点钟，它就大叫："懒虫，该起床了！懒虫，该起床了！"虽然不好听，我还不能不感谢它。因为有了它，我现在已经很少迟到了。

我还有一件不习惯的事，就是打招呼。有些中国人和我见面不是问好，而是问一些奇怪的问题。下面就是今天早上我和邻居的对话：

"早！"
"早上好！"
"吃了吗？"
"吃了。"
"去上课呀？"
"是。"
"外面正下着雨呢，带伞了吗？"
"谢谢，我带着呢。"

吃了吗？

这要是在半年以前，有人这样跟我打招呼，我肯定生气了。可是，现在我却³觉得挺亲切的，因为我知道，他们跟熟人才这么打招呼。要是你不想回答他们的问题，问好就可以了。

3. "我"为什么经常迟到？
4. 迟到的时候，"我"为什么觉得不好意思？
5. 为了不迟到，"我"做了什么？
6. 闹钟怎么叫"我"起床？
7. "我"为什么要感谢闹钟？

8. "我"为什么不习惯和中国人打招呼？
9. 哪句是"我"说的，哪句是"邻居"说的？请分角色读一下。

10. 半年前，有人这样跟"我"打招呼，"我"会怎么样？为什么？
11. 中国人和熟人怎么打招呼？
12. 要是不想回答中国人打招呼的问题，可以怎么办？

---

1. 因为……所以……："因为"表示原因，"所以"表示结果，共同构成因果复句。有时候"因为"和"所以"可以不同时出现。"因为"indicates the cause, and "所以"indicates the effect. They together form a complex sentence of cause and effect. Sometimes "因为" and "所以" do not have to be used together. 例如：因为天气不好，所以运动会不开了。/他太忙，所以没来。/因为一件小事，他就生气了。
2. 夜猫子：口语里比喻经常睡得很晚的人。"夜猫子"is a colloquial term referring to a person who usually stays up very late. 例如：他是个夜猫子，常常夜里三四点钟才睡觉。
3. 却：副词，表示转折。用在动词、形容词前。"却"is an adverb meaning but or yet. It is used in front of a verb or an adjective. 例如：文章虽然短，却很难。/我虽然知道这个字的意思，却不知道怎么读。

3

中国有一个成语叫"入乡随俗"，意思是：到了一个新的地方，就要适应那里的风俗习惯。

> 13."入乡随俗"是什么意思？

综合注释
Comprehensive Notes

1. 别人正上着课呢

"V+着"，表示动作或状态的持续。例如：

"V+着" indicates that an action or a state is continuing. For example,

① 他闭着眼睛，在想什么呢？

② 玛丽背着一个大包站在路口，好像在等人。

③ 她穿着一件漂亮的新衣服。

④ 他拿着一束花去看老师。

▶ 试一试：根据提示和所给的动词完成带"着"的句子

Practice: Complete the following sentences with the given verbs and "着".

（1）A：外面正下着雨呢，_____。（带）

　　 B：雨快要停了，不用带伞了。

（2）我该走了，朋友们在_____。（等）

（3）A：我在跟你说话呢，你想什么呢？

　　 B：_____。（听）

2. 我还不能不感谢它

"不 / 没……不 / 没……"，双重否定，表示强调肯定。例如：

"不/没……不/没……" is a double negation emphasizing an affirmative statement. For example,

① 这件事他不会不知道。（他肯定知道）

② 我们没有人不愿意。（我们都愿意）

③ 我又不是没告诉过你，怎么忘了呢？（我告诉过你）

▶ 试一试：用指定词语改写句子

Practice: Rewrite the sentences below with the given phrases.

（1）不吃早饭对身体不好，你应该知道。（不是不）

　　→_____

（2）明天的活动很重要，我必须参加。（不能不）

→_____

（3）他虽然很努力，可是因为学习方法不对，进步不快。（不是不）

→_____

（4）我真的给你打过电话，但你都不在。（不是没）

→_____

3. 有些中国人见面<u>不是</u>问好，<u>而是</u>问一些奇怪的问题

"不是A，而是B"，用在对立复句中，强调B是正确的。例如：

"不是A，而是B"，literally meaning "not A, but B", is used in an oppositional compound sentence to stress that B is correct. For example,

①A：昨天你怎么没来？

B：不是我没来，而是你没看见我。

②他不是不会说汉语，而是不好意思说。

③他不是普通人，而是一个非常有名的画家。

试一试：用"不是……，而是……"完成对话

Practice: Complete the dialogues with "不是……，而是……".

（1）A：别人都去旅行了，你不想去吗？

B：我不是不想去，_____。

（2）A：他为什么总是迟到？是不是因为路上堵车？

B：_____，而是起床太晚了。

（3）A：我们是这个星期三有考试吧？

B：不是这个星期三，_____。

（4）A：她是不是病了？为什么越来越瘦呢？

B：_____，而是在减肥呢。

课堂活动
In-Class Activity

两个人一组，先自我介绍，然后分别向全班介绍自己的同伴。

Work in pairs. Make a self-introduction first and then introduce your partner to the class.

参考内容： Your introductions may include:

（1）姓名、哪国人［国籍（jí）］；

（2）学汉语多长时间了；

（3）有什么爱好；

（4）现在有什么还不太习惯的事情。

综合练习
Comprehensive Exercises

一、选词填空　*Choose the right words to fill in the blanks.*

　　"教室"的"室"是屋子的意思，可以组成的词有：办公室/图书室/会客室/会议室/浴室/室外……试着选择合适的词填到括号里。

　　"室" means "room" in "教室" and can be used in some other words like "办公室/图书室/会客室/会议室/浴室/室外", etc. Choose the proper words to fill in the blanks.

1. 房间里没有（　　　　），洗澡不太方便。

2. 我去留学生（　　　　）报名。

3.（　　　　）里正在开会呢。

4. 今天，（　　　　）里的人很多。

5. A：小刘，有人找你。

　　B：在哪儿呢？

　　A：在（　　　　）。

6. 下课以后，最好做做（　　　　）活动。

二、把下面左边带有"室"的词语和右边对词语的解释连线

Draw a iine to match each word on the left with its definition on the right.

1. 室友　　　　　　　　　　a. 屋子外面

2. 室外　　　　　　　　　　b. 同屋

3. 阅览（yuèlǎn）室　　　　c. 睡觉的房间

4. 卧（wò）室　　　　　　　d. 看书报或杂志的房间

三、选择课文中学过的下列词语填空

Fill in the blanks with the given words and expressions.

　　不好意思　为了　感谢　有些　对话　肯定　挺　回答　适应

1.（　　　　）学习汉语，我来到了中国。

2. 我来晚了，真（　　　　）！

3. 您给了我很多帮助，太（　　　　）了！

4. 周末，（　　　　）人喜欢去郊游，（　　　　）人喜欢在家里休息。

5. 请听下面的（　　　　），然后（　　　　）问题。

6. 我刚来北京，还不太（　　　　）这里的生活。

7. 他说来，就（　　　　）会来，我们再等一会儿吧。

8. 老师说，我口语（　　　　）好的，可是听力不太好。

四、选择意思相近的词语填空　*Choose a suitable word for each blank.*

1. 感谢　谢谢

（1）您做的菜太好吃了，（　　　　）！

（2）在北京的时候，您给了我很多帮助，非常（　　　　）！

2. 渐渐　慢慢

（1）他（　　　　）地走着，在打电话。

（2）天气（　　　　）地热了。

3. 习惯　适应

（1）我（　　　　）了早睡早起。

（2）我很快（　　　　）了这里的生活。

4. 为了　因为

（1）我来这儿，不是（　　　　）找工作，而是（　　　　）学习。

（2）我（　　　　）喜欢中国文化，所以来中国留学。

五、用指定词语改写句子　*Rewrite the following sentences with the given phrases.*

1. 他说来，就一定会来。（不会不）

　　→＿＿＿＿＿＿＿＿＿＿＿＿＿＿＿＿＿＿＿＿＿＿＿＿

2. 应该说对不起的是我，不是你。（不是……，而是……）

　　→＿＿＿＿＿＿＿＿＿＿＿＿＿＿＿＿＿＿＿＿＿＿＿＿

3. 我正在开车，不能给你打电话。（着）

　　→＿＿＿＿＿＿＿＿＿＿＿＿＿＿＿＿＿＿＿＿＿＿＿＿

4. 我的汉语听力不太好，经常听错。（因为……，所以……）

　　→＿＿＿＿＿＿＿＿＿＿＿＿＿＿＿＿＿＿＿＿＿＿＿＿

六、根据提示完成对话　*Complete the dialogues using the expressions provided.*

1. A：你上课怎么不发言呢？

　　B：因为怕说错，所以＿＿＿＿＿＿＿＿＿＿＿＿＿＿＿＿。（不好意思）

2. A：马克怎么还没来呢？

　　B：＿＿＿＿＿＿＿＿＿＿＿＿＿＿＿＿＿＿＿＿＿。（因为……，所以……）

3. A：飞机是1点半起飞吗？

　　B：＿＿＿＿＿＿＿＿＿＿＿＿＿＿＿＿，而是7点半起飞。（不是……）

4. A：我送给她巧克力，她会喜欢吗？

　　B：她最爱吃巧克力，＿＿＿＿＿＿＿＿＿＿＿＿＿＿。（不会不）

七、情境表达　*Expression based on the specific situation*

1. 下面的句子在什么情况下可以说？

When do you use the following sentences?

（1）吃饭了吗？

（2）不早了，我该走了。

（3）去上课呀？

2. 下面的情境下该怎么说？

What would you say in the following situations?

（1）如果不马上走，就要迟到了，怎么说？（该……了）

（2）有人提醒你别忘了带照相机，你带了，该怎么说？（着）

（3）告诉朋友你一定来参加晚会，让他放心。（不会不）

八、根据课文内容完成对话　*Complete the dialogue according to the text.*

　　A：我刚来中国的时候，＿＿＿＿＿＿＿＿＿＿＿＿＿＿＿＿＿。

　　B：是吗？都有什么事情觉得不习惯呢？

　　A：我不习惯的有两件事，一个是＿＿＿＿＿＿＿，还有一个是＿＿＿＿＿＿＿＿。

　　B：八点上课有什么不习惯的？

　　A：因为＿＿＿＿＿＿＿＿＿＿＿＿，所以＿＿＿＿＿＿＿＿＿＿＿＿。后来

　　　　我＿＿＿＿＿＿＿＿＿＿＿＿，现在＿＿＿＿＿＿＿＿＿＿＿了。

　　B：那，你为什么对中国人打招呼的方式不习惯呢？

　　A：中国人见面不是＿＿＿＿＿＿＿＿＿＿＿＿，而是＿＿＿＿＿＿＿＿＿＿，

　　　　比如＿＿＿＿＿＿＿＿＿＿＿。

　　B：我觉得挺亲切的。

　　A：可是我开始的时候＿＿＿＿＿＿＿＿＿，现在＿＿＿＿＿＿＿＿＿。

　　B：看来你已经"入乡随俗"了。

九、阅读理解 *Reading comprehension*

年轻人的夜生活和老年人的"早生活"

中国的年轻人也开始喜欢夜生活了，酒吧、咖啡馆什么的，是很多年轻人晚上喜欢去的地方。晚睡晚起的年轻人越来越多，有的人白天睡觉，很晚才起来，就是人们说的"夜猫子"；也有的人不是不想早起，而是工作到很晚才睡觉，早晨起不来，所以这些人并不是"懒虫"。

中国的老人们一般喜欢早睡早起。每天早上6点钟左右，公园里就有许多人在锻炼身体了。有的人在打太极拳，有的人在跳舞，还有的人在唱京剧。老年人觉得早睡早起身体好。

1. **判断正误** True or false

（1）中国的年轻人都喜欢夜生活。 （ ）

（2）晚起的人不一定是"懒虫"。 （ ）

（3）老人们喜欢早睡早起。 （ ）

（4）中国的老年人都喜欢打太极拳。 （ ）

2. **回答问题** Answer the following questions.

（1）年轻人晚上喜欢去哪里？

（2）什么是"夜猫子"？

（3）为什么说晚睡晚起的人不都是"懒虫"？

（4）老年人早上起来一般做什么？

十、说一说，写一写 *Speak and write*

尽量用上所给的词语回答问题，然后写一篇50字以上的小短文。

Answer the questions with the given words/expressions. Then write a short passage of at least 50 Chinese characters.

（1）你有晚睡晚起的生活习惯吗？最近怎么样？为什么？

（2）这里和你的家乡有什么不一样的风俗习惯？你入乡随俗了吗？

因为……，所以……　适应　入乡随俗　渐渐　该　不能不　风俗　习惯

十一、走出课堂，拓展学习　*Extended exercises*

找几个来自不同国家的人，调查一下他们的生活习惯，填写下表。课上和老师、同学们一起交流一下。

Ask several students from different countries about their living habits, fill in the following table, and then have a discussion with your teacher and classmates in class.

国家	年龄	睡觉时间	起床时间	夜生活一般去哪里					夜生活内容					对第二天的工作和学习有什么影响	
				咖啡馆或酒吧	电影院	卡拉OK厅	在宿舍	其他	聊天儿	看电影	唱歌跳舞	上网	其他	很放松	很累

2 儿子要回家
My Son Is Coming Home

题解
Introduction

儿子毕业了，要回家，母亲却为了这个很担心。她的医生朋友不关心儿子的健康问题，却总是问儿子宿舍的情况……这是为什么呢？

A boy graduated from school and wanted to return home, but his mother was worried. One of her friends who is a doctor wasn't concerned about the boy's health, but kept asking about his dormitory conditions. Why is that?

词语学习
Vocabulary

01

1	毕业	bìyè	v.	graduate; finish school
2	恭喜	gōngxǐ	v.	congratulate
3	关系	guānxì	n.	relation; relationship
4	从来	cónglái	adv.	all along; at all times; always
5	害怕	hàipà	v.	be afraid of; fear
6	病毒	bìngdú	n.	virus
7	哦	ò	int.	oh; ah
8	靠	kào	v.	lean against
9	墙	qiáng	n.	wall
10	摆	bǎi	v.	put; place
11	堆	duī	m./v.	heap; pile; stack
12	脏	zāng	adj.	dirty
13	旧	jiù	adj.	old; past
14	乱七八糟	luànqībāzāo	adj.	in a mess

15	墙角	qiángjiǎo	*n.*	corner of the wall
16	垃圾	lājī	*n.*	garbage
17	箱	xiāng	*n.*	box; bin
18	空	kōng	*adj.*	empty
19	食品	shípǐn	*n.*	foodstuff; food
20	袋	dài	*n.*	bag
21	酸奶	suānnǎi	*n.*	yoghurt
22	盒	hé	*n.*	box; case
23	袜子	wàzi	*n.*	socks; stockings
24	废纸	fèizhǐ	*n.*	waste paper
25	衣柜	yīguì	*n.*	wardrobe
26	不过	búguò	*conj.*	but; however; yet
27	挂	guà	*v.*	hang; put up
28	自由	zìyóu	*n./adj.*	freedom; free
29	小心	xiǎoxīn	*v.*	be careful
30	消毒	xiāodú	*v.*	disinfect; sterilize
31	环境	huánjìng	*n.*	environment
32	保护	bǎohù	*v.*	protect

走进课文
Text

儿子要回家

"听说你儿子大学毕业了，恭喜恭喜！"

"你别恭喜我，我正为这件事担心呢，你快帮帮我吧。"

"儿子要回家了，是好事啊，你为什么这么担心呢？我能给你什么帮助呢？"

"当然能，因为你是医生啊。"

> 1. 儿子要回家了，妈妈的心情怎么样？

> 2. 妈妈为什么让对方帮助自己？

"这件事跟我是医生有什么关系吗？"

"当然有关系。儿子从上大学到现在，从来没打扫过房间，我害怕他带着病毒回家。"

"哦，我明白了。那请您给我介绍一下他的宿舍吧。"

"房间不大不小。靠墙摆着一张床，床下放着一堆脏衣服。桌子上面放着一台电脑、许多旧书、几张音乐CD、两个啤酒瓶子。对了[1]，书上还放着一只鞋。房间里乱七八糟的，太脏了。"

> 3. 儿子宿舍的床下放着什么？你觉得什么东西放错了地方？
> 4. 桌子上放着什么？你认为什么放错了地方？

"墙角放着一个垃圾箱，是吧？"

"对呀，里面放着空食品袋、空酸奶盒、脏袜子、废纸什么的[2]。"

> 5. 垃圾箱里有什么？

"屋子里有衣柜吗？"

"有，不过衣柜里没挂着衣服，却放着足球、篮球什么的，衣服都在地上堆着呢……"

> 6. 衣柜里放着什么？

"他自己每天洗碗吗？"

"用过的盘子和碗，他一个星期才洗一次。"

> 7. 儿子多长时间洗一次盘子和碗？你认为是不是时间太长了？

"你们以前没发现这个问题吗？"

"刚上大学的时候，他说要自由，不让我们去他的宿舍。我们是最近才发现了这个问题。"

"他真是太自由了！你儿子的宿舍里一定有不少病毒。你们真应该小心点儿，最好[3]给他的

> 8. 医生朋友给了妈妈什么建议？

---

1. 对了：想起或提起新话题。"对了" is used when one remembers or brings up a new topic. 例如：A：我们什么时候出发？B：明天上午9点。对了，你问问马丁去不去。A：好的。

2. ……什么的：口语中表示列举未尽。"……什么的", used in oral Chinese, indicates that there are still more examples. It is simiar to "and so on". 例如：校园里，银行、邮局、书店什么的都有，很方便。

3. 最好：用于提建议或忠告。"最好" is used to give suggestions or advice. 例如：想要提高汉语听说能力，最好多听多说。/去旅行的时候，最好带点儿常用药。

东西消消毒。对了，你儿子毕业以后想做什么工作？"

"他想做和环境保护有关系的工作。"

（选自《青年参考》，作者：〔美〕布赫瓦尔德，张元军译）

> 9. 儿子想做什么工作？你觉得这个结尾有什么可笑的地方吗？

综合注释
Comprehensive Notes

1. 儿子从上大学到现在，<u>从来</u>没打扫过房间

"从来"，从过去到现在，多用于否定。例如：

"从来" means "at all times" or "from a point in the past till now". It is usually used in a negative sentence. For example,

① 我从来不吃这种东西。

② 毕业以后，我们从来没见过面。

③ 这个问题我从来没想过。

▷ 试一试：用"从来"完成对话

Practice: Complete the dialogues with "从来".

例：A：听说你去过云南丽江。

B：<u>我从来没去过丽江，不过我听说那儿很有意思</u>。

（1）A：山田同学迟到过吗？

B：＿＿＿＿＿＿＿＿＿＿＿＿＿＿＿＿＿。

（2）A：你到中国来以后回过国吗？

B：＿＿＿＿＿＿＿＿＿＿＿＿＿＿＿＿＿。

（3）A：你打过高尔夫球吗？

B：＿＿＿＿＿＿＿＿＿＿＿＿＿＿＿＿＿。

2. 房间<u>不大不小</u>

"不 A 不 B"，表示程度在两者之间，适中。A 和 B 是一对意义相对的形容词。例如：

"不A 不B" indicates a moderate level somewhere between A and B. A and B are a pair of adjectives with opposite meanings. For example,

① 这件衣服不大不小，正合适。

② 北京的秋天不冷不热，很舒服。

③ 我来得不早不晚，正好开始上课。

▶ 试一试：用"不 A 不 B"完成对话

Practice: Complete the dialogues with "不A不B".

（1）A：这个房间是不是有点儿小？

B：＿＿＿＿＿＿＿＿＿＿＿，一个人住正合适。

（2）A：这些饭菜太少了，不够吃吧？

B：＿＿＿＿＿＿＿＿＿＿＿，正合适。

（3）A：我是不是说得太快了，你能听懂吗？

B：＿＿＿＿＿＿＿＿＿＿＿，我都听懂了。

3. 靠墙摆着一张床

"处所＋V＋着＋N"，表示存在。例如：

"Location＋V＋着＋N" indicates existence. For example,

① 屋子里有一个书架，书架上摆着许多书。

② 门口停着一辆出租车。

③ 墙上挂着一幅地图。

▶ 试一试：用"处所＋V＋着＋N"句式完成句子

Practice: Complete the sentences with the pattern "location＋V＋着＋N".

例：食品袋里装着水果。（水果）

（1）桌子上＿＿＿＿＿＿＿＿。（两本书）

（2）教室里＿＿＿＿＿＿＿＿。（几个学生）

（3）墙上＿＿＿＿＿＿＿＿。（很多照片）

课堂活动
In-Class Activity

老师请几个同学站在教室前边，然后让别人描述他/她的打扮。要求用"处所＋V＋着＋N"的格式，每个人至少说一句。

Under the direction of the teacher, several students stand in the front of the classroom and others describe the way he/she dresses with the structure "location＋V＋着＋N". Each student should say at least one sentence.

参考下面的提示：The sentences may be organized as follows:

他/她头上戴（dài）着_____。

他/她上身穿着_____。

他/她下身穿着_____。

他/她脚上穿着_____。

他/她手上戴着_____。

他/她手里拿着_____。

综合练习
Comprehensive Exercises

一、选词填空　*Choose the right words to fill in the blanks.*

1. "医生"的"医"还可以组成"医院/中医/西医"等。试着选择合适的词填到括号里。

"医", as in "医院", can also be found in other words like "医院/中医/西医", etc. Choose the proper words to fill in the blanks.

（1）昨天我去医院了，（　　　）说我只是感冒，没关系。

（2）我昨天去看（　　　）了，我想试试中药。

（3）这家医院没有中医，只能看（　　　）。

2. "电脑"的"电"还可以组成"电话/电视/电灯/电影"等。试着选择合适的词填到括号里。

"电", as in "电脑", can also be found in other words like "电话/电视/电灯/电影", etc. Choose the proper words to fill in the blanks.

（1）我每星期给家里打一次（　　　）。

（2）我昨天和朋友一起看了一个新（　　　），很晚才回来。

（3）我很喜欢一边吃饭，一边看（　　　）。

（4）我宿舍的（　　　）坏了，您帮我修一下，好吗？

二、选择课文中学过的下列词语填空

Fill in the blanks with the given words and expressions.

毕业　害怕　病毒　脏　旧　乱七八糟　小心　保护

1. 旅行的时候，我很（　　　）生病，因为有时候找不到医院。

2. 我的电脑有（　　　）了，怎么办？

3.（　　　　）以后，我就去上海工作。

4.那件衣服太（　　　　）了，参加晚会最好穿件新衣服。

5.他的字写得（　　　　），我看不懂。

6.路上车多人多，骑自行车（　　　　）一点儿！

7.你的车太（　　　　）了，洗洗吧。

8.你用电脑的时间别太长了，（　　　　）好自己的眼睛。

三、把下面左边的词语和右边对词语的解释连线

Draw a line to match each word on the left with its definition on the right.

1. 摆　　　　　　　a. 很多东西像小山一样放在一起

2. 堆　　　　　　　b. 认真地放好

3. 从来　　　　　　c. 不新

4. 乱七八糟　　　　d. 从过去到现在

5. 小心　　　　　　e. 很不整齐

6. 旧　　　　　　　f. 注意

四、选择意思相近的词语填空　*Choose a suitable word for each blank.*

1. 旧　老

（1）我和他是（　　　　）朋友了。

（2）我有一台（　　　　）电脑，想换一台新的。

2. 放　摆　堆

（1）桌子上（　　　　）着家人的照片。

（2）东西别乱（　　　　），从哪里拿来的，再放回哪里去。

（3）地上（　　　　）着很多书。

3. 担心　害怕

（1）她一定能照顾好自己，你别（　　　　）。

（2）天太黑了，一个人走路有点儿（　　　　）。

五、把左右两边的内容连成句子

Make sentences by matching the clauses on the left with those on the right.

1. 这些老建筑都很重要，　　　a. 和他没关系。

2. 屋子里乱七八糟的，　　　　b. 不知道今天是怎么了。

3. 他从来不迟到，　　　　　　c. 得好好儿收拾收拾。

4. 是我不小心摔倒了，　　　　d. 大家最好小心一点儿。

5. 现在出现了一种新的电脑病毒，e. 应当小心保护好。

六、把所给词语放在最合适的位置上 *Choose the correct positions for the given words.*

1. 虽然都在北京A工作，B我们C两年多D没见面了。（却）
2. 他的名片上只写A姓名和电话，却没有B地址。（着）
3. 学习是A你自己的事，B别人没C关系。（跟）
4. 他A从来B都C 吃D早饭。（不）

七、根据提示完成对话 *Complete the dialogues using the expressions provided.*

1. A：你睡觉前喝咖啡吗？
   B：_____，我害怕睡不着觉。（从来）
2. A：我住在留学生宿舍好呢，还是住在中国朋友家好呢？
   B：_____，这样你就可以每天和中国朋友练习汉语了。（最好）
3. A：旅行包里装着_____，太多了！（……什么的）
   B：路上可能有用，你还是带着吧。
4. A：你最近工作太忙，小心别累坏了身体。
   B：是啊。我很想休息休息，_____。（不过）
5. A：你毕业以后想做什么工作？
   B：_____。（跟……有关系）

八、完成对话 *Complete the dialogue according to the picture.*

妈妈：你看看你的房间！唉！_____，真没办法！
（乱七八糟　从来）

儿子：我的房间虽然有点儿乱，可是东西在哪儿放着我都知道。对了，妈，我的书包在哪儿？

妈妈：衣帽架上_____。（挂）

儿子：我看到了。对了，我的鞋也少了一只。

妈妈：床旁边_____。（放）

儿子：哦，我看到了。对了，_____。（最好）

妈妈：好，我不给你打扫，你的房间乱不乱跟我没关系。

九、阅读理解 *Reading comprehension*

　　很早以前，有一个叫叶公的人，经常对别人说："我太喜欢龙了！"他家的门上刻（kè，engrave）着龙，窗子上刻着龙，墙上画着龙，他的衣服上也绣（xiù，embroider）着龙。

　　有人告诉天上的真龙说："叶公这么喜欢龙，可是还从来没见过真龙呢，你最好下去看看他。"有一天，真龙从天上飞到了叶公的家。叶公听到外面有声音，出门一看，天啊，自己家的院子里来了一条真的龙，大大的眼睛正看着自己呢！叶公吓得脸都白了，大叫一声，逃走（táozǒu，run away）了。

1. 判断正误　True or false

（1）叶公喜欢真的龙。　　　　　　　　（　　）
（2）他的衣服上画着龙。　　　　　　　（　　）
（3）真龙来看望叶公。　　　　　　　　（　　）
（4）叶公很害怕真的龙。　　　　　　　（　　）

2. 回答问题　Answer the following questions.

（1）叶公真的喜欢龙吗？
（2）生活中有没有叶公这样的人？
（3）短文中有几个带"着"的句子？请读一下。
（4）关于这个故事，汉语里有一个成语（chéngyǔ，idiom），你知道是什么吗？

十、说一说，写一写　*Speak and write*

拍一张你房间的照片，介绍一下你房间的布置。尽量选用所给的词语，然后写成60字左右的小短文。

Take a photo of your room, describe it using the given words and expressions, and then write a short passage of about 60 Chinese characters.

摆着　放着　装着　挂着　贴（tiē, stick）着　不大不小　乱七八糟

十一、走出课堂，拓展学习　*Extended exercises*

现在有的大学生请小时工打扫房间。请采访（cǎifǎng）几个中国和外国的大学生，请他们谈谈对这种现象的看法。课上和老师、同学们交流一下。

Nowadays, some university students hire hourly housekeepers to clean up their rooms. Interview several Chinese and foreign students about their viewpoints on this phenomenon. Discuss it with your teacher and classmates in class.

采访提纲：A possible outline for the interview:

（1）说明自己访问他 / 她的目的。

（2）提出关于请小时工打扫房间的问题。

（3）你离开家几年了？

（4）是和别人一起住还是自己住？

（5）是住学校的宿舍还是自己租房子？

（6）房间由谁来打扫？一般多长时间打扫一次？

（7）是否请过小时工？如果没请过，想不想请？如果请过小时工，觉得怎么样？

（8）对大学生请小时工打扫房间，你有什么看法？

卖辣椒的女孩儿
The Girl Selling Chili Peppers

题解
Introduction

一个女孩儿在市场卖辣椒。第一天，又新鲜又好看的辣椒一个也没卖出去。可是，到了第四天，女孩儿却把所有的辣椒都卖出去了。让我们看看，这个"奇迹"是怎么发生的。

A girl was selling chili peppers at the market. On the first day, her peppers were both fresh and good-looking, yet she failed to sell a single one. On the fourth day, however, all the peppers were sold out. Let's take a look at how this "miracle" happened.

词语学习
Vocabulary

01

1	辣椒	làjiāo	*n.*	hot pepper; chili
2	市场	shìchǎng	*n.*	market
3	经验	jīngyàn	*n.*	(uncountable) experience
4	篮子	lánzi	*n.*	basket
5	新鲜	xīnxiān	*adj.*	fresh
6	相信	xiāngxìn	*v.*	believe
7	顾客	gùkè	*n.*	customer
8	辣	là	*adj.*	hot; spicy
9	甜	tián	*adj.*	sweet
10	摇头	yáo tóu	*v.*	shake one's head
11	姑娘	gūniang	*n.*	girl

12	赶紧	gǎnjǐn	*adv.*	quickly; immediately
13	怕	pà	*v.*	fear; be afraid of
14	难过	nánguò	*v.*	feel bad; be distressed
15	想不通	xiǎng bu tōng		cannot understand; be confused about
16	味道	wèidao	*n.*	taste
17	既……也……	jì……yě……		both...and...; as well as
18	中间	zhōngjiān	*n.*	middle
19	香	xiāng	*adj.*	delicious
20	奇迹	qíjì	*n.*	miracle
21	发生	fāshēng	*v.*	happen

专名　Proper Names

| 1 | 四川 | Sìchuān | Sichuan Province |
| 2 | 山东 | Shāndōng | Shandong Province |

走进课文
Text

卖辣椒的女孩儿

　　有个女孩儿到市场去卖辣椒。

　　第一天，因为没有经验，她只带了一篮子辣椒。她的辣椒红红的，又好看又新鲜，女孩儿相信自己的辣椒一定好卖。第一个顾客走过来问："这辣椒是辣的还是甜的？"女孩儿站起来热情地回答："辣椒当然是辣的了。"顾客摇摇头说："我是上海人，喜欢吃甜的。"第二位顾客走过来问："这辣椒是辣的还是甜的？"小姑娘赶紧回答："甜的。"顾客又摇了摇头说："我

1. 女孩儿为什么相信自己的辣椒一定好卖？
2. 第一个顾客为什么没买辣椒？
3. 第二个顾客为什么也没买？

是四川人，不怕[1]辣，就怕不辣。不辣的就不能叫辣椒。"这一天，小姑娘一个辣椒都没卖出去，她只好[2]把辣椒拿回家去。女孩儿很难过，她怎么也想不通[3]：这么好的辣椒，为什么会卖不出去呢？

> 4. 女孩儿第一天为什么一个辣椒也没卖出去？
> 5. 女孩儿想不通什么？

第二天，她带了两篮子辣椒去市场卖，一篮子是辣的，一篮子是甜的。上海人买了甜的，四川人买了辣的。一个北京人走过来问："这辣椒是什么味道的？"小姑娘回答："左边的篮子里是辣的，右边的篮子里是甜的。"顾客摇了摇头说："怎么没有既不辣也不甜的青椒呢？"

> 6. 第二天，女孩儿的生意好点儿了吗？为什么？
> 7. 北京人为什么没买女孩儿的辣椒呢？

第三天，她带了三篮子辣椒去卖，一篮子甜的，一篮子辣的，一篮子既不辣又不甜的。上海人、四川人、北京人买了不同味道的辣椒。一个山东人走过来问："这辣椒是什么味道的？"小姑娘回答："左边的篮子里是甜的，右边的篮子里是辣的，中间的是既不辣又不甜的。"顾客摇了摇头说："怎么没有又辣又甜又香的呢？"

> 8. 第三天，女孩儿的生意怎么样？为什么？
> 9. 山东人想买什么样的辣椒呢？

第四天，她带了四篮子辣椒去卖，一篮子辣的，一篮子甜的，一篮子既不辣又不甜的，一篮子又辣又甜又香的。这一天，奇迹发生了，小姑娘把所有[4]的辣椒都卖出去了。

> 10. 第四天发生了什么奇迹？为什么？

（选自中国教育文摘网，作者：陈兆丰）

---

1. 怕：害怕，担心。"怕" means "to fear" or "to worry". 例如：我怕迟到，很早就起床了。
2. 只好：没有别的办法，不得不。"只好" means "have to" or "without any other solution". 例如：我的手机没电了，只好打公用电话了。
3. 想不通：想不明白，不理解。"想不通" means "can't understand sth." or "be confused about sth.". 例如：这么努力，还是进步不快，我想不通为什么。
4. 所有：全部的。用在名词前。"所有" means "all", usually used in front of a noun. 例如：这里所有的东西都是公司的。

综合注释
Comprehensive Notes

1. 第一个顾客走过来

复合趋向补语：简单趋向补语"来、去"与"上、下、进、出、回、过、起、开"结合，放在动词后做补语，表示动作的方向，这种补语叫做复合趋向补语。它们的组合形式见下表：

The compound directional complement: The simple directional complements "来" and "去" can be combined with "上 / 下 / 进 / 出 / 回 / 过 / 起 / 开", forming a complement which is placed after a verb to indicate the direction of movement. The combined complement is called the compound directional complement. The common combinations are listed in the table below.

	上	下	进	出	回	过	起
来	上来	下来	进来	出来	回来	过来	起来
去	上去	下去	进去	出去	回去	过去	

例如：For example,

① 她跑出去，又马上跑回来了。（一个女生跑回教室，她忘了拿包）

② 马上把这封信寄出去。（老板把一封信交给员工）

③ 下课了，大家站起来，有的走了出去。（学生们站起来，有的人出去了）

④ 快爬上来吧，山上可美了！（山上的人对下边的人喊话）

★ 注意宾语的位置：Pay attention to the position of the object:

A. 如果宾语是"处所"，一定要放在"来/去"之前。例如：

If the object is a place or location, it should be placed before "来/去". For example,

⑤ 小王跑下山去了。

B. 如果宾语是"物"或"人"，既可以放在"来/去"前，也可以放在"来/去"后，还可以放在趋向补语前。例如：

If the object is something or somebody, it can be placed either before or after "来/去". It can also be placed before the whole directional complement. For example,

⑥ 她从学校带回来一本书。

⑦ 她从学校带回一本书来。

⑧ 她从学校带了一本书回来。

▶ 试一试：读下列句子，注意趋向补语要轻读，并指出说话人的相对位置

Practice: Read the following sentences. Remember that the directional complements should be unstressed. Then point out the relative postion of the speaker.

例：他跑进教室去了。（说话人在教室外边）

（1）老师领进来一个新同学。（说话人在哪儿？）

（2）他跑回宿舍去了。（说话人在宿舍吗？）

（3）还没考完试，他的心早就飞回家去了。（说话人在家吗？）

（4）小林走上楼来了。（说话人在哪儿？）

2. 小姑娘一个辣椒都没卖出去

"一+量词（+名词）+都/也+不/没……"这个结构用来强调否定。例如：

The structure "一 +M（+N）+ 都 / 也 + 不 / 没 ……" is used to emphasize negation. For example,

① 这几个字，我一个都不认识。

② 上午，我一点儿水也没喝。

③ 这几天，我一句汉语也没说。

▶ 试一试：模仿例子改写句子

Practice: Rewrite the sentences after the example.

例：我早晨没吃饭。→ 我早晨一口饭也没吃。

（1）她刚到北京，还没有朋友。

　　→ _____

（2）我的钱都花了，钱包里没有钱了。

　　→ _____

（3）这半年，我从来没给家里写过信。

　　→ _____

3. 怎么没有既不辣也不甜的青椒呢

"既……也/又……"，表示两种状态同时存在。例如：

"既……也/又……" indicates that two states exist simultaneously. For example,

① 这个菜既好吃又便宜。

② 既会说英语又会说汉语，容易找工作。

③ 两个人住一个房间，既不方便，也不安静。

▶ 试一试：根据提示完成对话

Practice: Complete the dialogues using the expressions provided.

（1）A：你现在住的房子怎么样？

B：_____，我很满意。（既……又……）

（2）A：她会说什么外语？

B：_____，而且都说得很流利。（既……也……）

（3）A：那个饭馆怎么样？

B：_____，咱们别去那儿了。（既不……也不……）

4. 小姑娘把所有的辣椒都卖出去了

"把+O+V+趋向补语"，是"把"字句的一种，强调宾语被处置后的趋向。例如：

"把+O+V+directional complement" is a type of the "把"-sentence which emphasizes the direction of the object after an action. For example,

① 请把护照拿出来看一下。

② 请把椅子拿进去吧。

③ 把书包送回宿舍去，我们去打球吧。

▶ 试一试：下面的情境下，你该怎么说？（用上面的格式）

Practice: What would you say in the following situations? (Use the pattern above.)

（1）你在楼上，你的同屋在楼下，他的书包忘在宿舍了，你想给他送去。

（2）你给饭馆打电话订餐（cān，dishes），要求他们给你送餐。

（3）让朋友用电子邮件给你发你们一起旅行时拍的照片。

（4）朋友问你准备带什么东西回国。

课堂活动
In-Class Activity

两个人一组，用"……还可以怎么说"和"还可以说成……"进行问答。

Work in pairs. Ask and answer questions with "……还可以怎么说" ***and*** "还可以说成……".

例：她把辣椒都卖没了。（所有的，出去）

A："她把辣椒都卖没了"还可以怎么说？

B：还可以说成"她把所有的辣椒都卖出去了"。

（1）那个女孩儿不但好看，而且聪明。（既……又……）

（2）那本书不但有意思，而且不太难。（既……又……）

（3）我的钱包空了，没有钱了。（一……也……）

（4）黑板上的字我都不认识。（一……都……）

综合练习
Comprehensive Exercises

一、选词填空　*Choose the right words to fill in the blanks.*

1. "好看"的"好"还可以组成"好吃/好听/好喝"等。试着选择合适的词填到括号里。

    "好", as in "好看", can also be found in other words like "好吃/好听/好喝", etc. Choose the proper words to fill in the blanks.

    （1）这件衣服真（　　　　），你穿很合适。

    （2）这首歌太（　　　　）了，你教我唱吧。

    （3）青岛啤酒很（　　　　），我喝过。

    （4）北京烤鸭很（　　　　），我吃过。

2. "难吃"的"难"意思和"好"相反，还可以组成"难听/难喝/难看"等。试着选择合适的词填到括号里。

    The meaning of "难" in "难吃" is opposite to that of "好". Other examples include "难听/难喝/难看", etc. Choose the proper words to fill in the blanks.

    （1）食堂的菜太（　　　　），我们还是去饭馆吧。

    （2）这种药太（　　　　）了，我不想喝。

    （3）我写的汉字有点儿（　　　　），请原谅。

    （4）他唱歌真（　　　　），他自己都不知道。

二、"好/难+V"还可以表示事情容不容易做到。把下面左边带有"好"和"难"的词语和右边对词语的解释连线

"好/难+V" *also indicates whether something is easy to be achieved or not. Draw a line to match each word on the left with its definition on the right.*

1. 好买	a. 容易洗干净
2. 好洗	b. 不容易找到
3. 好记	c. 容易买到
4. 难找	d. 路的情况不好，不容易走
5. 难学	e. 不容易学会
6. 难走	f. 容易记住

三、选择课文中学过的下列词语填空

Fill in the blanks with the given words and expressions.

经验　新鲜　相信　热情　赶紧　只好　想不通　发生　所有

1. 这些水果是刚买的，很（　　　　）。

2. 商店已经关门了，我们（　　　　）明天去买了。

3. 我刚来公司工作，没有（　　　　）。

4. 这个老板（lǎobǎn，boss）对顾客很（　　　　），所以来他的饭馆吃饭的人很多。

5. 他做事很认真，（　　　　）他一定能做好。

6. 来了这么多人，（　　　　）了什么事？

7. 他在我们学校很有名，学校里（　　　　）的人都认识他。

8. 我们（　　　　）走吧，要迟到了。

9. 我（　　　　）他为什么这么做。

四、根据提示完成句子　***Complete the sentences using the expressions provided.***

1. 早晨起床太晚了，我一口饭_____，就来上课了。（也没+V）

2. 我现在一分钱_____，怎么办？（也没+V）

3. 这本书_____，你应该看看。（既……又……）

4. A：请你_____，给我们看看。（把……V出来）

　　B：我现在没有她的照片，明天吧。

五、按说话人的位置，写出"来/去"

Choose "来" or "去" according to where the speaker is.

例：电梯里人太多，他只好走下楼来了。（说话人在楼下）

1. 他从中国寄回_____一些书。（说话人在中国）

2. 妈妈每星期打电话过_____。（说话人是接电话的人）

3. 小王从马路对面跑过_____。（说话人在小王对面）

4. 那本书我还回_____了。（说话人不是图书馆的人）

5. 她急急忙忙跑下_____了。（说话人在楼上）

6. 这本书你要是喜欢，就买回_____慢慢看吧。（说话人在书店）

六、根据提示，用复合趋向补语完成对话

Read the given situations and complete the following dialogues with compound directional complements.

例：（A和B在打电话）

A：我特别喜欢喝茶，你能多买点儿带回来吗？

B：行，我多买点儿带回去。

1.（A和B在火车站）

A：请您把车票拿＿＿＿＿＿＿＿＿看一下。

B：给您。

2.（A在楼下，B在楼上）

A：我忘了带伞，你能给我送＿＿＿＿＿＿＿＿吗？

B：好，我马上给你送 ＿＿＿＿＿＿＿＿。

3.（A和B住在学校宿舍，他们现在在校外）

A：已经没有公共汽车了，我们只好坐出租车回去了。

B：这里离学校也不太远，我们还是走＿＿＿＿＿＿＿＿吧。

4.（B从图书馆还书回来，遇见了A）

A：你能把昨天看的那本书借给我看看吗？

B：对不起，我刚把书还＿＿＿＿＿＿＿＿。

七、情境表达　　*Expression based on the specific situation.*

1. 下面的句子在什么情况下可以说？

When do you use the following sentences?

（1）请把护照拿出来看一下。

（2）能帮我把行李拿进来吗？

（3）我们只好走回去了。

2. 下面的情境下该怎么说？

What would you say in the following situations?

（1）你不理解你的朋友为什么不喜欢旅行。（想不通）

（2）有人让你帮忙买一本书，你去了很多家书店都没买到。（难买）

（3）中国朋友说话太快，你完全听不懂，你要求他说得慢一点儿。

（—……都不……）

八、根据课文内容回答问题　**Answer the following questions according to the text.**

1. 卖辣椒的女孩儿第一天为什么只带了一种口味的辣椒？（没经验）

2. 女孩儿第一天先说辣椒是辣的，然后又说辣椒是甜的，你对这种做法怎么看？

3. 你能根据课文内容说说中国四川、上海、北京、山东四个地方的人吃东西的口味吗？
   （辣、甜、香）

4. 你们国家各地人吃东西的口味有什么不同？请介绍一下。

九、阅读理解　**Reading comprehension**

很久很久以前，天上出现了十个太阳。那时候，只有白天，没有黑夜，又干又热，很多人和动物（dòngwù, animal）都死了。

有一个叫后羿（Hòuyì）的人，他既有力气，射（shè, shoot）箭（jiàn, arrow）又准（zhǔn, accurate）。为了救（jiù, save）地球，他用箭射下来九个太阳，只留下一个太阳。

那个太阳害怕了，就跳进了大海里，不敢出来。天上一个太阳也没有了，地球变得又黑又冷。后羿找到了那个太阳，告诉它，每天早晨公鸡（gōngjī, cock）一叫，它就得马上从海里升起来。

从那以后，地球上有了白天和黑夜，有了四季，人和动物在地球上的生活，变得舒服极了。

1. 判断正误　True or false

   （1）后羿是个力气很大的人。　　　　　　　　　　　　　　　（　　）

   （2）后羿用箭射下来了所有的太阳。　　　　　　　　　　　　（　　）

   （3）后羿告诉那个太阳，每天必须升起来，不能落下去。　　　（　　）

   （4）后羿射日（rì, 太阳, sun）以后，地球上开始有了白天和黑夜，也有了四季。
   　　　　　　　　　　　　　　　　　　　　　　　　　　　　（　　）

2. 回答问题　Answer the following questions.

   （1）很久以前为什么没有黑夜，只有白天？

   （2）后羿射落九个太阳以后，地球曾经变得怎么样？为什么？

   （3）后来地球为什么适合人和动物生活了？

十、说一说，写一写 *Speak and write*

如果你去做买卖，你会怎么做？

What would you do if you are a businessperson?

提示：Questions for your reference:

（1）你希望做什么买卖？为什么？

（2）你会怎么向顾客介绍你的商品？

（3）如果顾客觉得东西太贵，你怎么办？

（4）如果东西卖不出去，你怎么办？

（5）如果东西很好卖，你又会怎么做？

写一篇小短文，题目是《如果我是老板》，60字左右，尽量选用下面的词语和格式。

Write a short passage of about 60 Chinese characters with the title "If I were a Business Owner" using the following words or patterns.

经验　顾客　所有的　只好　热情　一……也……　好+V　难+V

既……也/又……

十一、走出课堂，拓展学习 *Extended exercises*

汉语中有一个成语叫"众口难调"，意思是很难适合每个人的口味。学校食堂的饭菜是不是也是"众口难调"呢？请对全班同学作个小调查，了解一下他们对学校食堂的饭菜有什么意见，上课时把调查结果讲给老师和同学们听。

The Chinese idiom "众口难调" means that it's difficult to cater to all tastes. Does it also apply to the food provided in the school cafeteria? Conduct a survey among your classmates on their comments on the food provided in the school cafeteria. Report your findings to your teacher and classmates in class.

提示：Questions for your reference:

（1）你经常在学校食堂吃饭吗？为什么？

（2）你喜欢学校食堂的饭菜吗？为什么？

（3）你最喜欢吃什么菜？最不喜欢吃什么菜？为什么？

（4）你希望学校食堂有哪些改变？

 **我和中国有个约会**

I Have a Date with China

题解
Introduction

电影、功夫、汉语，改变了一个德国男孩儿的生活。他为什么来中国留学？为什么想做导游和厨师？原来他和中国有个约会。

Movies, kung fu and the Chinese language have changed the life of a young man from German. Why did he come to China to study? Why did he want to work as a tour guide or chef? It turns out that he has a date with China.

词语学习
Vocabulary

01

1	约会	yuēhuì	n.	appointment; date
2	缘分	yuánfèn	n.	fate or chance that brings people together
3	流行	liúxíng	v.	be popular
4	功夫	gōngfu	n.	kung fu
5	不但	búdàn	conj.	not only
6	而且	érqiě	conj.	but also; and also
7	做人	zuòrén	v.	behave; conduct oneself
8	道理	dàolǐ	n.	principle
9	挣	zhèng	v.	earn
10	出息	chūxi	n.	prospects; bright future
11	选择	xuǎnzé	v.	choose
12	后悔	hòuhuǐ	v.	regret
13	交（朋友）	jiāo（péngyou）	v.	make (friends)

14	文化	wénhuà	*n.*	culture
15	元素	yuánsù	*n.*	element
16	唐装	tángzhuāng	*n.*	Tang suit (a popular costume of traditional Chinese style)
17	学费	xuéfèi	*n.*	tuition fee
18	因此	yīncǐ	*conj.*	so; therefore
19	认真	rènzhēn	*adj.*	serious; earnest
20	厨师	chúshī	*n.*	cook; chef
21	流	liú	*v.*	flow
22	口水	kǒushuǐ	*n.*	saliva; slobber
23	导游	dǎoyóu	*n.*	tour guide
24	其实	qíshí	*adv.*	in fact; actually

走进课文
Text

我和中国有个约会

　　我叫马丁，是从德国来的。我和中国的缘分是从六岁开始的。那时正在流行成龙[1]的电影，我就开始喜欢中国功夫了。我有一个中国老师，他不但教我中国功夫，而且还教我很多做人的道理。

　　后来，我又开始学习汉语。有人对我说："学汉语没用，既不能挣大钱，也没什么出息。"但是我还是选择了汉语，而且一点儿也不后悔。我交了很多中国朋友，我们一起吃中国菜，喝中国茶，谈中国文化，去中国旅行。现在，不但我喜欢中

> 1. 马丁和中国的缘分是从什么时候开始的？
> 2. 马丁为什么喜欢中国功夫？
> 3. 马丁的中国老师都教了他什么？
> 4. 为什么有人反对马丁学汉语？

---

1. 成龙：中国香港著名功夫明星。Jackie Chan, a famous kung fu movie star from Hong Kong, China.

国，我的家人和朋友也都喜欢中国。在我的生活里，到处都能找到中国元素：我家的墙上挂着中国画，书架上放着中文书，我身上穿着唐装。

5. 马丁经常和中国朋友一起做什么？
6. 马丁的生活里有哪些中国元素？

一年前我来到中国留学，学费是我利用假期打工挣的。在中国，能经常和中国人用汉语聊天儿，因此[2]我的汉语进步得很快，说得越来越好。

7. 马丁的汉语进步快吗？为什么？

现在，我快毕业了，是得认真想一想工作的事了。做什么工作好呢？当中国饭馆的厨师挺好，这样我就可以每天吃好吃的"宫保鸡丁[3]"、"麻婆豆腐[4]"了。这些菜名，一想起来我就要流口水。给中国人当导游也不错，我可以每天说汉语，还可以交很多中国朋友。虽然当厨师、当导游都不能挣大钱，但是我都喜欢。

8. 为什么马丁得认真想想工作的事了？
9. 马丁想做什么工作？为什么？

其实，到现在我还没想好以后做什么工作呢，但是，我知道我的工作一定和中国有关系，因为，我和中国有个约会。

10. 马丁为什么知道自己的工作一定和中国有关系？
11. 你觉得马丁说的"我和中国有个约会"是什么意思？

---

2. 因此：用在原因和结果两个分句之间，不能和"因为"一起使用。"因此" is used between a causal clause and a result clause; it can't be used together with"因为". 例如：今年冬天很冷，因此感冒的人很多。

3. 宫保鸡丁（gōngbǎo jīdīng）：有名的四川菜。Kung Pao Chicken (Spicy Diced Chicken), a famous Sichuan dish.

4. 麻婆豆腐（Mápó dòufu）：有名的四川菜，口味麻辣。Ma Po bean curd, a famous spicy-hot Sichuan dish.

综合注释
Comprehensive Notes

1. 我叫马丁，是从德国来的

"（是）……的"，强调已经发生或完成的动作或行为的时间、地点、方式和目的等。"是"有时可以省略。否定形式用"不是……的"。例如：

"（是）……的" emphasizes the time, place, manner or purpose, etc. of a movement or action that has already happened or been completed. "是" can sometimes be omitted. Its negative form is "不是……的". For example,

S	是	时间/地点/方式 time/place/manner	V（+O）	的	意义 Function
我们	（是）	昨天	到北京	的。	强调时间 to emphasize the time
我	不是	从美国	来	的。	强调地点 to emphasize the place
你	（是）	坐飞机	去旅行	的吗?	强调方式 to emphasize the manner
你	（是）	怎么	来	的?	强调方式 to emphasize the manner
我们	（是）		来中国 学习汉语	的。	强调目的 to emphasize the purpose

有时可以把宾语放在"的"的后面。Sometimes the object can be placed after "的".

S	是	时间/地点/方式 time/place/manner	V	的	O
我们	（是）	昨天	到	的	北京。
你	（是）	在学校的书店	买	的	这本书吗?

▷ 试一试：用"（是）……的"完成对话

Practice: Complete the dialogues with "（是）……的".

例：A：对不起，我来晚了。

　　B：没关系，我也是刚到的。（刚到）

（1）A：这本词典不错，＿＿＿＿＿＿＿＿＿＿＿＿？（哪儿）

　　　B：＿＿＿＿＿＿＿＿＿＿＿＿＿＿＿。（在图书城）

（2）A：听说你们昨天去长城了? ＿＿＿＿＿＿＿＿?（怎么）

　　　B：＿＿＿＿＿＿＿＿＿＿＿＿＿＿＿。（坐火车）

（3）A：听说你父母来了？ _____？（什么时候）

B：_____。（上星期）

（4）A：对不起，那本杂志我还没看完呢，明天还给你好吗？

B：_____，不是来要杂志的。（找你聊天儿）

2. 他<u>不但</u>教我中国功夫，<u>而且</u>还教我很多做人的道理

"不但……而且……"，连接两个分句，表示递进关系。"不但"用在第一个分句，常和"而且/还/也"等配合使用。例如：

"不但……而且……", meaning "not only... but also...", joins two clauses to show a progressive relationship. "不但" is used in the first clause, and is usually used together with "而且/还/也". For example,

① 那家超市的水果不但新鲜，而且便宜。

② 小王不但会说英语，还会说韩国语。

③ 他不但是我们的老师，也是我们的朋友。

⭐ 注意：两个分句主语相同，"不但"用在主语后；两个分句主语不同，"不但"用在主语前。"不但"位置不同，句子意思也不同。例如：

Note：If the two clauses share one subject, "不但" is placed after the subject; if the two clauses have different subjects, "不但" is placed before the first subject. When it is placed in different positions in the sentence, "不但" indicates different meanings. For example,

④ 玛丽不但会唱歌，还会跳舞。

⑤ 不但玛丽会唱歌，安娜也会唱歌。

▶ 试一试：用"不但……而且/还……"完成对话

Practice: Complete the dialogues with "不但……而且/还……".

（1）A：你喜欢你的工作吗？

B：我很喜欢我的工作，_____。（有意思　能说汉语）

（2）A：这次旅行你都去了哪儿？

B：这次我去了很多地方，_____。（杭州　上海）

（3）A：你的同屋会说英语吗？

B：_____。（会说　说得很好）

3. <u>其实</u>，到现在我还没想好以后做什么工作呢

"其实"，表示所说的是实际的情况（承接上文，多含转折意）。例如：

"其实", meaning "in fact", denotes that what is said is the real case (usually indicating a shift in thought or meaning from what is said previously). For example,

①我其实很不高兴，只是没说。

②有人说北京的夏天很热，其实不太热。

③其实，考试不太难，你不用担心。

▷ 试一试：用"其实"完成对话

Practice: Complete the dialogues with "其实".

（1）A：听说四川菜非常辣，我不想吃，因为我怕辣。

　　　B：_____，你不用怕。

（2）A：你的汉语那么好，能告诉我怎么提高汉语听说能力吗？

　　　B：_____，你问问玛丽吧，她的学习方法很好。

（3）A：小王说那个电影很有意思，你觉得怎么样？

　　　B：_____，看完有点儿后悔。

课堂活动
In-Class Activity

两个人一组，根据所提供的信息，用"是……的"格式互相问答。例如：

Work in pairs. Use the information provided below to ask and answer questions with "是……的".
For example,

　　A：你是从哪个国家来的？

　　B：我是从法国来的。

　　……

参考词语：Words you may use:

什么时候　　怎么　　和谁一起　　为什么　　哪儿　　为了　　飞机

一个人　　　去年　　上个月　　　北京　　　旅行　　学汉语　看朋友

综合练习
Comprehensive Exercises

一、选词填空　***Choose the right words to fill in the blanks.***

"旅行"的"旅"还可以组成"旅客/旅店/旅途/旅游/旅费/旅程/旅伴/旅馆"等。试着选择合适的词填到括号里。

"旅", as in "旅行", can also be found in other words like "旅客/旅店/旅途/旅游/旅费/旅

程/旅伴/旅馆", etc. Choose the proper words to fill in the blanks.

1. "（　　　）"和"旅行"的意思差不多。

2. 火车站（　　　）很多。

3. 祝你（　　　）愉快！

4. 我们旅行时都是住在小（　　　）或者小（　　　）里，条件还可以。

二、把下面左边带有"旅"的词语和右边对词语的解释连线

Draw a line to match each word on the left with its definition on the right.

1. 旅费　　　　a. 旅行的路程
2. 旅程　　　　b. 旅行用的路费
3. 旅客　　　　c. 一起去旅行的人
4. 旅伴　　　　d. 出门旅行的人

三、选择课文中学过的下列词语填空

Fill in the blanks with the given words and expressions.

约会　流行　选择　后悔　交　到处　假期　认真　适应

1. 这首歌现在很（　　　），大家都在唱。

2. 我今天下午有个（　　　），不能来参加你们的活动。

3. 我真（　　　）小时候没好好儿学习英语。

4. 两个都很好，我不知道（　　　）哪一个。

5. 这个（　　　），你想去哪儿旅行？

6. 我刚来北京，还不太（　　　）这里的生活。

7. 听说你（　　　）了一个中国朋友。

8. 一到晚上，院子里（　　　）都是车。

9. 他是个（　　　）的人，做什么事都很努力。

四、选择意思相近的词语填空　*Choose a suitable word for each blank.*

1. 因为　因此

（1）（　　　）这种卡很方便，所以我也想办一张。

（2）路上的车太多了，（　　　）经常堵车。

2. 其实　真的

（1）这本书看起来挺厚的，（　　　）不太难。

（2）朋友说得没错，这里的天气（　　　）很热。

3. 交　做

（1）他喜欢（　　　　）朋友。

（2）我很想（　　　　）你的朋友。

4. 的　了

（1）你来得真早，几点到（　　　　）？

（2）我昨天上午给你打电话（　　　　），你不在家。

五、根据提示完成对话　*Complete the dialogues using the expressions provided.*

1. A：你是一个人去云南旅行的吗？

　　B：不是，_____。（是……的）

2. A：马克是坐飞机来的吗？

　　B：不是坐飞机来的，_____。（是……的）

3. A：坐飞机贵，坐船便宜吧？

　　B：_____。（其实）

4. A：你一定喜欢踢足球，因为你喜欢看足球。

　　B：_____，虽然我喜欢看足球。（其实）

5. A：都有谁参加明天的晚会？你参加吗？

　　B：_____，而且我的朋友都参加。（不但）

六、情境表达　*Expression based on the specific situation*

1. 下面的句子在什么情况下可以说？

When do you use the following sentences?

（1）其实我不是那个意思，你听错了。

（2）我是和朋友一起来的。

（3）我们交个朋友吧。

2. 下面的情境下该怎么说？

What would you say in the following situations?

（1）你的朋友学汉语的时间才半年，可是说得很好。你怎么介绍他？

（其实　是……的）

（2）你在上海遇见你的朋友，你想知道他到上海的时间，你怎么问？

（是……的）

七、根据课文内容完成句子　*Complete the sentences according to the text.*

1. 我和中国的缘分是从六岁 ＿＿＿＿＿＿＿＿＿＿＿＿＿＿＿＿＿。

2. 我有一个中国老师，他不但＿＿＿＿＿＿＿＿，而且还 ＿＿＿＿＿＿＿＿＿＿＿＿＿。

3. 但我还是＿＿＿＿＿了汉语，而且一点儿也不＿＿＿＿＿。我＿＿＿＿＿了很多中国朋友，
   我们一起＿＿＿＿＿中国菜，＿＿＿＿＿中国茶，＿＿＿＿＿中国文化，去中国＿＿＿＿＿。

4. 一年前我来到中国留学，学费是我打工＿＿＿＿＿的。

5. 在中国，能经常和中国人用汉语＿＿＿＿＿，因此我的汉语＿＿＿＿＿得很快，说得越来
   越好了。

八、根据课文内容完成对话　*Complete the dialogue according to the text.*

A：你为什么选择学习汉语？

B：那是因为有两个人对我的影响很大。

A：是吗？是哪两个人呢？

B：一个是＿＿＿＿＿＿＿＿＿，还有一个是＿＿＿＿＿＿＿＿＿。

A：有人不同意你学汉语吗？

B：有啊。有人说学汉语既不＿＿＿＿＿＿＿＿，也没＿＿＿＿＿＿＿＿。

A：你学汉语后悔了吗？

B：我＿＿＿＿＿＿＿＿后悔。现在不但我＿＿＿＿＿＿＿＿，＿＿＿＿＿＿＿＿也
   喜欢中国。

A：你将来想做什么工作？

B：我想当中国饭馆的厨师，因为＿＿＿＿＿＿＿＿＿＿＿＿＿＿。或者给中国
   人当导游也不错，不但可以＿＿＿＿＿＿＿＿，还可以＿＿＿＿＿＿＿＿。

A：这些工作可都不能挣大钱。

B：那没关系，因为我＿＿＿＿＿＿＿＿。

A：那你的工作决定了吗？

B：还没想好，不过我知道＿＿＿＿＿＿＿＿＿＿＿＿＿＿＿＿＿＿，因
   为 ＿＿＿＿＿＿＿＿＿＿＿＿＿＿＿＿＿。

九、阅读理解　*Reading comprehension*

　　从前有一个人，一看到别人的好东西就想偷。有一天，他看见一家大门上挂着一个
漂亮的门铃（ménlíng, doorbell）。这个门铃不但好看，而且声音也很好听，他就想把
门铃偷来。不过他知道，要是手碰到了门铃，它就会响起来。门铃一响，别人就会听到
声音。这可怎么办呢？

　　"对了，其实，想听不见门铃声也不难，堵（dǔ, cover）住自己的耳朵就行
了。"他想。

晚上，他来到那家门前，堵住了自己的耳朵，放心地去摘那只门铃。可是，他刚碰到那个门铃，门铃就"丁零"地响了。那家人听到了铃声，急忙跑了出来，看到那人正偷门铃呢，就抓住了他。

偷门铃的人不明白，自己是堵着耳朵偷的，别人是怎么听见门铃声的呢？

1. **判断正误** True or false

（1）那个人一看到别人的东西就想偷。　　　　　　（　　　）

（2）那个门铃只是声音好听。　　　　　　　　　　（　　　）

（3）他担心自己听到门铃声。　　　　　　　　　　（　　　）

（4）他想，堵住了耳朵，别人就听不见了。　　　　（　　　）

（5）门铃的主人听见了门铃声。　　　　　　　　　（　　　）

2. **回答问题** Answer the following questions.

（1）这个故事想告诉我们什么道理？

（2）关于这个故事，中国有一个成语，你知道是什么吗？

十、说一说，写一写　***Speak and write***

先根据自己的情况回答下面的问题，然后写一篇60字以上的小短文。

Answer the following questions according to your own circumstances, and then write a short passage of at least 60 Chinese characters.

（1）你是从什么时候开始学习汉语的？

（2）你和汉语的缘分是怎么开始的？

（3）在学习汉语的过程中，谁对你的影响最大？

（4）你现在正在中国留学吗？

（5）你是什么时候到中国的？

（6）你有中国朋友吗？你们一起做什么？

（7）你将来想做什么工作？为什么？

十一、走出课堂，拓展学习　*Extended exercises*

采访几个学外语的中国学生，作一个调查，然后在课堂上介绍一下调查结果。

Interview several Chinese students who are currently learning foreign languages. Ask them some questions for a survey and then report your findings to the class.

调查提示：The questions may include:

（1）你从什么时候开始学习外语的？你的第一外语是什么？

（2）你为什么学习外语？因为有兴趣，还是受了什么人或事情的影响？

（3）你觉得学习外语难吗？

（4）你想为了学外语去留学吗？

（5）你将来想做什么工作？

 为什么我一个人站着吃
Why Do I Stand by Myself While Eating

题解
Introduction

小王全家人都喜欢洋媳妇黛比（Dàibǐ）。公公婆婆每天给她做好吃的，小王每天带着她到处参观。一天，吃饭的时候，黛比却生气了。这是为什么呢？

The whole family loves Debby, their foreign daughter-in-law. Debby's parents-in-law prepare delicious food for her every day, and Xiaowang takes her to go sightseeing every day. Yet one day, Debby got angry during a meal. Why?

词语学习
Vocabulary

1	娶	qǔ	v.	marry (a woman); take a wife
2	洋	yáng	adj.	foreign
3	媳妇	xífù	n.	daughter-in-law; wife
4	饭菜	fàncài	n.	meal; food
5	游览	yóulǎn	v.	go sightseeing
6	皇帝	huángdì	n.	emperor
7	妻子	qīzi	n.	wife
8	开玩笑	kāi wánxiào		make fun of; crack a joke
9	选中	xuǎn zhòng		choose; decide on
	选	xuǎn	v.	choose
	中	zhòng	v.	fit exactly; hit
10	尊重	zūnzhòng	v.	respect
11	妇女	fùnǚ	n.	woman

12	改	gǎi	v.	change
13	式	shì	n.	type; style
14	早餐	zǎocān	n.	breakfast
15	豆浆	dòujiāng	n.	soya-bean milk
16	油条	yóutiáo	n.	deep-fried twisted dough stick
17	不得了	bù déliǎo		extremely
18	噎	yē	v.	choke
19	指	zhǐ	v.	point to
20	蘸	zhàn	v.	dip in
21	吃惊	chī jīng	v.	be surprised; be shocked
22	婆婆	pópo	n.	mother-in-law; mother of one's husband
23	公公	gōnggong	n.	father-in-law; father of one's husband
24	骗人	piàn rén	v.	lie; deceive people

走进课文
Text

为什么我一个人站着吃

小王娶¹了一个漂亮的美国姑娘，名字叫黛比。今年春节，小王带着她回到了北京。小王的父母特别喜欢这个"洋²媳妇"，每天都给她做好吃的饭菜。

小王每天陪着黛比到处参观。游览故宫的时候，黛比说："中国的皇帝真奇怪，娶那么多的

> 1. 请介绍一下黛比。
> 2. 小王的父母喜欢黛比吗？怎么知道的呢？

---

1. 娶：男人结婚叫娶媳妇，女人结婚叫嫁（jià）人。A man marrying a woman as his wife is called "娶", while a woman marrying a man as her husband is called "嫁". 例如：他娶了一个漂亮姑娘。/她嫁给了一个外国人。

2. 洋：指来自外国的。"洋" means "foreign". 如：洋酒/洋葱/洋白菜。

妻子，多麻烦！"

　　小王开玩笑[3]说："要是一百年前你来到中国，中国的皇帝选中[4]了你，你不愿意，怎么办？"

　　黛比笑着说："那好办。要是我不愿意，就回美国去。"

　　"那你可就回不去了，这个大院子里的女人是没有自由的。不过，现在你什么也不用怕，中国很尊重妇女，女人结婚以后都不用改姓。"

　　第二天早晨，小王全家吃中国式早餐——豆浆、油条。黛比第一次吃油条，喜欢得不得了[5]，拿起油条大口大口地吃起来。小王怕她噎着，就指着豆浆碗说："蘸着吃。"

　　黛比吃惊地看着小王，不懂他说的是什么意思。

　　婆婆也笑着说："蘸着吃。"

　　公公也说："对，蘸着吃。"

　　小王的弟弟也说："是啊，应该蘸着吃。"

　　黛比在美国学过汉语，听力不错，所以跟小王家人交流没问题，可是现在她却不明白大家的意思了。

　　"蘸着吃，好吃。"小王又说了一遍。

　　黛比拿着油条慢慢地站了起来，生气地对小

3. 为什么黛比说中国的皇帝奇怪？
4. "选中了"在这儿是什么意思？

5. 为什么说如果黛比被选中了就回不去了？

6. 为什么说中国现在的妇女受尊重？

7. 黛比喜欢吃油条吗？她怎么吃油条？
8. 小王为什么告诉黛比"蘸着吃"？
9. 黛比为什么吃惊地看着小王？

10. 黛比的汉语怎么样？这一次她听懂了吗？

---

3. 开玩笑：用语言或行动拿人开心，不是认真的。"开玩笑" means "to make fun of someone with words or actions, without being serious". 例如：你在跟我开玩笑吧？不是真的吧？/我跟你开玩笑呢，你别生气。
4. 中（zhòng）：正好对上。"中" means "to get something just right". 例如：别的我都不喜欢，我就看中了那个红色的。/你猜中了。
5. 不得了：表示程度很深。"不得了" indicates a very profound degree. 例如：今天冷得不得了。/他急得不得了，可是又没办法。

王说："你，你还说中国尊重妇女呢[6]，骗人。你们都坐着吃，为什么我一个人站着吃？"

11. 黛比为什么说小王骗人？

（选自《民间故事选刊》，作者：刘齐）

综合注释
Comprehensive Notes

1. 为什么我一个人<u>站着吃</u>

"V_1+ 着 +V_2"，表示两件事同时进行，V_1 可理解为 V_2 进行的方式或伴随形式。例如：

"V_1+ 着 +V_2" indicates that two actions are occurring simultaneously. V_1 may be regarded as the manner in which V_2 is conducted or as an accompanying action of V_2. For example,

① 我喜欢听着音乐开车。

② 她拿着伞走了。

③ 没有公共汽车了，只好走着回家。

▶ 试一试：给下列句子填上恰当的动词

Practice: Fill in blanks with proper verbs.

（1）她（　　　　）着说："我找到工作了！"

（2）我喜欢（　　　　）着看书，那样很舒服。

（3）今天太热了，（　　　　）着窗户睡觉吧。

---

6. 还说……呢：口语句式，表示说的跟事实不符。"还说……呢"，an oral expression, indicates what is said doesn't consist with the fact. 例如：你还说这儿不热呢，我都快热死了。/他还说自己从来不迟到呢，已经晚了 30 分钟了。

2. 现在你什么也不用怕

"疑问词 + 也 / 都……"，强调任何人或任何事物。句中疑问词表示任指。例如：

"Interrogative + 也 / 都……" emphasizes that anybody or anything is included. The interrogative in the middle of the sentence indicates arbitrary reference, i.e. "whichever", "wherever", "whoever" or "whenever", etc. For example,

① 他什么爱好也没有。（任何爱好也没有）

② 他是有名的歌手，谁都认识他。（每个人都认识他）

③ 星期天，我哪儿都不去。（任何地方都不去）

④ 你什么时候来都可以。（任何时候来都可以）

⭐ 注意：这个句式中，"都"在肯定句和否定句中都可以用；"也"一般只用于否定句。例如：

Note: "都" can be used in both affirmative and negative sentences, while "也" is usually used in a negative sentence. For example,

⑤ 我哪儿都想去。

⑥ 我哪儿都不想去。

⑦ 我哪儿也不想去。

▷ 试一试：模仿例子完成对话

Practice: Complete the dialogues after the example.

例：A：我们今天去哪儿？

　　B：去哪儿都可以，我跟着你走。

（1）A：怎么了？不舒服？是不是吃了什么不好的东西？

　　　B：我就吃米饭了，别的 ＿＿＿＿＿＿＿＿＿＿。（什么）

（2）A：你们两个谁想和我一起去看电影？

　　　B：我们都很忙，＿＿＿＿＿＿＿＿＿＿＿＿。（谁）

（3）A：我什么时候可以去你家？

　　　B：我最近不忙，＿＿＿＿＿＿＿＿＿＿。（什么时候）

（4）A：你喜欢哪件衣服？

　　　B：这些衣服都很漂亮，＿＿＿＿＿＿＿＿＿。（哪件）

课堂活动
In-Class Activity

两个人一组，一个人做动作，另一个人用"V₁+着+V₂"说明同伴的动作。每组至少做四个动作，说四句话。看哪组做得最好。

Work in pairs. One student acts and the other describes his/her actions with "V₁+着+V₂". Every pair needs to make at least four actions and four sentences. Check which pair is the best.

例如：一个人做一边走路、一边看书的动作;另一个说：他走着看书。

参考动词：

走　跑　坐　站　看（书、电视）听（音乐、录音）说　笑　拿

聊天儿　吃　喝　读　开（车）骑（自行车）打（手机）玩儿（游戏）

综合练习
Comprehensive Exercises

一、给下列各句中的"中"字注音，并读出这个句子

Fill in the blanks with the right pinyin for each "中" in the following sentences, and then read the sentences aloud.

例：在参加面试的人中（zhōng）选中（zhòng）了一个人。

1. 今天去商店，我看中了一件红色的毛衣。　　　　（　　　）

2. 她是我们同学中最漂亮的一个。　　　　　　　　（　　　）

3. 公司选中了我，到中国公费留学。　　　　　　　（　　　）

4. 他在年轻人中很受欢迎。　　　　　　　　　　　（　　　）

二、选择课文中学过的下列词语填空

Fill in the blanks with the given words and expressions.

游览　开玩笑　选中　愿意　自由　改　不得了　吃惊　交流　骗人　尊重

1. 我已经可以和同学们用汉语（　　　　）了。

2. 他说的是真的，没有（　　　　）。

3. 听到这个消息，我很（　　　　）。

4. 如果你（　　　　），我（　　　　）你的选择。

5. 学校真的（　　　　）了我? 你不是在跟我（　　　　）吧?

6. 听到这个好消息，他高兴得（　　　　）。

7. 这个汉字写得不对，我（　　　　）一下。

8. 放假了，我们现在（　　　　）了，可以去旅行了。

9. 我（　　　　）过故宫。

三、选择意思相近的词语填空　*Choose a suitable word for each blank.*

1. 游览　旅行

（1）我想和朋友一起去（　　　　）长城。

（2）他是个特别喜欢（　　　　）的人。

2. 麻烦　难

（1）我的护照丢了，现在很（　　　　）。

（2）汉语的四声有点儿（　　　　），我总是说错。

3. 愿意　想

（1）如果你（　　　　）帮忙，我很高兴。

（2）你（　　　　）什么时候去旅行？

四、把下面左右两边的内容连成一个句子

Make sentences by matching the clauses on the left with those on the right.

1. 走了一天，　　　　　　　　　　a. 这件事有点儿麻烦。

2. 我想请你帮助我，　　　　　　　b. 又怕太麻烦你。

3. 跟旅行团游览既不自由，　　　　c. 因为你的发音像英国人一样。

4. 我听了你说的英语很吃惊，　　　d. 又不便宜。

5. 他的听说能力很好，　　　　　　e. 跟中国人交流没问题。

6. 有的要去，有的不去，　　　　　f. 累得不得了。

五、用所给的词语或格式改写句子　*Rewrite the sentences with the given words or patterns.*

例：一边走一边吃东西不好。（V₁+着+V₂）

→ 走着吃东西不好。

1. 查词典需要很长时间。（麻烦）

→ _____

2. 他有困难了，我们应该帮助他。（麻烦）

→ _____

3. 今天非常忙。（不得了）

→ _____

4. 我们一边喝咖啡，一边聊天儿。（V₁+着+V₂）

　　→ _____

5. 我们班的同学上课都不迟到。（谁都）

　　→ _____

6. 这里好玩儿的地方，我都去过了。（哪儿都）

　　→ _____

7. 你对哪一种颜色最满意？（选中）

　　→ _____

六、用"V₁+着+V₂"结构和所给的动词造句

Make sentences with the pattern "V₁+ 着 +V₂" and the verbs given.

1. 唱　洗 _____

2. 走　回家 _____

3. 骑　上学 _____

4. 站　讲课 _____

七、情境表达　***Expression based on the specific situation***

1. 下面的句子在什么情况下可以说？

　　When do you use the following sentences?

　　（1）你还说这里的东西便宜呢！

　　（2）他的汉语真不得了！说得太好了！

2. 下面的情境下该怎么说？

　　What would you say in the following situations?

　　（1）你表示喜欢去对方的公司工作，怎么说？（愿意）

　　（2）你说了什么话，对方不高兴了，该怎么解释才能让他别生气？（开玩笑）

　　（3）朋友问你去哪儿吃饭，你表示听他的。（哪儿都）

八、根据课文内容，用所给词语完成对话

Complete the dialogue with the given words according to the text.

　　小王：我的父母太喜欢你了，每天 _____ 。

　　黛比：那你呢？你喜欢我吗？

　　小王：我喜欢你喜欢得 _____ ，你看，我每天都 _____ 。

　　　　　　　　　　　　　　　　　　　　　　　（不得了　游览）

　　黛比：中国的皇帝真奇怪，娶那么多妻子，_____ ！（麻烦）

小王：对了，要是一百年前你来到中国，_____？（选中）

黛比：那好办，要是_____，就回美国去。（愿意）

小王：那时候，故宫里的女人是_____。不过现在就不一
样了，中国很_____。（自由　尊重）

黛比：中国怎么尊重妇女的？

小王：女人现在很自由，结婚_____。（改）

黛比：那为什么吃油条的时候，你们都坐着吃，_____？（站）

小王：那是你听错了，是"蘸着豆浆吃"，不是"站着吃"。

九、阅读理解　*Reading comprehension*

　　我有三个孩子。大儿子是工人，特别喜欢音乐。在家的时候，他总是唱着歌做事。他唱着歌洗衣服，唱着歌帮妈妈做饭，唱着歌给弟弟、妹妹打扫房间。他真是个好孩子，不但自己快乐，也给别人快乐。

　　二儿子很聪明。他常常一边看电视一边写作业，一边听音乐一边复习功课。现在他一边上大学一边打工。可是，我不喜欢他一边开车一边打电话，这样太危险（wēixiǎn, dangerous）了。

　　小女儿特别喜欢看书。她坐着看书，站着看书，躺着看书，走着看书，上厕所的时候也看书。她的学习成绩是全班最好的，可是她的眼睛却越来越不好了。有一次，她一边走一边看书，撞到了树上，还对树说"对不起"。

1. 判断正误　True or false

　　（1）"我"有两个儿子，一个女儿。　　　　　　（　　　）

　　（2）大儿子在家的时候，喜欢一边唱歌一边做事。（　　　）

　　（3）二儿子是大学生。　　　　　　　　　　　　（　　　）

　　（4）女儿常常撞到树上。　　　　　　　　　　　（　　　）

2. 回答问题　Answer the following questions.

　　（1）"我"为什么说大儿子是个好孩子？

　　（2）"我"为什么为二儿子担心？

　　（3）小女儿是个怎样的人？

　　（4）给本文加一个题目：_____

十、说一说，写一写　*Speak and write*

　　先根据自己的情况回答问题，然后写成一篇60字以上的小短文。

　　Answer the following questions according to your own circumstances, and then write a short passage of at least 60 Chinese characters.

（1）你经常和别人用汉语交流吗？你经常和什么人交流，是中国人还是同学？

（2）你在交流中觉得哪方面问题比较多？是听力还是口语？

（3）你在和别人用汉语交流时，发生过什么有意思的误会？比如听错了或者说错了。

（4）请举例说明一下。

十一、走出课堂，拓展学习   *Extended exercises*

作一个"学汉语的学生使用汉语交流情况"的小调查。

Conduct a survey on the use of Chinese language in communication among students who are learning Chinese.

调查提纲：A possible outline for the survey:

（1）你喜欢汉语老师用什么语言讲课？（一部分汉语、一部分英语或你的母语，或者全部用汉语）为什么？

（2）你下课以后，喜欢和什么人交流？（同学、朋友、中国人、本国人）为什么？

（3）你们之间喜欢用什么语言交流？（你的母语、汉语、英语）为什么？

（4）课后，每天大约有多长时间说汉语？

（5）如果你课后不经常说汉语，那么原因是什么？（没有中国朋友、害怕说错、担心听不懂）

（6）你有互相帮助的中国朋友或者汉语辅导老师吗？

（7）你觉得你的汉语进步快吗？原因是什么？

上课时说一说调查结果：Report your findings to the class.

（1）大部分学生喜欢老师用什么语言教学？

（2）大部分学生课后喜欢和什么人交流？

（3）大部分学生课后喜欢用什么语言与朋友交流？

（4）大部分学生每天大约说多长时间汉语？

（5）大部分学生不经常说汉语的原因是什么？

（6）在你调查的人中，有百分之多少有语伴或辅导老师？

（7）汉语进步快的同学有什么好经验？

语言点小结（一）
Summary of the Grammar Points （Ⅰ）

动态助词　Aspect particles

1. 动态助词"了"

   我吃了面包，现在不饿了。

   上午，我写了两封信。

   他病了一个星期。

2. 动态助词"着"

   门开着。

   他骑着一辆新车。

   坐下，别站着吃。

3. 动态助词"过"

   我去过三次北京。

   我从来没有见过她。

我这里一切都好

Everything Is Fine Here

题解
Introduction

这是一个留学生和远在国内的母亲之间的两封电子邮件。希望学了这一课，你也会给远方的父母发一封报平安的邮件。

In this lesson, you will read two e-mails between an international student and his mother in his homeland. After learning this lesson, maybe you also want to send an e-mail to your parents telling them that you are safe and sound.

词语学习
Vocabulary

01

1	一切	yíqiè	*pron.*	all; everything
2	电子邮箱	diànzǐ yóuxiāng		e-mail address
3	极了	jí le		extremely (*used behind an adjective*)
4	情况	qíngkuàng	*n.*	situation; condition
5	网络	wǎngluò	*n.*	network; system
6	好像	hǎoxiàng	*v.*	be like; seem
7	放心	fàng xīn	*v.*	set one's mind at rest
8	惯	guàn	*v.*	be used to
9	可惜	kěxī	*adj.*	regrettable; it's a pity
10	发	fā	*v.*	send out
11	祝	zhù	*v.*	wish; offer good wishes
12	笑脸	xiàoliǎn	*n.*	smiling face

13	声音	shēngyīn	*n.*	voice; sound
14	闻	wén	*v.*	smell
15	香味	xiāngwèi	*n.*	aroma; sweet smell
16	家乡	jiāxiāng	*n.*	hometown; homeland
17	炒	chǎo	*v.*	stir-fry
18	搬	bān	*v.*	move
19	秘密	mìmì	*n.*	secret
20	聪明	cōngming	*adj.*	clever; smart
21	健康	jiànkāng	*adj.*	healthy

走进课文
Text

我这里一切都好

马克：

　　每天早上一起床，就先上网打开电子邮箱，看看有没有你的新邮件，这成了我和你爸爸的习惯。

　　收到你的电子邮件，我们高兴极了。能这么快地知道你那里的情况，真得好好儿感谢电脑和网络。不过，最近你的电子邮件好像[1]越来越少，也越写越短了，为什么呢？

　　虽然你已经不是小孩子了，可是妈妈还是对你有点儿不放心。你最近身体怎么样？老师讲课

> 1. 马克的父母每天早上起床先做什么？

> 2. 妈妈为什么说要感谢电脑和网络？
> 3. 马克最近的邮件和以前有什么不一样？
> 4. 妈妈想知道马克的哪些情况？

---

1. 好像：似乎，感觉上像，语气上不太肯定。"好像" means "to seem or to be like", indicating a tone of uncertainty. 例如：这个词我好像学过，可是想不起来了。/最近好像越来越热了。

你听得懂吗？中国菜吃得惯吗？

　　妈妈有很多话要和你说，可惜我的眼睛越来越不好，不能写得太长。我和你爸爸都很好，别担心。有空儿常给我们发电子邮件。

　　祝你快乐！

妈妈
2011年10月5日

5. 妈妈的电子邮件写得长吗？为什么？
6. 妈妈希望马克做什么？

亲爱的妈妈：

　　每次看到您的电子邮件，都好像看到了您的笑脸，听到了您的声音，闻到了您做的饭菜的香味儿。我有点儿想家了，想您和爸爸，想家里舒服的床，想家乡的咖啡馆，想那些常常在一起一边喝咖啡一边聊天儿的好朋友……

　　我这里的一切都很好，别为我担心。我现在已经吃惯了中国菜，还跟朋友学会了做中国菜呢，我做的西红柿炒鸡蛋好吃极了。现在我住的地方离学校有点儿远，所以我和我的同屋打算搬到学校附近去住，这样我们早晨就可以晚一点儿起床了。

　　我的汉语进步了，上课的时候，老师说的话我都听得懂。不过到了街上，中国人说的话我还是听不懂。

　　告诉您一个秘密，我们班有一个韩国姑娘，我喜欢她，她也喜欢我。她又漂亮又聪明，我想您也一定会喜欢她的。

7. 看到妈妈的邮件，马克有什么感觉？
8. 马克都想念家乡的什么？

9. 马克现在的情况怎么样？
10. 马克会做什么菜？他觉得自己做得怎么样？
11. 马克为什么要搬家？

12. 马克的汉语学得怎么样了？

13. 马克的秘密是什么？

对不起，最近我的邮件越写越短，因为我真的太忙了。这个假期我回不去了，我得努力学习。

祝您和爸爸身体健康！

马克

2011年10月6日

综合注释
Comprehensive Notes

1. （你的电子邮件）越写越短了

"越 A 越 B"，表示在程度上 B 随着 A 的变化而变化。有两种情况。

"越 A 越 B", similar to "the more... the more...", expresses that if there is a change in the degree of A, there will be a corresponding change in the degree of B. There are two situations.

（1）A 和 B 主语相同。例如：Situation One: A and B share the same subject. For example,

① 雨越下越大。

② 汉语越学越有意思。

③ 东西不是越便宜越好。

（2）A 和 B 主语不同。例如：Situation Two: A and B have different subjects. For example,

④ 他越说，我越不懂。

⑤ 老师越表扬学生，学生就越努力。

⑥ 越怕说错越说错。

▶ 试一试：用所给的词语和"越 A 越 B"结构完成对话

Practice: Complete the dialogues with the pattern "越 A 越 B" and the given words.

例：A：什么样的苹果好吃？

　　B：越红越好吃。（红　好吃）

（1）A：你喜欢汉语吗？

　　B：_____。（学　喜欢）

（2）A：我什么时候去你那儿好呢？

　　B：_____。（早　好）

（3）A：你听听家乡的音乐就不想家了吧？

B：＿＿＿＿＿＿＿＿＿＿＿＿＿＿＿。（听　想家）

2. 老师讲课你听得懂吗

"V+得/不+结果/趋向"，表示可不可能达到补语所表示的结果。主要用否定形式，除了疑问句以外，肯定形式用得较少。例如：

"V+得/不+resultative/directional complement" indicates whether or not one can achieve the result or outcome indicated by the complement. It is mostly used in the negative form; and the affirmative form is seldom used unless in interrogative sentences. For example,

①A：你看得懂中文小说吗？

B：现在还看不懂。

②A：这些作业，你写得完写不完？

B：太多了，我写不完。

③A：那个公园没有票进得去吗？

B：当然进不去。

▷ 试一试：模仿例子完成对话

Practice: Complete the dialogues after the example.

例：A：房间里没有卫生间，你住得惯吗？　（住　惯）

B：我住这儿半年多了，已经习惯了。

（1）A：你离黑板那么远，＿＿＿＿＿＿＿＿＿＿＿？（看　见）

B：我的眼睛特别好，看得见。

（2）A：最近流行的那首中文歌＿＿＿＿＿＿＿＿＿？（听　懂）

B：开始时听不懂，不过现在我都会唱了。

（3）A：＿＿＿＿＿＿＿＿＿＿＿＿＿？（睡　着zháo）

B：对不起，我马上关灯。

（4）A：山那么高，＿＿＿＿＿＿＿＿＿＿？（上　去）

B：也许上得去，可是我担心下不来。

课堂活动
In-Class Activity

两个人一组，根据提示完成对话。要求用上所给的格式。

Work in pairs. Complete the dialogues according to the prompts. Make full use of the patterns

provided below.

1. 听+得/不+清楚　　听+得/不+见　　听+得/不+懂

A：你的声音太小；我 ＿＿＿＿＿＿＿＿＿＿＿＿＿＿＿。

B：我大点儿声，这样听得清楚吗？

A：坐在后边的同学＿＿＿＿＿＿＿＿＿＿＿＿＿＿听不见？

B：听得见。

A：中国人说话，你听得懂吗？

B：有的听得懂，有的＿＿＿＿＿＿＿＿＿＿＿＿。

2. 几个人在爬山，山很高。

上+得/不+来/去　　　下+得/不+来/去

A：怎么样？需要我拉你吗？你 ＿＿＿＿＿＿＿＿＿＿＿？（上　来）

B：没关系，我 ＿＿＿＿＿＿＿＿＿＿＿＿＿＿＿。（上　去）

A：怎么样，你 ＿＿＿＿＿＿＿＿＿＿＿＿＿＿？（下　来）

B：帮帮我，我 ＿＿＿＿＿＿＿＿＿＿＿＿＿了。（下　去）

A：别害怕，＿＿＿＿＿＿＿＿＿＿＿＿＿，我们帮你。（下　来）

B：谢谢！

综合练习
Comprehensive Exercises

一、选词填空　*Choose the right words to fill in the blanks.*

1. "邮箱"的"邮"还可以组成"邮票/邮局/邮件"等词。试着选择合适的词填到括号里。

"邮", as in "邮箱", can also be found in other words like "邮票/邮局/邮件", etc. Choose the proper words to fill in the blanks.

（1）（　　　　）离这儿远不远？

（2）我想买几张好看的纪念（　　　　）。

（3）我收到了你的电子（　　　　）。

2. "邮箱"的"箱"还可以组成"行李箱/冰箱/信箱/垃圾箱"等词。试着选择合适的词填到括号里。

"箱", as in "邮箱", can also be found in other words like "行李箱/冰箱/信箱/垃圾箱", etc. Choose the proper words to fill in the blanks.

（1）（　　　　）里有饮料，你自己拿吧。

（2）衣服都在（　　　　）里。

（3）我扔到（　　　　）里了，不知道还在不在里面。

二、把下面左边带有"网"的词语和右边对词语的解释连线

Draw a line to match each word on the left with its definition on the right.

1. 网络　　　　　a. 网上结交的朋友

2. 网民　　　　　b. 有很多电脑，能够上网的店

3. 网吧　　　　　c. 特别喜欢上网的人

4. 网友　　　　　d. 使用网络的人

5. 网迷　　　　　e. 互联网

三、选择课文中学过的下列词语填空

Fill in the blanks with the given words and expressions.

附近　放心　一切　可惜　聪明　秘密　健康　极了　惯

1. 我有一个小（　　　　），现在还不能告诉你。

2. 你回来了，我就（　　　　）了。

3. 我们玩儿得非常高兴，（　　　　）你不在。

4. 我刚到中国，觉得这里的（　　　　）都很新鲜。

5. 学校（　　　　）有一家小饭馆。

6. 我刚来四川，还吃不（　　　　）这里的饭菜。

7. 我觉得这里的东西便宜（　　　　），什么都想买。

8. 你很（　　　　），一定能学会。

9. 祝您身体（　　　　）！

四、选择意思相近的词语填空　*Choose a suitable word for each blank.*

1. 收到　受到

（1）我（　　　　）了你的电子邮件。

（2）他迟到了，（　　　　）了老师的批评。

2. 所有　一切

（1）我们班（　　　　）的同学今天都来上课了。

（2）这里的（　　　　）我都喜欢。

3. 寄　发

（1）我用电子邮件给你（　　　　）过去吧。

（2）他去邮局（　　　　）包裹（bāoguǒ），还没回来。

4. 极了　很
（1）他的口语好（　　　）。
（2）这里的冬天冷得（　　　）。

五、根据提示改写句子　*Rewrite the following sentences with the expressions provided.*

例：学汉语越来越难了。（越 A 越 B）
　　→ 汉语越学越难了。

1. 明天我父母来北京，我要带他们多参观参观。（好好儿）
　　→ _____

2. 我最近有点儿胖了，得努力锻炼身体了。（好好儿）
　　→ _____

4. 那种水果红红的，也许挺好吃。（好像）
　　→ _____

六、模仿例子完成句子　*Complete the sentences after the example.*

例：作业这么多，你写得完吗？（写　完）
1. 我的钥匙丢了，_____了，怎么办？（找　到）
2. 包饺子对我来说太难了，_____。（学　会）
3. 衣服上的油，_____？（洗　干净）
4. 银行卡在自动取款机（ATM 机）里，_____，快给银行打电话
吧。（拿　出来）

七、情境表达　*Expression based on the specific situation*

1. 下面的句子在什么情况下可以说？
　　When do you use the following sentences?
　　（1）喂，你听得清楚吗？
　　（2）祝你身体健康！
　　（3）祝你生日快乐！

2. 下面的情境下该怎么说？
　　What would you say in the following situations?
　　（1）你想去朋友家，却忘了怎么走，该怎么问他？（找不到）
　　（2）黑板上的字太小，你想要求老师写得大一点儿，你该怎么说？（看不清楚）

八、根据课文内容，用下面的表达方式和词语完成对话
Complete the dialogues with the following expressions and words according to the text.

询问原因：为什么　　　　　　　　说明原因：因为……

表示同意：是啊　　可不是吗　　　　　　表示不同意：哪儿啊

表示担心：担心　　不放心　　　　　　　表示赞扬：好极了　　真不错

1. A：马克的父母为什么一起床就先打开电子邮箱？

　　B：_____。（因为　邮件　习惯）

2. A：马克的妈妈觉得有了网络太方便了。

　　B：_____。（是啊　快　情况）

3. A：妈妈对马克放心吗？

　　B：_____。（哪儿啊　担心　身体　听不懂　吃不惯）

4. A：马克一定很想家吧？

　　B：_____。（可不是嘛　饭菜　舒服　咖啡馆　朋友）

5. A：马克会做中国菜吗？老师讲课，他听得懂吗？

　　B：_____。（真不错　进步）

6. A：马克有女朋友吗？

　　B：_____。（秘密　漂亮　聪明　好极了）

九、阅读理解　***Reading comprehension***

网　友

小草：这几天忙（　　　　）了，好长时间没上（　　　　）了，今天可得（　　　　）和你
　　　聊聊。

大树：忙什么呢？

小草：就要期末考试了，得好好儿复习了。

大树：和我一样，平时不努力，越到考试的时候越忙。

小草：是啊，越忙就越睡不着。我该怎么办呢？

大树：别（　　　　），好好儿睡一觉吧，明天早上起床的时候就有办法了。

小草：我是想好好儿睡一觉，可是这几天宿舍楼里吵（　　　　）了，睡不着。

大树：看来，你还过不（　　　　）集体生活，学生宿舍都是这样的。

小草：不行，我得（　　　　）家。

大树：好主意！想不想搬到我这儿来？我这儿（　　　　）你的大学特别近。

小草：我可不想搬到你那儿去，我还不知道你是男的还是女的呢！

大树：见面就知道了。不过，我想你一定是个好姑娘，又漂亮又（　　　　）。

小草：错了，我不（　　　　）也不聪明，但是会做好吃的中国菜。

大树：太好了！我好像都（　　　　）香味儿了。告诉你一个（　　　　），我还有一个网
　　　名叫"吃不饱"！

1. 选词填空（一个词可以多次使用） Choose the proper words to fill in the blanks. (Some words can be used more than once.)

聪明　好好儿　离　惯　搬　漂亮　网　担心　秘密　极　闻到

2. 回答问题　Answer the following questions.

（1）"大树"和"小草"是什么关系？

（2）为什么"小草"最近没上网？

（3）你觉得"大树"和"小草"分别是男的还是女的？

（4）"大树"为什么让"小草"搬到她/他那儿住？

（5）"小草"觉得自己是个什么样的女孩儿？

十、说一说，写一写　*Speak and write*

先根据自己的情况回答问题，然后给父母或朋友写一封电子邮件，介绍你的情况，字数要求在60字以上。

Answer the following questions according to your own circumstances, and then write an e-mail to your parents or a friend about your life in at least 60 Chinese characters.

（1）你是什么时候来的中国？

（2）你经常和父母联系吗？一般用什么方式联系？

电子邮件　打电话　写信　网上聊天儿（SKYPE/MSN/QQ）

（3）你常上网吗？上网做什么？

聊天儿　游戏　查资料　浏览（liúlǎn）　看电影

十一、走出课堂，拓展学习　*Extended exercises*

作一个关于网络使用情况的小调查　Conduct a survey about the use of Internet.

年龄	性别		经常上网吗		每天上网多长时间	上网做什么					在哪里上网		
	男	女	经常	不太经常		收发邮件	聊天儿	查资料	看电影	玩儿游戏	家或宿舍	网吧	学校或公司

上课时介绍一下调查结果　Report your findings to the class.

　（1）什么人经常上网？（性别，年龄）

　（2）人们一般每天上网多长时间？

　（3）人们经常上网做什么？

　（4）人们一般在哪里上网？

　（5）什么人经常去网吧上网？

7 我要去埃及
I Want to Go to Egypt

题解
Introduction

去埃及是"我"小时候的理想，虽然这只是一个小小的理想，但是为了实现它，"我"竟努力了20年。

Going to Egypt was "my" childhood dream. Though it was a very small dream, it took "me" 20 years to realize it.

词语学习
Vocabulary

1	小学	xiǎoxué	*n.*	primary school
2	得	dé	*v.*	get; obtain; win
3	世界	shìjiè	*n.*	world
4	地图	dìtú	*n.*	map; plat; atlas
5	轮	lún	*v.*	take turns
6	烧	shāo	*v.*	boil; burn
7	洗澡	xǐ zǎo	*v.*	have a bath
8	围	wéi	*v.*	wrap; swathe
9	浴巾	yùjīn	*n.*	bath towel
10	浴室	yùshì	*n.*	bathroom
11	冲	chōng	*v.*	rush
12	叫	jiào	*v.*	shout; cry
13	干	gàn	*v.*	do; work

14	火	huǒ	*n.*	fire
15	灭	miè	*v.*	(of a light, fire, etc.) go out
16	讨厌	tǎoyàn	*v.*	dislike
17	小声	xiǎo shēng		in a low voice
18	巴掌	bāzhang	*n.*	palm; slap
19	一辈子	yíbèizi	*n.*	(*oral*) all one's life; throughout one's life
20	了	liǎo	*part.*	used in conjunction with "得" or "不" after a verb to express possibility or impossibility
21	敢	gǎn	*v.*	dare
22	继续	jìxù	*v.*	continue; go on
23	明信片	míngxìnpiàn	*n.*	postcard; lettercard
24	面前	miànqián	*n.*	in front of
25	金字塔	jīnzìtǎ	*n.*	pyramid
26	记得	jìde	*v.*	remember
27	小时候	xiǎoshíhou	*n.*	childhood
28	灵	líng	*adj.*	effective
29	小子	xiǎozi	*n.*	boy; chap; guy

专名 Proper Name

| 埃及 | Āijí | | Egypt |

走进课文
Text

我要去埃及

　　小学的时候，我考试得了第一名，老师给了我一本《世界地图》。我太喜欢那本地图了，一

> 1.老师给了"我"什么？
> 2."我"为什么一到家就看起那本地图来？

回到家就看了起来。那一天，轮[1]到我给全家人烧洗澡水，我就一边烧水一边看地图。我最喜欢的国家是埃及，"长大以后我一定要去埃及……"我看着埃及地图想。

突然，一个人围着浴巾从浴室里冲出来，对着我大叫："你在干什么呢？火都灭了！"是爸爸，他最讨厌做事不认真的人。我说："对不起！我在看地图呢。"爸爸生气地说："看什么地图！快烧火！""我在看埃及地图呢。"我小声说。爸爸更生气了，打了我一巴掌："看什么埃及地图！你一辈子也去不了那么远的地方！快烧火！"我不敢再看下去了，只好放下地图，继续烧水。我一边烧水一边想："我真的去不了埃及吗？"

20年后，我第一次出国就去了埃及。在埃及，我给爸爸寄回一张明信片，上面写着："亲爱的爸爸，我现在正在埃及，我的面前就是金字塔。您还记得吗？小时候，因为我看埃及地图，您打了我，还说我一辈子也去不了埃及。我要谢谢您的那句话！"

爸爸看着明信片，不好意思地问我妈妈："我什么时候说过那样的话？我说过吗？打了一下就那么灵[2]？这小子真的到埃及去了？"

（选自《经典励志故事大全》）

3. 这一天，"我"应该做什么？
4. "我"长大了想去哪儿？为什么？

5. 谁从浴室里跑了出来？为什么跑出来了？
6. 爸爸为什么生气？
7. "看什么地图！"是什么意思？
8. 爸爸为什么打了"我"？
9. "我"为什么放下地图？
10. 我一边烧水一边想什么？

11. 为什么"我"第一次出国就去了埃及？
12. "我"给爸爸寄回了什么？你能说说信的内容吗？

13. 爸爸记得自己做过的事和说过的话吗？

---

1. 轮：按顺序一个接一个地做某事。"轮" means "to do something in turn". 例如：我和同屋一人一天，轮着做饭。/我考完了，下一个就轮到你口试了。

2. 灵：（办法、药物等）有神奇的效果。"灵" indicates that something (such as a method, medicine, etc.) is miraculously effective and/or has amazing results. For example, 例如：这种药真灵，吃了就不疼了。/他的办法挺灵的，问题解决了。

综合注释
Comprehensive Notes

1. （我）一回到家就看了起来

　　"V/Adj＋起来"，表示动作或变化开始并且持续。例如：

　　"V/Adj+起来" indicates that an action or a change starts and continues. For example,

　　① 她们大声唱起来。

　　② 最近热起来了。

　　③ 听了我的话，她笑了起来。

　　如果有宾语，应该放在"起"和"来"之间。例如：

　　If there is an object, it should be placed between "起" and "来". For example,

　　④ 他高兴得唱起歌来。

　　⑤ 他急忙查起词典来。

2. 看什么埃及地图

　　"V+什么"，表示制止、劝阻、否定，常常带有不满和不耐烦的语气。

　　"V+什么" is used to indicate "to put a stop to" , " to dissuade" or "to negate". It often carries a displeased and impatient tone of voice.

　　① 都快迟到了，还吃什么！

　　② 唱什么！别人都在睡觉呢！

　　③ 预习什么课文！这么好的天气，还是出去玩儿玩儿吧。

▶ 试一试：用"V+什么"完成对话

Practice: Fill in the blanks using "V+什么".

　　（1）安娜：我今天得给妈妈写信。

　　　　　马丁：＿＿＿＿＿＿＿呀？发个电子邮件多方便。

　　（2）A：明天上午你做什么？

　　　　　B：我想睡觉。

　　　　　A：＿＿＿＿＿＿＿？天气那么好，还是出去玩儿玩儿吧。

　　（3）A：我想结婚了。

　　　　　B：＿＿＿＿＿＿＿？一个人多自由。

3. 你一辈子也去不了那么远的地方

　　"V+不了（liǎo）"是"V+得了（liǎo）"的否定形式。汉语中的"V不了"和"V得了"用法有两种：

"V+不了（liǎo）" is the negative form of "V+得了（liǎo）". There are two types of usage of this structure.

（1）表示V是否可能实现。例如：

To indicate whether V can possibly be realized:

① 他病了，今天来不了，你别等他了。

② 车坏了，开不了，我们走着去吧。

③ 这么难，你翻译得了吗?

（2）表示能或者不能全部V完。例如：

To indicate whether V can be finished up:

④ 这么多，咱们肯定吃不了。（吃不完）

⑤ 这么多啤酒，你一个人喝得了吗?（能喝完）

▶ 试一试：根据提示，用"V 得了" / "V 不了"的格式完成对话

Practice: Complete the dialogues using "V 得了" / "V 不了" and the words provided.

例：A：你今天能参加晚会吗?

　　B：对不起，我工作太忙了，去不了。（去）

（1）A：我想用一下你的电脑，可以吗?

　　B：对不起，我的电脑坏了，_____。（用）

（2）A：这个菜辣极了，你可能 _____。（吃）

　　B：没关系，我尝尝。

（3）A：我的手机没电了，_____。（打）

　　B：没关系，可以用我的手机打。

（4）别买太多了，天太热，_____就坏了。（吃）

4. 我不敢再看下去了

"V/Adj +下去"表示动作已经开始并将继续或者情况已经出现并将继续存在。例如：

"V/Adj +下去" indicates that an action has already started and is continuing, or a situation has already come about and continues to exist. For example,

① 虽然外语很难，但是我还要学下去。

② 如果你不锻炼，你可能还会胖下去。

③ 这个工作太累了，我不想干下去了。

▶ 试一试：用 "起来" 或 "下去" 填空

Practice: Fill in the blanks with "起来" or "下去".

（1）听了这个故事，大家都笑了（　　　　）。

（2）中国功夫我已经练了三年了，我还要练（　　　　）。

（3）天气热（　　　　）了，我应该买夏天的衣服了。

（4）我希望他的身体快一点儿好（　　　　）。

（5）书法班还会办（　　　　）吗？我想继续学习。

（6）天气继续热（　　　　）的话，我真受不了了。

课堂活动
In-Class Activity

两个人一组，表演小话剧。***Work in pairs and play the roles.***

地点：电脑修理部。

Location: A computer repair shop

人物：顾客（A）　顾客（B）

Characters: Customer A, Customer B

语言结构：V+得了　V+不了　起来　下去

Language patterns: "V+得了"，"V+不了"，"起来"，"下去"

A：你好！你的电脑怎么了？

B：我的电脑<u>上不了</u>网了。

A：电脑<u>上不了</u>网，也可能是网络的问题，不是电脑的问题。

B：可是别人的电脑都能上网，为什么只有我的电脑<u>上不了</u>网呢？您帮我修修吧。

A：今天修电脑的人不在，<u>修不了</u>。

B：那明天<u>修得了</u>吗？

A：明天修理电脑的人也<u>来不了</u>，他病了。

B：那你帮我修修吧。

A：我可<u>帮不了</u>你，我不会修电脑。

B：你是干什么的？

A：你怎么跟我生起气来了，我也是来修电脑的，我已经等了一个星期了，看样子还得等下去。

B：啊？你也是来修电脑的？修理部的人呢？

综合练习
Comprehensive Exercises

一、选词填空 *Choose the right words to fill in the blanks.*

明信片的"片"，意思是卡片或者薄而小的东西。"片"还可以组成"照片/名片/卡片/面包片"等。试着选择合适的词填到括号里。

"片", as in "明信片", means a card or a small thin piece of something. It can also be found in other words like "照片/名片/卡片/面包片", etc. Choose the proper words to fill in the blanks.

1. 认识您很高兴。对不起，我今天没带（　　　　　）。

2. 这次去云南，我们拍了很多（　　　　　）。

3. 为了帮助记生词，我写了很多生词（　　　　　）。

4. 他的早饭就是（　　　　　）、牛奶，很简单。

二、"浴"是洗澡的意思，把下面左边带"浴"字的词语和右边对词语的解释连线
"浴" *means "to bathe". Draw a line to match each word on the left with its definition on the right.*

1. 浴室　　　　　　a. 晒太阳

2. 浴巾　　　　　　b. 洗澡前后穿的衣服

3. 浴衣　　　　　　c. 洗澡的房间

4. 日光浴　　　　　d. 洗澡时用的大毛巾

5. 浴池　　　　　　e. 许多人同时洗澡的地方

三、选择课文中学过的下列词语填空
Fill in the blanks with the given words and expressions.

世界　轮　突然　干　讨厌　敢　继续　认真　记得　小时候

1. 今天（　　　　　）到谁打扫房间了？

2. 他最（　　　　　）做事不（　　　　　）的人。

3. 我不（　　　　　）一个人走夜路，你陪着我吧。

4. 这个（　　　　　）真的太小了，我们又见面了。

5. 您还（　　　　　）吗？两年前我们见过面。

6. 你想（　　　　　）学习汉语吗？

7. （　　　　　）我就很想做出租车司机，现在真的（　　　　　）上这个工作了。

8. 刚才天气那么好，怎么（　　　　　）下起雨来了？

四、模仿例子完成句子　*Complete the sentences after the example.*

例：老师讲的故事很有意思，大家都<u>笑了起来</u>。

1. 雨又_____了，咱们明天再见面吧。

2. 你干得_____，继续干下去吧。

3. 我就怕热，我希望_____下去了。

4. 大家_____音乐跳起舞来。

5. 刚才两个人还_____呢，怎么突然吵起来了？

五、根据提示完成对话　*Complete the dialogues using the expressions provided.*

1. A：明天是周末，我们出去玩儿玩儿吧。

　　B：_____呀，听说明天刮大风。（V+什么）

2. A：小王的身体渐渐_____了，下星期就可以上班了。（起来）

　　B：他上星期都病得_____床了，好得可真快。（不了）

3. A：你还能继续住在中国朋友家里吗？

　　B：我的朋友说如果我愿意，就可以_____。（下去）

4. A：她高兴得哭了。

　　B：她真奇怪，别人高兴都笑，她怎么_____了？（起来）

5. A：是谁呀？这么晚了，_____？（什么）

　　B：对不起，我明天有钢琴比赛，今天不得不练习。

六、情境表达　*Expression based on the specific situation*

1. 下面的句子在什么情况下可以说？

　　When do you use the following sentences?

　　（1）还玩儿什么！快走吧！

　　（2）你说得很好，请继续说下去。

　　（3）他那么忙，来得了吗？

2. 下面的情境下该怎么说？

　　What would you say in the following situations?

　　（1）别人请你参加晚会，你不能去，怎么说更好？（去不了）

　　（2）晚会上你希望大家开始唱歌跳舞，该怎么说？（起来）

　　（3）你告诉别人，如果继续努力，一定能成功，你还能找出别的说法吗？（下去）

七、回忆课文内容，试着补出下列短文中没有出现的动词

　　Based on what you can remember from the text, fill in the blanks with proper verbs.

　　　　突然，一个人（　　　　）着浴巾从浴室里（　　　　　　）出来，对着我大（　　　　　　）：

"你在（　　　　）什么呢？火都（　　　　）了！"是爸爸，他最（　　　）做事不认真的人。我说："对不起！我在（　　　　）地图呢。"爸爸生气地说："（　　　）什么地图！快（　　　）火！""我在看埃及地图呢。"我小声（　　　　）。爸爸更生气了，（　　　　）了我一巴掌："看什么埃及地图！你一辈子也（　　　　）不了那么远的地方！快烧火！"我不敢再看下去了，只好（　　　　）下地图，继续烧水。我一边烧水一边（　　　　）："我真的去不了埃及吗？"

八、根据课文内容回答问题　*Answer the following questions according to the text.*

1. "我"为什么想去埃及？

2. "我"为什么第一次出国就选择了埃及？

3. 爸爸为什么打了"我"？是因为不喜欢"我"看地图吗？还是有别的原因？

4. "我"为什么要谢谢爸爸？

5. 爸爸为什么感到不好意思？

九、阅读理解　*Reading comprehension*

　　我的一个朋友，跟他爸爸的关系不太好。父子俩不太说话。朋友觉得爸爸不爱他。

　　最近，朋友要去南非（South Africa）工作。回到家里，吃完饭，他对爸爸说："爸，我要到南非去工作了。"

　　"南非？什么时候走？"爸爸吃惊地问。

　　"后天。"

　　"那……那什么时候回来？"

　　"我不知道。"

　　"哦，……"

　　儿子突然看见爸爸眼睛里有眼泪。

　　爸爸站了起来，向书房走去。儿子看着爸爸的背影，眼睛也有些湿了。

　　过了一会儿，父亲拿着一本《世界地图》和一支钢笔走出来，问儿子："南非在哪里？"

　　儿子指着说："看，就在这里。"

　　爸爸用笔画了一条红线，把南京和南非连在了一起。

　　然后，爸爸对儿子说："我去不了南非，想你的时候，就看看这张地图吧。"

1. 判断正误　True or false

（1）朋友的爸爸不爱他。　　　　　　　　　　　　（　　　）

（2）朋友后天要去南非工作。　　　　　　　　　　（　　　）

（3）爸爸去书房拿出来一本《中国地图》。　　　　（　　　）

（4）爸爸知道南非在哪里。　　　　　　　　　（　　）

（5）他们的家在南京。　　　　　　　　　　　（　　）

2. 回答问题　Answer the following questions.

（1）朋友为什么觉得爸爸不爱他？

（2）爸爸为什么拿来《世界地图》？

（3）从什么地方可以看出来爸爸其实很爱儿子？

十、说一说，写一写　*Speak and write*

说说下面的话题，然后写一篇小短文《童年的理想》，字数要求在60字左右。

Answer the following questions, and then write a short passage of about 60 Chinese characters with the title "My Dream When I Was a Child".

（1）你小时候有什么梦想？

（2）现在你的梦想实现了吗？

（3）你还在为实现童年的梦想努力吗？

十一、走出课堂，拓展学习　*Extended exercises*

就"父母是否可以打孩子"的问题，采访几个不同国家的人，课上和老师、同学们交流一下采访结果。

Interview several people from different countries about their opinions on whether parents can punish their kids by smacking them. Discuss your findings with your teacher and classmates in class.

国家	在你们国家，有法律规定父母不许打孩子吗？	你同意"有时候打也是教育小孩子的一种手段"吗？	你小时候父母打过你吗？如果打过，你觉得他们做得对吗？

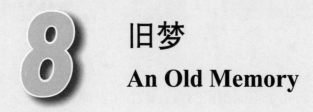

旧梦
An Old Memory

题解
Introduction

　　这是一个真实的故事。几十年前，一个中国男孩儿和一个外国女孩儿的友谊，今天成了一位老人内心最美好的回忆和深深的怀念。

This is a true story. The friendship between a Chinese boy and a foreign girl that took place several decades ago now has turned into the most beautiful and cherished memory in the heart of an elderly man.

词语学习
Vocabulary

01

1	旧梦	jiùmèng	*n.*	old dream; past experience
2	闭	bì	*v.*	shut; close
3	往事	wǎngshì	*n.*	bygones; past events
4	进入	jìnrù	*v.*	enter; get into
5	梦	mèng	*n.*	dream
6	一生	yìshēng	*n.*	all one's life; a lifetime
7	中	zhōng	*n.*	in
8	难忘	nánwàng	*adj.*	unforgettable; memorable
9	老年	lǎonián	*n.*	old age
10	忘记	wàngjì	*v.*	forget
11	同事	tóngshì	*n.*	colleague
12	有时	yǒushí	*adv.*	sometimes

13	出现	chūxiàn	v.	appear
14	比	bǐ	prep.	than; (superior or inferior) to
15	矮	ǎi	adj.	short (of stature)
16	双	shuāng	m.	pair
17	年级	niánjí	n.	grade; year (in school, etc.)
18	年龄	niánlíng	n.	age (of a person, animal or plant, etc.)
19	马路	mǎlù	n.	road; street
20	领	lǐng	v.	lead; usher; take
21	照顾	zhàogù	v.	take care of; look after
22	拉（手）	lā (shǒu)	v.	hold (hands)
23	使劲儿	shǐ jìnr	v.	exert oneself (physically)
24	亲	qīn	v.	kiss
25	告别	gàobié	v.	say goodbye to; part from
26	飞吻	fēiwěn	n.	kiss one's hand to; blow a kiss
27	刚刚	gānggāng	adv.	just; no more than
28	爱情	àiqíng	n.	love (between a man and a woman)
29	并	bìng	adv.	used before a negative for emphasis, usu. as a retort
30	初恋	chūliàn	n.	first love
31	活	huó	v.	live; be alive
32	打听	dǎting	v.	ask about; inquire about
33	消息	xiāoxi	n.	news; information

专名   Proper Name

广东话   Guǎngdōnghuà   Cantonese, a Chinese dialect

走进课文
Text

旧梦

人老了，梦就多起来了，一闭上[1]眼睛，往事就进入梦里。

在人的一生中，什么最难忘呢？是小时候遇到过的人和事。到了老年的时候，最近几年的事差不多都忘记了，老同事的名字，有时都想不起来[2]了，可是童年的朋友却忘不了，他们会常常在梦里出现。

最近经常出现在我梦里的是一个外国女孩子，她的名字叫司苔拉（Sītáilā，Stella）。司苔拉比我大，但只比我大一点儿。她家跟我家是邻居。我记得，她比中国女孩子高得多，我比她矮一头。她的头发又黑又长，还有一双美丽的蓝眼睛。她会说英语，也会说广东话，她说广东话比我还好。她真聪明！

我上小学二年级的时候，年龄很小，我一个人过马路上学，妈妈不放心，就请这位外国姐姐领着我上学、领着我回家。司苔拉真的像姐姐一

---

1. 人老了会有什么变化？

---

2. 在人的一生中，什么会留下最深的印象？
3. 到了老年，什么人会常常出现在梦里？

---

4. "我"最近经常梦见的是谁？
5. 司苔拉和"我"是什么关系？
6. 司苔拉长什么样？
7. "我"为什么觉得司苔拉聪明？

---

8. 妈妈为什么请司苔拉领着"我"上学、放学？
9. 司苔拉是怎么照顾"我"的？她是怎么喜欢"我"的？

---

1. 闭上："上"可以用在"关闭"类动词后，表示动作有了结果。闭上："上" can be used after a verb meaning "to close" or "to shut" indicating that an action comes to a result. 例如 "闭上眼睛/合上书/关上电视/关上门"等。

2. 想不起来：表示忘记了。"想不起来" means "forget" or "can't recall". 例如：我认识他，可是想不起来他叫什么名字了。/大夫告诉他每天吃药，他总是想不起来。

样[3]照顾我，她拉着我的手，在马路上跳着走；有时还使劲儿地亲我的脸；每天告别的时候还送给我一个飞吻。那时我刚刚八岁，在那个年龄，还不懂"爱情"。但是我知道，司苔拉很喜欢我，我也喜欢这个姐姐，虽然她不是中国人。

我跟她的关系并[4]不是什么"初恋"，可是为什么到了老年，司苔拉会经常出现在我的梦里呢？司苔拉是不是还活在这个世界上呢？到哪里才能打听到她的消息呢？

（选自《寻梦记》，作者：黄秋耘）

10. "我"当时不懂什么？但是知道什么？

11. 从哪些句子能看出"我"对司苔拉的思念？

综合注释
Comprehensive Notes

1. 司苔拉比我大

"A 比 B + Adj /VP"，用来比较程度、性状。例如：

"A 比 B + Adj /VP" is used to compare degrees or states. For example,

① 他比我努力。

② 今天比昨天冷。

③ 你比我唱得好。

否定式主要有两种：It has two types of negative forms:

（1）A 没有 B + Adj/VP

例如：For example,

④ 弟弟没有我高。（我高，弟弟矮）

⑤ 我们国家的冬天没有北京冷。（北京的冬天更冷）

---

3. 像姐姐一样……："A 像 B 一样……"，多用于比喻，表示 A 和 B 有相似的地方。"A 像 B 一样……" is often used as a metaphor to indicate the similarity between A and B. 例如：他家像图书馆一样，到处都是书。/那里的风景像画儿一样美。

4. 并：副词，用于否定词前，加强否定语气。"并" is an adverb used before a negative word to stress the tone of negation. 例如：他们都说汉语难，我觉得汉语并不难。/我来到这儿才知道，这儿并不冷。

⑥ 我的汉语没有他的好。（他的汉语比我好）

（2）A 不比 B+Adj/VP

用"不比"的时候，意思是"A"和"B"一样或差不多。例如：

When "不比" is employed, the sentence indicates that A and B are almost the same in terms of degree or state. For example,

⑦ 今天和昨天差不多，不比昨天冷。

⑧ A：你弟弟比你高吧?

　　B：他其实不比我高。

▶ 试一试：模仿例子完成句子

Practice: Complete the sentences after the example.

例：他学汉语的时间 _不比我_ 长，说得却比我好。（不比）

（1）这个城市_____大，人口却比那个城市多。（没有）

（2）我比他学汉语的时间长，可是说得却 _____。（没有）

（3）口语考试_____难，可是我的口语没有听力考得好。（不比）

2. 她比中国女孩子高得多，我比她矮一头

A	比	B	Adj/VP	程度或数量
长江	比	黄河	长	一点儿。
这儿的东西	比	我们国家	便宜	多了。
姐姐	比	弟弟	大	五岁。
他	比	我	多喝	三瓶（啤酒）。

▶ 试一试：根据语境，选择上面例句中合适的句子完成对话

Practice: Based on the contexts, choose the proper sentences from the examples above to complete the dialogues.

（1）A：长江长还是黄河长?

　　B：_____。

（2）A：_____。

　　B：真看不出来，还以为就大一两岁呢。

（3）A：_____。

　　B：没想到他那么能喝。

（4）A：这儿的东西便宜，还是你们国家的东西便宜?

　　B：_____。

3. 她说广东话比我还好

"A比B+还/更+Adj/VP"，肯定B已经达到一定程度，强调A的程度更高。 例如：

"A比B+还/更+Adj/VP" is used to emphasize that B has already reached a certain level or degree, yet the level or degree of A is even higher. For example,

（1）昨天比前天暖和，今天比昨天还暖和。

（2）这个月比上个月更忙。

（3）我觉得这个故事比那个故事更有意思。

试一试：根据提示完成对话

Practice: Complete the dialogues using the expressions provided.

（1）A：她的英语真好。

B：_____。（法语　更）

（2）A：小李做的菜真好吃！

B：_____。（我　更）

（3）A：我很早就到教室了。

B：_____。（她　还）

（4）A：这个牌子的手机特别好。

B：_____。（那个　还）

课堂活动
In-Class Activity

两个人一组，模仿例子，对两个人或东西作比较，每个小组至少说出两组对话。

Work in pairs. Compare two people or two objects after the example. Each pair is supposed to make at least two dialogues.

例：（两个人拿出自己的手机）

A：你的手机多少钱买的？

B：我的手机850块钱买的。

A：你的手机比我的手机贵一点儿，我的手机是800块钱买的。

B：不过你的手机比我的漂亮。

A：我觉得我的没有你的漂亮。

参考话题：Topics for reference:

（1）比较两个人的电脑，包括价格（jiàgé, price）、功能（gōngnéng, function）

等。Compare two computers in terms of their prices, functions, etc.

（贵　便宜　好　快　比　没有　不比　……一点儿　……得多）

（2）比较自己国家和中国的物价（wùjià, prices of commodities）

Compare the prices of commodities in your country and that in China.

（吃的　穿的　用的　贵　便宜　比　不比　没有　……一点儿　……得多）

综合练习
Comprehensive Exercises

一、选词填空　***Choose the right words to fill in the blanks.***

1. "老年"的"年"，表示人的一生按年龄划分的阶段。还可以组成"童年/少年/青年/中年"等。试着选择合适的词填到括号里。

"年" in "老年" means "period in one's life". It can also be found in other words like "童年/少年/青年/中年", etc. Choose the proper words to fill in the blanks.

人的一生要经历从（　　　　）、（　　　　）到（　　　　）、（　　　　），再到老年的生命过程。

2. "同事"的"同"是一样的、相同的意思。还可以组成"同学/同屋/同岁/同乡"等。试着选择合适的词填到括号里。

"同" in "同事" means "same". It can also be found in other words like "同学/同屋/同岁/同乡", etc. Choose the proper words to fill in the blanks.

（1）我们过去是（　　　　），在同一个学校上学，现在是同事，在同一家公司工作。

（2）我和我的（　　　　）轮流打扫房间。

（3）我和我的男朋友（　　　　），他的生日比我大一点儿。

（4）我和我的（　　　　）常常在一起用家乡话聊天儿，在一起做家乡菜。

二、选择课文中学过的下列词语填空　***Fill in the blanks with the given words.***

忘记　同事　有时　出现　年级　年龄　照顾　刚刚　告别　打听　消息

1. 他是我的（　　　　），我们在一起工作三年了。

2. 这几天天气不好，（　　　　）刮风，有时下雨。

3. 谢谢你对我的（　　　　）！

4. 他（　　　　）比我小一岁，在学校却比我高一个（　　　　）。

5. 最近（　　　　）了许多新歌手。

6. 对不起，我（　　　　）了你的手机号码，能再告诉我一遍吗?

7. 我们（　　　　）认识，就成了好朋友。

8. 我向很多人（　　　　）他的（　　　　），可是大家都说不知道。

9. 我明天就回国了，今天来向您（　　　　）。

三、选择意思相近的词语填空　*Choose a suitable word for each blank.*

1. 闭　关
 （1）请（　　　　）上眼睛，认真听。
 （2）请（　　　　）上门。

2. 忘记　想不起来
 （1）你别（　　　　）吃药。
 （2）他的名字，我怎么也（　　　　）了。

3. 告别　再见
 （1）我下星期走，来和大家说（　　　　）。
 （2）他来跟我们（　　　　）。

4. 矮　低
 （1）他的个子比我（　　　　）一头。
 （2）我的汉语水平很（　　　　）。

5. 岁　年龄
 （1）你的孩子几（　　　　）了?
 （2）他的（　　　　）比我小。

四、把下面的词语整理成句子　*Rearrange the given words and expressions into sentences.*

1. 这本小说　没有　有意思　那本

 _____

2. 我　比　晚　姐姐　睡得

 _____

3. 这儿的东西　比　不　贵　我们那儿

 _____

4. 这种啤酒　青岛啤酒　好喝　没有

 _____

5. 这辆汽车　新　那辆　比

 _____

五、模仿例子完成对话　*Complete the dialogues after the example.*

 例1：昨天20℃，今天21℃。
 A：今天比昨天热吗?
 B：今天比昨天　<u>热一点儿</u>　。（一点儿）

例2：马克20岁，小林24岁。

A：马克比小林大吗？

B：马克 ___没有小林___ 大。（没有）

1. 这件衣服150元，那件衣服152元。

A：那件衣服比这件衣服贵吗？

B：_____。（一点儿）

2. 城市A离这里有900多公里，城市B离这里有890多公里。

A：城市B比城市A远吗？

B：_____。（不比）

3. 今年的新生是3000人，去年的新生是3100人。

A：_____？（比）

B：今年的新生没有去年多。

4. 这种水果好吃，那种水果不好吃。

A：那种水果比这种好吃吗？

B：_____。（没有）

六、情境表达 *Expression based on the specific situation*

1. 下面的句子在什么情况下可以说？

When do you use the following sentences?

（1）这本词典不比那本贵。

（2）这个故事比那个故事更有意思。

（3）明天比今天还暖和。

2. 下面的情境下该怎么说？

What would you say in the following situations?

（1）有人认为汉语比日语难，你认为差不多，你该怎么说？（不比）

（2）你觉得在北京很舒服，跟在你的家乡差不多，该怎么说？（像……一样）

（3）有人说中国的东西很贵，你不同意这个说法，你该怎么说？（并）

七、猜谜语（谜底在本课找）*Solve the riddles. (Find the answers in this lesson.)*

1. 长的比短的少，
   短的比长的多，
   短的用脚踩（cǎi, step on），
   长的用手摸（mō, touch）。

   （打一用具）

2. 弟弟不比哥哥高，
   哥哥不比弟弟大，
   睡觉的时候很安静，
   起了床就打架。

   （打一餐具）

八、根据课文内容完成对话　*Complete the dialogue according to the text.*

A：您觉得人的一生中什么最难忘？

B：＿＿＿＿＿＿＿＿＿＿＿＿＿＿＿＿＿＿的人和事。

A：为什么这么说呢？

B：人到了老年，最近几年的事差不多都＿＿＿＿＿＿＿了，老同事的名字，有时都＿＿＿＿＿＿了，可是童年的朋友却＿＿＿＿＿＿，他们会常常在＿＿＿＿＿＿出现。

A：最近经常出现在您梦里的是什么人？

B：是一个叫司苔拉的外国女孩儿。她又漂亮又聪明，广东话说得＿＿＿＿＿＿＿＿＿＿＿＿。

A：你们是怎么认识的？

B：她家跟我家是邻居。我上小学二年级的时候，妈妈请她＿＿＿＿＿＿＿。她像＿＿＿＿＿＿照顾我。

A：她是您的"初恋"吗？

B：我们的关系并＿＿＿＿＿＿，我们太小，还不懂"爱情"。

A：司苔拉现在怎么样了？

B：我不知道她是不是＿＿＿＿＿＿，也不知道到哪里才能打听到＿＿＿＿＿＿。

九、阅读理解　*Reading comprehension*

　　有一个男青年，刚刚从城里回到了农村，他总说城里什么都比农村的好，他爸爸听了很生气。

　　农历的八月十五日是中国的传统节日——中秋节，中国人有吃月饼和赏月（shǎng yuè，enjoy a beautiful full moon）的风俗。爸爸一边吃月饼一边说："今年的月饼真好吃！"儿子马上说："您吃过城里的月饼吗？城里的月饼比这里的好吃多了！"爸爸听了很生气，可是因为今天过节，就没批评他。

　　爸爸看着天上的月亮说："今晚的月亮真圆啊！"儿子又说："圆什么？城里的月亮比这儿的月亮圆多了！"爸爸太生气了，打了儿子一巴掌。儿子却笑着说："城里人比您打得使劲儿多了！"

1. 判断正误　True or false

　（1）男青年觉得农村什么都比城里的好。　　　　　（　　　）

　（2）爸爸因为儿子不喜欢自己的家乡，很生气。　　（　　　）

（3）中国的中秋节是农历八月十五。　　　　　　　（　　）

（4）儿子说城里的月饼没有家乡的月饼好吃。　　　（　　）

（5）爸爸没批评儿子，是因为太生气了。　　　　　（　　）

2. 回答问题　Answer the following questions.

（1）男青年从城里回来后有哪些变化？

（2）爸爸为什么生气打了儿子一巴掌？

十、说一说，写一写　***Speak and write***

　　先说一说下面的话题，然后写成70字左右的小短文《我最好的朋友》，尽量使用下面的词语。

　　Answer the following questions, and then write a short passage of about 70 Chinese characters with the title "My Best Friend" using the words and expressions given below.

（1）你最好的朋友是什么时候的朋友？

（2）他／她是一个什么样的人？

（3）你们在一起有过什么难忘的事？

（4）他／她现在在哪里？

（5）你们还有联系吗？

（6）你经常想念他／她吗？

　　　往事　难忘　忘不了　想起来　告别　出现　梦里　消息　打听

十一、走出课堂，拓展学习 *Extended exercises*

找几个留学生，作一个学习生活满意度的小调查，课上报告调查结果：

Conduct a survey among several international students on their satisfaction with the school life. Report your findings to the class.

1. 你对现在的学习生活感到满意吗？

○ 很满意　　　　○ 比较满意
○ 不太满意　　　○ 很不满意

2. 这里的物价和你们国家比较怎么样？

○ 贵得多　　　○ 贵一点儿　　　○ 差不多
○ 便宜一点儿　○ 便宜得多

3. 这里的交通和你们国家比较怎么样？

○ 方便得多　　○ 方便一点儿
○ 差不多　　　○ 不方便

4. 这里的居住条件和你以前相比怎么样？

○ 好得多　　　○ 好一点儿
○ 差不多　　　○ 差得多

5. 你的汉语和以前相比怎么样？

○ 进步多了　　○ 进步了一点儿　　○ 没有什么进步

6. 你和老师、同学的关系怎么样？

○ 很好　　　○ 比较好　　　○ 一般
○ 不好　　　○ 不太好

★ 谜底：Answers:

1. 梯子
2. 筷子

爱的教育
Education of Love

题解
Introduction

在毕业前的告别晚会上，老师送给刘文辉一件特殊的礼物，这个礼物改变了他的人生。这是一件什么礼物呢？他又是用什么赢得了这个特殊的礼物呢？

At the graduation and farewell party, the teacher gave Liu Wenhui a special gift which changed his life. What was this gift? What did he do to win this special gift?

词语学习
Vocabulary

1	时刻	shíkè	*n.*	hour; moment; occasion
2	一刻	yíkè	*n*	a moment; a little while
3	改变	gǎibiàn	*v.*	change
4	紧张	jǐnzhāng	*adj.*	intense; tense; keyed up
5	高考	gāokǎo	*n.*	college entrance examination
6	心情	xīnqíng	*n.*	mood; state of mind
7	班主任	bānzhǔrèn	*n.*	teacher in charge of a class
8	同样	tóngyàng	*adj.*	same
9	特殊	tèshū	*adj.*	special
10	可爱	kě'ài	*adj.*	lovable; likable
11	游戏	yóuxì	*n.*	game
12	发	fā	*v.*	hand out
13	数字	shùzì	*n.*	number

14	表示	biǎoshì	v.	show; express; indicate
15	纪念品	jìniànpǐn	n.	souvenir; keepsake
16	美丽	měilì	adj.	beautiful
17	耳朵	ěrduo	n.	ear
18	不如	bùrú	v.	be inferior to
19	微笑	wēixiào	v.	smile
20	额头	étóu	n.	forehead
21	轻	qīng	adj.	light; gentle
22	吻	wěn	v.	kiss
23	响	xiǎng	v.	sound
24	热烈	rèliè	adj.	warm; enthusiastic
25	掌声	zhǎngshēng	n.	applause
26	幸福	xìngfú	adj.	happy
27	激动	jīdòng	v.	be excited
28	眼泪	yǎnlèi	n.	tear

走进课文
Text

爱的教育

那是一个难忘的时刻，那一刻改变了我的一生。

紧张的高考结束了，我们班开了一个告别晚会。那天我的心情又高兴又难过。高兴的是新的生活就要开始了，难过的是要和同学们告别了。

晚会快结束的时候，漂亮的班主任李老师说，她要送给全班每个人一件同样的礼物，然后，还有一件特殊的礼物送给班里最可爱的同学。

1. 高考结束后，"我"的班级做了什么？
2. "我"为什么又高兴，又难过？

3. 晚会快结束的时候，班主任说了什么？
4. 老师要送给什么人一件特殊的礼物？

　　谁是最可爱的同学呢？老师说，做了下面的游戏就知道了。老师发给每个人一张纸，然后她让每个人在纸上写一个数字，这个数字表示班里有几个自己不喜欢的人，然后写上自己的名字。同学们都很认真，写完以后交给了老师。

5. 老师用什么方法决定谁是最可爱的同学呢？
6. 老师让每个人在纸上写什么？表示什么？

　　晚会上，老师送给每个同学一件纪念品。最后，她说要发特殊礼物了。大家马上紧张起来，我们都想得到那件特殊礼物，特别是男同学，因为所有的男同学都喜欢这位美丽的班主任，当然也包括我，可是我知道自己不可能是那个最可爱的同学。

7. 在发特殊礼物的时候，大家为什么紧张？男同学为什么特别紧张？
8. 当老师叫"我"的名字的时候，"我"为什么不敢相信自己的耳朵？

　　"请刘文辉同学到前面来。"我真不敢相信自己的耳朵，因为我的学习成绩不如别人好，运动也不如别人好，什么都不如别人，我觉得全班同学都比我好。

9. 老师给了"我"一个什么礼物？为什么老师说"我"是最可爱的同学？

　　可是，这是真的！我不好意思地走到前面，不知道老师要给我什么礼物。她微笑着，在我的额头上轻轻地吻了一下，然后向全班同学说："这就是我的礼物，因为全班只有刘文辉同学写的数字是'0'，他是我们班最可爱的同学！"教室里响起了热烈的掌声。

　　"什么，我成了最可爱的同学？这是真的！现在谁有我这么幸福？"我激动得流下了眼泪。

10. "我"为什么流下了眼泪？
11. 这件事对"我"有什么影响？

　　以前，我从来没喜欢过自己，从来不知道自己有什么可爱的地方，但从这一刻开始，我的人生发生了变化。

（选自《深圳青年》，作者：刘文辉）

综合注释
Comprehensive Notes

1. 她<u>让</u>每个人在纸上写一个数字

"N₁ 让/叫 N₂ + V"，例如：For example,

N₁	不/没（有）	让/叫	N₂	V	Other elements
妈妈		让	我	回	家。
老师		叫	我们	读	课文。
我	没	叫	他	来。	
妈妈	不	让	我和弟弟	喝	酒。

▶ 试一试：根据提示完成对话

Practice: Complete the dialogues using the expressions provided.

（1）A：公司派你去哪里工作？

　　B：＿＿＿＿＿＿＿＿＿＿＿＿＿＿＿。（叫　四川）

（2）A：爸爸，我想买个新手机。

　　B：＿＿＿＿＿＿＿＿＿＿＿＿＿，她说你的手机刚用了半年。（不让　买）

（3）A：你怎么来了？

　　B：张老师＿＿＿＿＿＿＿＿＿＿＿＿＿。（叫　帮助）

（4）A：今天是星期日，你怎么不休息？

　　B：＿＿＿＿＿＿＿＿＿＿＿＿＿＿＿。（让　上班）

2. 我们都想得到那件特殊礼物，<u>特别是</u>男同学

"……，特别是……"，指出最突出的情况，一般用在句子的后一部分。例如：

"……，特别是……", similar to "especially", is used to point out the most prominent or outstanding case. It is usually used in the latter part of a sentence. For example,

①我爱吃中国菜，特别是四川菜。

②这里很干燥，特别是春天的时候。

③她很喜欢运动，特别是游泳。

▶ 试一试：根据提示，用"特别是"完成对话

Practice: Complete the dialogues with "特别是" and the given words or expression.

例：A：你们那儿冬天冷吗？

　　B：很冷，特别是一月。（一月）

（1）A：你们那儿吃的东西便宜吗？

　　B：＿＿＿＿＿＿＿＿＿＿＿＿＿＿＿。（水果）

（2）A：你们经常去酒吧吗？

　　B：＿＿＿＿＿＿＿＿＿＿＿＿＿＿＿。（周末）

（3）A：你喜欢吃中国菜吗？

　　B：＿＿＿＿＿＿＿＿＿＿＿＿＿＿＿。（北京烤鸭）

3. 因为我的学习成绩不如别人好

"A不如B（+Adj/VP）"，表示比不上，和"A没有B（+Adj）"差不多。例如：

"A 不如 B (+ Adj/VP)" is used to indicate that A cannot be compared to B (i.e. A is inferior to B). It is more or less similar to "A 没有 B (+ Adj)". For example,

① 听CD不如听音乐会。

② 我的汉语不如一年以前了。

③ 田中的汉语不如大卫说得好。

★ 注意：这个句式中如果有形容词，形容词通常是褒义的。

Note: If an adjective is used in this pattern, it usually contains a commendatory sense.

▶ 试一试：用"不如"改写句子

Practice: Rewrite the following sentences with "不如".

（1）我的房间小，马丁的房间大。（大）

　　→＿＿＿＿＿＿＿＿＿＿＿＿＿＿＿＿＿＿＿＿

（2）今天20℃，昨天22℃。（暖和）

　　→＿＿＿＿＿＿＿＿＿＿＿＿＿＿＿＿＿＿＿＿

（3）他的阅读能力很强，我的阅读能力不强。（强）

　　→＿＿＿＿＿＿＿＿＿＿＿＿＿＿＿＿＿＿＿＿

4. 现在谁有我这么幸福

"A有B（这么/那么）+Adj/VP"，表示A达到了B的程度。否定式用"没有"。例如：

"A 有 B (这么/那么) +Adj/VP" is used to indicate that A has attained B's level or degree. Its negative form uses "没有" instead of "有". For example,

① 你的汽车有我的（这么）省油吗？

② 东京冬天没有北京（这么）冷。

③ 我没有他（那么）喜欢打篮球。

▶ 试一试：根据语境，选择上面例句中合适的句子完成对话

Practice: Based on the contexts, choose the proper sentences from the examples above to complete the dialogues.

（1）A：_____？

　　B：不如你的省油。

（2）A：你跟他一样喜欢打篮球吗？

　　B：_____。

（3）A：东京冬天有北京冷吗？

　　B：_____。

课堂活动
In-Class Activity

猜猜他/她是谁　***Guess who he/she is.***

请一个同学说出班里某个人的优点或特点，别说出姓名，让大家猜猜被介绍的人是谁。看谁先猜出来。

猜的时候，如果给的信息不够多，还可以向介绍者提问。比如："这个人是男的吗？""这个人是韩国人吗？"等等，介绍者只能回答"是"或"不是"。

Ask one student to introduce the merits or features of one of his/her classmates without telling the name and the rest of the class guess who he/she is talking about.

If more clues needed, questions like "Male?" and "Korean?", etc. can be raised to the introducer, who can answer only "Yes" or "No".

综合练习
Comprehensive Exercises

一、选词填空　***Choose the right words to fill in the blanks.***

"全班"的"全"是整个的意思，还可以组成"全家/全校/全国/全世界/全球"等。试着选择合适的词填到括号里。

"全" in "全班" means "whole". It can also be found in other words like "全家/全校/全国/全世界/全球", etc. Choose the proper words to fill in the blanks.

1. 明天我们（　　　　）都去老师家吃饺子。

2. 新年这一天，中国（　　　　　）的学校都放假。

3. 他太有名了，（　　　　　）很多国家的人都知道他。

4. 明天开运动会，（　　　　　）的学生都参加。

5. 我们（　　　　）人都喜欢吃妈妈做的菜。

6. 全世界也叫（　　　　　）。

二、"礼物"的"物"是东西的意思。请根据理解，把下面左边带有"物"的词语和右边对词语的解释连线

"物" in "礼物" means "object" or "stuff". Draw a line to match each word on the left with its definition on the right.

1. 礼物　　　　　　　a. 穿的东西

2. 食物　　　　　　　b. 书和杂志等

3. 衣物　　　　　　　c. 表示友好或祝贺时送的东西

4. 读物　　　　　　　d. 吃的东西

三、选择课文中学过的下列词语填空

Fill in the blanks with the given words and expressions.

　　　紧张　结束　心情　同样　特殊　可爱　表示　包括　微笑　幸福

1. 考试（　　　　）以后，我就得找工作了。

2. 最近我又要学习又要工作，特别（　　　　）。

3. 他送你礼物，（　　　　）他喜欢你。

4. 我和他（　　　　）学了半年汉语，可是他的汉语比我好得多。

5. 这几天她的脸上总是带着（　　　　），看样子（　　　　）不错。

6. 他们结婚以后生活很（　　　　），现在又有了（　　　　）的宝宝。

7. 她在我们公司很（　　　　），她不但是员工，还是老板的妈妈。

8. 这次考试不（　　　　）口语。

四、选择意思相近的词语填空　*Choose a suitable word for each blank.*

1. 幸福　快乐

（1）他的家庭很（　　　　）。

（2）祝你生日（　　　　）！

2. 紧张　忙

（1）就要考试了，大家心里都很（　　　　）。

（2）我现在很（　　　　），没有时间旅行。

3. 变化　改变

（1）出国回来，他（　　　　　）很大。

（2）公司（　　　　　）了工作计划，我下个月不去上海了。

五、用"不如"改写句子　*Rewrite the following sentences with* "不如".

1. 他做的饭比我做的好吃多了。

→_____

2. 北京的秋天比春天舒服。

→_____

3. 这辆车比那辆车漂亮。

→_____

六、把否定词放在正确的位置上　*Choose the correct positions for the negative adverbs.*

1. 昨天我A想B去，你为什么C让我去？今天你D让我去，我还不想去了呢。（不）

2. 我A请他B来，他C怎么D来了？（没）

3. 这个孩子很不听话，你A让他B做的事情，他不做；你C让他做的事情，他却一定D要做，没办法。（不）

4. 虽然妈妈并A让我B帮她C洗衣服，可是我今天D洗了家里所有的脏衣服，妈妈高兴极了。（没）

七、根据提示完成对话　*Complete the dialogues using the expressions provided.*

1. A：展览馆里_____？（让　照相）

B：可以照，但不能用闪光灯（shǎnguāngdēng，flash）。

2. A：他的外语怎么样？

B：很好，_____，更是好极了。（特别是）

3. A：_____？（有）

B：上海的夏天没有这儿舒服。

4. A：每月1500元的房租，_____？（包括）

B：不包括水费和电费。

八、根据课文内容完成对话　*Complete the dialogue according to the text.*

A：毕业前的告别晚会上我的心情又_____，又_____。

B：为什么又高兴又难过呢？

A：高兴的是_____就要开始了，难过的是_____告别了。

B：听说那天老师送给全班每个人一件_____的礼物？

A：是啊，还有一件_____的礼物送给了全班最可爱的同学。你可能不信，那个人就是我。

B：真的吗？

A：是啊。老师_____给我们每个人一_____纸，让我们在上面写一个_____。

B：这个数字_____什么？

A：表示在班里你有几个不喜欢的人。我写的数字是"0"。

B：我现在明白为什么老师说你是最可爱的人了，因为你喜欢全班所有的人。

A：当时我真不敢_____自己的耳朵，因为我觉得自己什么都不如别人。

B：那老师送给了你一个什么_____的礼物？

A：老师轻轻地吻了一下我的额头。

B：你真的太幸福了！

A：那个吻改变了_____。

九、阅读理解 *Reading comprehension*

　　学习汉语已经半年多了，同学们进步都很快，当然也包括我。不过我不如别的同学水平高，特别是听力。为了提高听力，我买了一台收音机，每天听汉语广播。可是不在房间的时候，就听不了了，所以我又另外买了一个MP3，每天带着，有时间就听。刚开始的时候，一点儿也听不懂，但是现在我的听力越来越好了，听广播的时候觉得很有意思。

　　用MP3还能听中国音乐，特别是闭上眼睛静静地听，那是一种很特殊的感觉。我相信我回国以后，一想到中国，就会想起那些音乐；一想起那些音乐，就会想到中国。

判断正误　True or false

（1）"我"的汉语进步很快。　　　　　　　（　　　）

（2）"我"的听力特别好。　　　　　　　　（　　　）

（3）别的同学不如"我"水平高。　　　　　（　　　）

（4）"我"每天带着收音机。　　　　　　　（　　　）

（5）为了听中国音乐，"我"买了MP3。　（　　　）

十、说一说，写一写　*Speak and write*

　　先根据自己的情况回答问题，然后写成70字左右的小短文，题目为《永远在一起》，尽量用上下面所给的词语和格式。

　　Answer the following questions according to your own circumstances, and then write a short passage of about 70 Chinese characters with the title "Being Together Forever" using the words and patterns given below.

（1）你离开家乡、告别父母和朋友的时候，心情是怎样的？为什么？

（2）他们给你开了欢送会吗？会上都做了什么？

（3）大家都对你说了什么？

（4）你当时激动吗？

（5）那次欢送会难忘吗？

……的时候	……的心情又……又……	……的是……，……的是……
因为	先……，然后……	大家都……，特别是……	激动得……
特殊的	虽然……，却……	难忘	

十一、走出课堂，拓展学习   *Extended exercises*

向别人请教好的学习方法，然后在课堂上和其他同学交流自己的采访结果。

Consult other people about their good learning methods. Exchange your findings with your classmates in class.

采访提纲：A possible outline for your interview:

（1）你用什么方法学习汉字？

（2）你经常听汉语广播吗？

（3）你有跟你互相帮助的中国语伴吗？

（4）你经常和中国人聊天儿吗？

（5）你经常看中文报纸吗？

（6）你每天上课吗？你认真完成作业吗？

（7）你觉得自己的汉语进步得快吗？

10

快乐，其实很简单
Being Happy Is Actually Quite Easy

题解
Introduction

你过得快乐吗？如果你找不到快乐，那就去问问那些快快乐乐的普通人吧。当你听完了他们每个人快乐的理由，你就会发现：快乐，其实很简单。

Are you happy? If you can't find happiness, you should consult some people who are ordinary but happy. Should you listen to their reasons for being happy, you will find that happiness is actually something quite easy to get.

词语学习
Vocabulary

01

1	从前	cóngqián	n.	before; formerly; in the past
2	怎样	zěnyàng	prep.	how
3	使	shǐ	v.	make; cause; enable
4	各种各样	gè zhǒng gè yàng		various; all kinds of
5	台阶	táijiē	n.	steps
6	级	jí	m.	step; stage
7	减肥	jiǎnféi	v.	lose weight; slim
8	胖	pàng	adj.	fat
9	开心	kāixīn	adj.	happy; joyous
10	整天	zhěngtiān	n.	whole day; all day; all day long
11	打印	dǎyìn	v.	print
12	文件	wénjiàn	n.	file; document
13	受不了	shòu bu liǎo		cannot stand or bear

14	辛苦	xīnkǔ	*adj.*	hard; toilsome; laborious
15	平安	píng'ān	*adj.*	safe
16	满足	mǎnzú	*v.*	be satisfied (with)
17	填	tián	*v.*	fill
18	电冰箱	diànbīngxiāng	*n.*	(electric) refrigerator; fridge
19	温柔	wēnróu	*adj.*	gentle
20	一阵子	yízhènzi	*m.*	period of time; spell
21	善良	shànliáng	*adj.*	kind; kind-hearted
22	祝福	zhùfú	*n.*	blessing; wish
23	童年	tóngnián	*n.*	childhood

走进课文
Text

快乐，其实很简单

从前人们见面打招呼的时候说："吃了吗？"

后来见面打招呼改成了："你好！"

现在越来越多的人见面时问："过得快乐吗？"

快乐变得越来越重要了。可是怎样才能使自己快乐呢？

我没问过男人们，却问过许多女人，回答是各种各样的。

一个爱美的女孩子，在公园的台阶上一级一级地往上走。她笑着说："爬台阶能使我减肥。

> 1. 中国人打招呼有什么变化？

> 2. "我"问过什么人什么问题？得到的回答一样吗？

> 3. 这个女孩子为什么爬台阶？她说什么能使她开心？

我可[1]不喜欢自己变胖，看着自己一天比一天瘦，让我特别开心。"

我的一个朋友在办公室工作，每天上八小时的班。最忙的时候，要工作十个小时，整天忙得不得了。她要一张一张地打印文件，然后一份一份地送到别人手里。我觉得她的工作又麻烦又没有意思，可是她却说："工作使我快乐。不让我工作，我可受不了[2]。"

4. "我"的这个朋友做什么工作？"我"和这个朋友对她工作的看法有什么不同？

一个母亲，不穿好的，不吃好的，每天辛辛苦苦。可是她却笑着回答我："全家平平安安就让我快乐。看着孩子们的生活一天比一天好，让我特别满足。"

5. 这个母亲是怎么回答"我"的？

一个小女生说："星期天早上能让我睡够[3]了，就能使我快乐。"

6. 这个小女生快乐的理由是什么？

你看，让自己快乐是多么简单的事。

有人说：人是最不容易满足的，人的心像大海一样填不满，有了电视机、电冰箱、洗衣机、空调，还想要汽车、房子……可是人的心有时候又好像最容易满足：一句温柔的话，就会使我们高兴一阵子；一个可爱的微笑，就会使我们满足一回；一个善良的祝福，就会使我们回到快乐的童年……

7. 为什么说人是最不容易满足的？
8. 为什么说人心有时候又是最容易满足的呢？

---

1. 可：副词，用在动词和形容词前面，表示强调。The adverb "可" can be used in front of an adjective or a verb to indicate emphasis. 例如：火车站的人可多了。/学好一门语言可真不容易。/我可不知道这件事。

2. 受不了：不能忍受。"受不了" means "can't stand". 例如：每天工作十二个小时，真受不了。/今年夏天热得让人受不了。/我受不了他的态度。

3. 够：充足。"够" means "enough". 例如：我这个月的钱不够花。/饭不够这么多人吃。/我今天睡够了，真舒服。

是啊，使自己快乐其实很简单。

（选自韩小蕙同名文章）

9. 你也认为快乐其实很
简单吗？为什么？

综合注释
Comprehensive Notes

1. 一个爱美的女孩子，在公园的台阶上一级一级地往上走

"一+M（N）一+M（N）（+地）+V"，表示动作行为的方式是逐个地进行。例如：

"一+M (N) 一+M (N) (+地)+V" is used to indicate that a movement or an action is repeated in a one-by-one manner. For example,

① 大家一步一步地往山上爬。

② 这些书一本一本都查过了，里边没有那篇文章。

③ 她一个字一个字地录入（key in）文件，再一张一张地打印，还要一份一份地发给别人。

▶ 试一试：用所给的量词完成对话

Practice: Complete the dialogues with the given measure words.

（1）A：你用什么方法记汉字？

　　　B：我把汉字＿＿＿＿＿＿地写在卡片上，然后＿＿＿＿＿＿地记。（个）

（2）A：学过的课文，每一篇你都复习了吗？

　　　B：学过的课文＿＿＿＿＿＿＿＿＿＿＿＿。（篇）

（3）A：明天停电的事，你每家都告诉了吗？

　　　B：＿＿＿＿＿＿＿＿＿＿＿＿＿＿。（家）

2. 孩子们的生活一天比一天好

"一天/年比一天/年+Adj/Vp"，表示每天或每年都在变，也可以用动量词"次"、"遍"等，表示逐渐变化。例如：

"一天/年比一天/年+Adj/VP" is used to indicate that there's change every day or every year. The verbal measure words "次" or "遍" can be used instead of "天/年" to indicate a gradual change. For example,

① 天气一天比一天冷了。

② 爷爷的身体一天比一天好了。

③ 人们的生活水平一年比一年提高了。

④ 她读得一次比一次流利了。

▶ 试一试：根据提示完成对话

Practice: Complete the dialogues using the expressions provided.

（1）A：你觉得马丁的发音进步了吗？

B：他很努力，_____。（一天比一天）

（2）A：他参加了三次比赛，成绩怎么样？

B：他的进步很快，_____。（一次比一次）

（3）A：这里的环境变好了吧？

B：是啊，_____。（一年比一年）

（4）A：这个小话剧你们练习几遍了？现在怎么样了？

B：我们练习十几遍了，_____。（一遍比一遍）

3. 一个可爱的微笑，就会使我们满足一回

"一回"是"满足"的动量补语。动量补语表示动作、行为进行的次数。例如：

"一回" serves as the complement of frequency of "满足". A complement of frequency indicates the number of times of an action or a behavior. For example,

S		V/Adj	过/了	O (Pron)	Complement of frequency	O (N)
	请等				一下。	
我	以前	见	过	他	两次。	
我	又	看	了		一遍	昨天学过的课文。
他的脸		红	了	好	一阵子。	

▶ 试一试：根据语境，选择上面例句中合适的句子完成对话

Practice: Based on the contexts, choose the proper sentences from the examples above to complete the dialogues.

（1）A：他不好意思了？

B：可不是嘛，_____。

（2）A：你复习过课文吗？

B：_____。

（3）A：你见过他吗？

B：_____。

（4）A：对不起，_____。

　　　B：您还有什么事吗？

课堂活动
In-Class Activity

表达训练　*Express your opinion.*

网友A不开心，他希望有人帮自己找到开心的办法。在网上聊天室里，许多年轻人在谈自己的看法，请你也加入这次聊天儿吧。要求全班同学每人至少说一句：

Netizen A is unhappy. He hopes that somebody could help him find a way to be happy. In an online chat room, a lot of young people are giving their opinions. Join in the discussion. Say at least one sentence.

A：能告诉我什么使人开心吗？

B：我是一个容易满足的人，我的快乐很简单。能舒舒服服地洗个澡，也会让我非常开心。

C：我现在就很愉快，因为我喜欢和朋友们一起聊天儿。

D：对，你应该经常上网聊天儿。和朋友们谈话，听一个非常有意思的故事，一定会使你愉快。

E：还是去运动吧，出点儿汗也会使你开心。

……

综合练习
Comprehensive Exercises

一、选词填空　*Choose the right words to fill in the blanks.*

1. "公园"的"园"还可以组成"花园/果园/菜园/游乐园/动物园"等。试着选择合适的词填到括号里。

　　"园"，as in "公园"，can also be found in other words like "花园/果园/菜园/游乐园/动物园"，etc. Fill in the blanks with the proper words.

（1）明天是周末，我和朋友要去（　　　　　）玩儿一天。

（2）我家的（　　　　）里，开着各种各样的花，漂亮极了。

（3）秋季，很多人去（　　　　　）摘水果。

（4）城里没有（　　　　　），菜都是从农村来的。

（5）每天早晨，很多老人去（　　　　）锻炼身体。

（6）北京（　　　　）里有可爱的大熊猫（dàxióngmāo, panda）。

2. "整夜"的"整"还可以组成"整年/整天"等。试着选择合适的词填到括号里。

"整", as in "整夜", can also be found in other words like "整年/整天", etc. Choose the proper words to fill in the blanks.

（1）昨天，他（　　　　）都在上网，一点儿也没睡。

（2）这几年，他（　　　　）住在国外，我们很少见到他。

二、选择课文中学过的下列词语填空

Fill in the blanks with the given words and expressions.

重要　怎样　各种各样　打印　文件　受不了　辛苦　善良

1.（　　　　）才能学好汉语呢？你有什么好的学习方法吗？

2. 这件事很（　　　　），你可别忘了！

3. 请你帮我把这份（　　　　）（　　　　）出来，我今天就用。

4. 这里的天气太热了，我真（　　　　）。

5. 一路上（　　　　）了，好好儿休息休息。

6.（　　　　）就是心好的意思。

7. 出国以后，我遇到过（　　　　）的人和事。

三、选择意思相近的词语填空（有的可以选两次）

Choose a suitable word for each blank. (Some words can be used more than once.)

1. 简单　容易

（1）做西红柿炒鸡蛋，材料很（　　　　）。

（2）如果你喜欢交流，就很（　　　　）找到朋友。

2. 使　让

（1）他（　　　　）我帮他打印文件。

（2）太热的天气（　　　　）人难受。

3. 难受　难过

（1）因为吃得太多，肚子特别（　　　　）。

（2）我（　　　　）地告诉你：这次比赛我们输了。

4. 从前　以前

（1）来中国（　　　　），我学过半年汉语。

（2）（　　　　）我并不喜欢外语，出国以后我对学外语越来越感兴趣了。

四、把左右两边的内容连成句子

Make sentences by matching the clauses on the left with those on the right.

1. 她像机器人一样，　　　　　　　　　a. 我们俩个子差不多。

2. 哥哥像一本活地图，　　　　　　　　b. 大家都很紧张。

3. 这个好消息，　　　　　　　　　　　c. 真让人受不了。

4. 每天早上八点上课，　　　　　　　　d. 让全家人高兴了好几天。

5. 我们一个一个地进去面试，　　　　　e. 整天工作也不觉得累。

6. 天气一天比一天冷，　　　　　　　　f. 得多穿点儿衣服。

7. 整天吃肉喝酒，不运动，　　　　　　g. 哪儿都知道。

8. 他不比我高，　　　　　　　　　　　h. 会使人变胖。

五、根据提示改写句子　　*Rewrite the sentences with the expressions provided.*

1. 我因为不喜欢她的性格，跟她分手了。（受不了）

　　→ _____

2. 这个公司每天工作10个小时，太辛苦了，我想换一个公司。（受不了）

　　→ _____

3. 市场上有很多种水果，有的水果我从来没见过。（各种各样）

　　→ _____

4. 我刚从云南回来，那儿实在太美了。（可）

　　→ _____

5. 我真的不想结婚，一个人挺好的。（可）

　　→ _____

6. 我每年都来这里，在这里生活越来越方便了。（一年比一年）

　　→ _____

7. 他把每件事情都清清楚楚地告诉了我。（一件一件）

　　→ _____

8. 今天上午，我用了一个小时写作业。（写　一个小时）

　　→ _____

六、情境表达　　*Expression based on the specific situation*

1. 下面的句子在什么情况下可以说？

When do you use the following sentences?

（1）饭得一口一口地吃，事要一件一件地做。

（2）你还没玩儿够吗？

2. 下面的情境下该怎么说？

What would you say in the following situations?

（1）你为晚会买了一些饮料，可是你有点儿担心人多，饮料少，你怎么说？（够）

（2）你觉得你的同学发音越来越好，你怎么告诉他？（一天比一天）

（3）上车的时候有点儿挤，你怎么告诉大家别挤？（一个一个地）

七、根据课文内容，说说下面句子中画线部分的意思

Explain each underlined part according to the text.

1. 工作使我快乐。不让我工作，我可受不了。

2. 全家平平安安就让我快乐。看着孩子们的生活一天比一天好，让我特别满足。

3. 一个小女生说："星期天早上能让我睡够了，就能使我快乐。"

4. 人的心像大海一样填不满……

5. 一句温柔的话，一个可爱的微笑，一个善良的祝福，就会使我们回到快乐的童年……

八、选择合适的词语填空 *Choose the proper words and expressions to fill in the blanks.*

快乐　改变　平平安安　受不了　让　幸福　善良　辛苦　其实

有的人总是说："现在的工作真让人（　　　　），等有了好工作以后，我就能（　　　　）了。""等我有了钱以后，我一定要（　　　　）父母过上幸福的生活。""等我买了房子、汽车以后，我一定不让自己这么（　　　　）了。""等孩子（　　　　）地长大以后，我就可以放心了。"他们一直在等，一直觉得幸福在明天，他们不知道，（　　　　），快乐就在今天。

幸福不是等来的，也不是别人给的，你要自己学会快乐。一个人如果现在找不到（　　　　），将来也很难找到幸福。如果你真的想让自己快乐，那就从今天开始（　　　　）自己的想法吧。用你（　　　　）的心去迎接每一天，去爱身边的每一个人、每一棵树、每一朵花……快乐就在你身边。

九、阅读理解　*Reading comprehension*

有一位老人，因为腿坏了，什么也不能做，还需要别人照顾，老人觉得自己的生活没有了意义（yìyì，meaning）。

家里人看到他整天不开心，很着急。老人没有别的爱好，只是年轻的时候就喜欢做风筝（fēngzheng，kite）。为了让他开心，家人给他准备了一些做风筝的材料。没事的时候，老人就

在家里一只一只地做风筝，屋子里到处都是他做的风筝。

春天到来的时候，老人发现屋子里的风筝一天比一天少了，后来才知道是小孙子送给同学了。

有一天，小孙子说要推着爷爷到外面转转。外面天气好极了，有很多孩子在放风筝（fly a kite）。看到天上飞着各种各样美丽的风筝，看着自己做的风筝让孩子们这么开心，老人觉得自己又找回了生活的意义。

1. 判断正误　True or false

（1）老人身体越来越不好，心情也不好。　　　　　　　（　　）

（2）他没有什么爱好。　　　　　　　　　　　　　　　（　　）

（3）家里人想办法让他开心。　　　　　　　　　　　　（　　）

（4）老人的孙子把他做的风筝卖给了同学。　　　　　　（　　）

（5）放风筝的时候，孩子们特别开心。　　　　　　　　（　　）

（6）老人找回了生活的意义。　　　　　　　　　　　　（　　）

2. 回答问题　Answer the following questions.

（1）老人为什么不开心？

（2）家人为什么给老人准备了做风筝的材料？

（3）孙子为什么要推着爷爷出去转转？

（4）什么使老人找回了生活的意义？

十、说一说，写一写　***Speak and write***

课文里那个能减肥就高兴的女孩儿的话代表了很多女孩儿的想法。根据提示，就"减肥"的话题，谈谈你的看法，请尽量用上所给的格式和词语。然后写成100字左右的小短文。

Like the girl in the text, a lot of girls are keen on losing weight. Give your own opinion on the subject with the given patterns and words. Then write a short passage of about 100 Chinese characters.

提示：Questions for your reference:

（1）你或你身边有人在减肥吗？

（2）他／她在用什么方法减肥？

（3）效果怎么样？

（4）你觉得他／她的方法科学吗？为什么？

（5）你觉得什么样的减肥方法比较好？

（6）是不是越瘦越好？为什么？

使…… 一天比一天 一M一M地 A像B一样…… 够 受不了 满足

十一、走出课堂，拓展学习 *Extended exercises*

采访几个不同年龄、不同性别、不同国家的人，看看他们对幸福的看法有什么不同。课上和同学们交流一下采访结果。

Interview several people of different ages, sexes and nationalities about their understanding of happiness. Exchange your findings with your classmates in class.

年龄	性别	国籍	身份	你觉得什么会使你幸福？
23	女	中国	服务员	有工作，有房子，有个爱我的男朋友。

语言点小结（二）
Summary of the Grammar Points（Ⅱ）

比较句　Comparative sentences

1. 用"像/不像"表示比较

   Use "像/不像" to make comparisons.

   （1）像上次一样，还是我请客。

   （2）我不像他那么努力。

2. 用"跟/和"表示比较

   Use "跟/和" to make comparisons.

   （1）他跟我一样高。

   （2）我和李易一样喜欢喝茶。

3. 用"比/不比"表示比较

   Use "比/不比" to make comparisons.

   （1）他的汉语水平比我高一点儿。

   （2）他说汉语比有的中国人还好。

   （3）他打球不比我好。

4. 用"有/没有/不如"表示比较

   Use "有/没有/不如" to make comparisons.

   （1）老王的儿子有老王那么高了。

   （2）今天没有昨天热。

   （3）我的听力不如他。

11 书本里的蚂蚁
The Ant in the Book

题解
Introduction

　　书本和蚂蚁有什么关系呢？小女孩儿那本旧书里的故事为什么常变常新呢？这个童话，能不能让你想到别的什么？比如我们的生活、我们身边的环境、我们的世界……

　　What does a book have to do with an ant? Why are the stories in the little girl's book always changing? Does this fairy tale make you think of anything else? For example, our life, our environment and our world, etc.

词语学习
Vocabulary

01

1	书本	shūběn	*n.*	book
2	蚂蚁	mǎyǐ	*n.*	ant
3	开	kāi	*v.*	open out
4	摘	zhāi	*v.*	pick
5	朵	duǒ	*m.*	*used of flowers, clouds, etc.*
6	夹	jiā	*v.*	place or stay in between
7	醒来	xǐng lái	*v.*	wake up; waken; awaken
8	变成	biànchéng	*v.*	become
9	从此	cóngcǐ	*adv.*	from then on
10	页	yè	*m.*	page
11	自由自在	zìyóu zìzài	*idm.*	free and unrestrained; leisurely and carefree
12	羡慕	xiànmù	*v.*	admire; be envious of

13	也许	yěxǔ	*adv.*	perhaps; probably; maybe
14	一下子	yíxiàzi	*adv.*	in a short while; all at once
15	安静	ānjìng	*adj.*	quiet
16	有趣	yǒuqù	*adj.*	interesting
17	**点**	diǎn	*n.*	dot; spot
18	仔细	zǐxì	*adj.*	careful; attentive
19	终于	zhōngyú	*adv.*	at last; in the end; finally
20	迷路	mí lù	*v.*	lose one's way; get lost
21	送	sòng	*v.*	send; take
22	**编**	biān	*v.*	compile; write; make up

走进课文
Text

书本里的蚂蚁

　　花园里，开着许多美丽的花。一个小女孩儿摘下了一朵小花，夹进了一本旧书里。一只小蚂蚁正在那朵小花里睡觉呢。

　　当它醒来的时候，好像听到谁在说话：

　　"喂，你好！你也是字吗？"

　　"是谁在说话？"

　　"我们是字。我们很小，小得像蚂蚁。"那个声音回答。

　　"我就是蚂蚁，可是现在我也变成了一个字。"

1. 小女孩儿在花园里做了什么？当时，小蚂蚁正在干什么？

2. 小蚂蚁醒来的时候，听见了什么？

从此[1]，这本书里多了一个会走路的字。 第一天，小蚂蚁在第一页；第二天，却跑到第五十页去了；第三天，又跑到第三十页去了……它自由自在，喜欢去哪儿就去哪儿。

书里的字看着这个会走路的新朋友，真羡慕。

"我们也能走吗？"

"我们走不了，我们是字，不是蚂蚁。"

"为什么不试试呢？也许我们也会走……"

书里一下子热闹起来了。

"啊，我们也会走了，太好了！"

书里的字开始散步、跳舞……，再也不[2]能安静了。

有一天，小女孩儿想起了那朵小花，当她打开书的时候，吃惊地叫起来："天啊[3]，这是那本旧书吗？这么新鲜有趣的故事，我以前读过吗？"

第二天，书里的故事又变了，变得更新鲜、更有趣了。突然，小女孩儿看到了一只正在书里散步的小黑点。她仔细地看了看，才看出来，那

3. 小蚂蚁和字有什么不同？

4. 字们为什么羡慕小蚂蚁？它们也想做什么？

5. 书里为什么再也不能安静了？

6. 小女孩儿打开书的时候为什么吃惊？

7. 小女孩儿看到了什么？她明白了什么？

---

1. 从此：从这个时候起。"从此" means "from then on" or "ever since". 例如：去年他参观了一个画展，从此，就开始喜欢画画儿了。/地铁通了，从此，这里的交通就方便多了。

2. 再也不：表示动作永远不重复，不继续下去了。"再也不" indicates that an action will never repeat nor continue. 例如：买了闹钟以后，他再也不迟到了。/有了汽车，他再也不骑自行车了。

3. 天啊：表示吃惊或赞叹。"天啊" indicates surprise or admiration. 例如：天啊，今天有考试，我忘了！/天啊，这里太美了！

是一个会走路的字！

　　小女孩儿终于明白了：这本书里的字，都是会走路的，所以书里的故事每天都是新的。

　　有一天，小女孩儿还在书的外面发现了一个小字，它说："我想出来看看世界，可是走得太远了，迷路了，回不了家了。"小女孩儿听出来了，它很着急，就把它送回了那个热闹又可爱的家。这个家多好啊！每天大家在一起散散步、跳跳舞，就能编出来许多有趣的新故事，太有意思了！

8. 那个小字为什么在书的外边？

9. 小女孩儿为什么送它回到书里去呢？

　　有了这本神奇的书以后，小女孩儿再也不用买别的故事书了。

10. 有了这本书以后，小女孩儿的生活发生了什么变化？

（根据王一梅同名童话改写）

综合注释
Comprehensive Notes

1. 好像听到<u>谁</u>在说话

　　疑问代词也可以用来指称不知道、说不出来或者不需要指明的人或事物。例如：

Interrogative pronouns can also be used to refer to a person or thing whose name is unknown, unspeakable or self-evident. For example,

　　① 我们不知道怎么走，找谁问问吧。

　　② 你饿吗？想吃点儿什么吗？

　　③ 我们找哪儿坐一会儿吧，太累了。

　　④ 你哪天有时间，到我家来玩儿吧。

▶ 试一试：根据提示完成对话

Practice: Complete the dialogues using the expressions provided.

（1）A：_____吗？（什么）

　　　B：谢谢，我也喝咖啡吧。

（2）A：_____吗？（哪儿）

B：不想去，我太累了。

（3）A：_____吧。（谁）

B：附近没有人，怎么问呢？

（4）A：_____吧。（什么时候）

B：最近很忙，暑假的时候再去吧。

2. 喜欢去哪儿就去哪儿

两个相同的疑问代词前后呼应，指同一个人、事物、方式、地点或时间等。例如：

Two identical interrogative pronouns, placed in different places of a sentence and corresponding with each other, refer to the same person, thing, method, place or time, etc. For example,

① 谁知道谁就回答吧。（知道的人回答）

② 哪个班人少，我就去哪个班。（去人最少的那个班）

③ 你吃什么，我就吃什么。（我和你吃一样的东西）

④ 你想怎么写，就怎么写。（用你最喜欢的方式写）

⑤ 今天，我们哪儿热闹去哪儿。（去最热闹的地方）

▶ 试一试：根据语境，选择上面例句中合适的句子完成对话

Practice: Based on the contexts, choose the proper sentences from the examples above to complete the dialogues.

（1）A：你想吃什么？

B：_____。

（2）A：你想去哪个班？

B：_____。

（3）A：我们去哪儿玩儿？

B：_____。

（4）A：作文怎么写呢？

B：_____。

（5）A：我们谁回答都行吗？

B：当然，_____。

3. 她仔细地看了看，才看出来，那是一个会走路的字

"V+出来"，表示通过动作发现原来不明显的事实，也可以表示通过动作使一种新事物产生或从无到有。例如：

"V+出来" indicates the discovery of an unapparent fact through an action. It can also mean that the action brings about something new or create something from nothing. For example,

①我听出来了，是小王的声音。

②你看不出来吗？小李喜欢小王。

③你变化太大了，我都认不出来了。

④我想出来一个好办法。

⑤小王打字快，一会儿就打出来了。

试一试：根据语境，选择上面例句中合适的句子完成对话

Practice: Based on the contexts, choose the proper sentences from the examples above to complete the dialogues.

（1）A：看看我是谁？不认识我了？

　　B：_____。

（2）A：他们俩最近有点儿奇怪。

　　B：_____。

（3）A：外边谁在说话？

　　B：_____。

（4）A：这份文件我急着用，谁能帮我快点儿打出来？

　　B：_____。

（5）A：怎么办？谁有好办法？

　　B：_____。

课堂活动
In-Class Activity

找对子 *Pair up sentences.*

把几组对话拆成句子，分别写在不同的卡片上，发给全班每人一张卡片，每个人读出自己卡片上的句子，然后找出和自己的句子相对的另一句。

Write each sentence from different dialogues on a separate card and distribute a card to each student. Ask each student to read out the sentence on his/her card and then find its corresponding sentence.

参考句子：Sentences for your reference:

（1）我什么时候去你那儿好呢？

（2）门外有脚步声，是谁来了？

（3）我们的东西太重了，找谁帮帮忙吧。

（4）你等一下，我查查词典，一会儿就查出来了。

（5）你喜欢什么就买什么吧。

（6）我买什么好呢？

（7）我听出来了，是安娜来了。

（8）这个词我不知道是什么意思。

（9）你什么时候方便就什么时候来吧。

（10）到哪儿去找人呢？

综合练习
Comprehensive Exercises

一、选词填空 *Choose the right words to fill in the blanks.*

"书本"的"书"还可以组成"书包/书架/书房/书迷/书店"等。试着选择合适的词填到括号里。

"书"，as in "书本"，can also be found in other words like "书包／书架／书房／书迷／书店"，etc. Choose the proper words to fill in the blanks.

1. 现在小学生的（　　　　）太重了。

2. 张老师的（　　　　）上摆着一大排（　　　　）。

3. 他是个（　　　　），整天拿着书本看。

4. （　　　　）里，买书的人很多。

二、把下面左边带"路"的词和右边对词的解释连线

Draw a line to match each word on the left with its definition on the right.

1. 迷路	a. 领着别人走
2. 问路	b. 汽车走的路
3. 公路	c. 火车走的路
4. 带路	d. 问别人怎么走
5. 指路	e. 不知道怎么走了
6. 铁路	f. 告诉别人怎么走

三、选择课文中学过的下列词语填空

Fill in the blanks with the given words and expressions.

变成　自由自在　也许　安静　有趣　仔细　终于　发现　迷路

1. 我（　　　　）了，不知道怎么回家了。

2. 这里以前是自由市场，现在（　　　　）大超市了。

3. 我（　　　　）了一家饭菜特别好吃的饭馆。

4. 他说今天（　　　　）不来，我们不用等他了。

5. 这篇文章很（　　　　），你应该看看。

6. 写完以后再（　　　　）看看有没有什么问题。

7. 高中毕业了，（　　　　）可以离开父母，（　　　　）地生活了。

8. 教室里正在考试，很（　　　　）。

四、把下面的词语整理成句子　*Rearrange the given words and expressions into sentences.*

1. 吗　这里　有趣的　有　书　什么

_____

2. 现在　可以　休息　了　终于

_____

3. 想　出来　不　好办法　什么　我们

_____

4. 什么　什么　买　便宜

_____

5. 出来　了　我　听　他的　意思

_____

五、根据提示完成对话　*Complete the dialogues using the expressions provided.*

1. A：我想去四川旅行，可惜没有时间。

　　B：等放了假，想_____。（……哪儿……哪儿　自由自在）

2. A：马克现在还那么忙吗？

　　B：他放假了，_____。（终于）

3. A：你猜猜我给你买了什么礼物。

　　B：_____，让我打开看看吧。（猜　出来）

4. A：十几年不见了，你还认识我吗？

　　B：李明！_____。（认　出来　一下子）

5. A：作文今天能写完吗？

　　B：我的脑子里空空的，_____。（写　出来）

六、情境表达　*Expression based on the specific situation*

1. 下面的句子在什么情况下可以说？

When do you use the following sentences?

（1）你想喝点儿什么吗？

（2）我想怎么做就怎么做。

（3）安静一下，我好像听见什么人在说话。

2. 在下面的情境下该怎么说？

What would you say in the following situations?

（1）别人问你有没有好办法，你没有。你该怎么说？（想不出来）

（2）别人问你该吃什么，你让别人自己决定。你该怎么说？（……什么……什么）

（3）你不知道回学校的路了，你打电话告诉朋友。你该怎么说？（迷路）

七、回忆课文内容，试着补出下列短文中没有出现的动词

Based on what you can remember from the text, fill in the blanks with proper verbs.

有一天，小女孩儿（　　　）起了那朵小花，当她（　　　）开书的时候，吃惊地（　　　）起来："天啊，这是那本旧书吗？这么新鲜有趣的故事我以前（　　　）过吗？"

第二天，书里的故事又（　　　）了，变得更新鲜、更有趣了。突然，小女孩儿（　　　）到了一只正在书里（　　　）的小黑点，她仔细地看了看，才看出来，那是一个会（　　　）的字！

小女孩儿终于（　　　）了：这本书里的字，都是会走路的，所以书里的故事每天都是新的。

八、根据课文内容和下面的提示完成对话

Complete the dialogue according to the text and the expressions provided.

A：小蚂蚁是怎么进到那本旧书里的？

B：_____？（摘　夹）

A：小蚂蚁的到来使书本里的字产生了什么想法？

B：_____。（羡慕　试试）

A：书本里发生了什么事情？

B：_____。（热闹　再也不　安静）

A：书本里的故事发生了怎样的变化？

B：_____。（新鲜　有趣　变）

A：小女孩儿是怎么发现神奇书本变化的秘密的？

B：_____。（迷路　终于　明白）

九、阅读理解　*Reading comprehension*

从前，有个人叫张三，他得到了三百两银子（yínzi, silver），又高兴又担心。因为他第一次有这么多钱，放在哪儿都不放心，带在身上怕丢了，藏在家里也怕丢了。后来

他终于想出来一个好办法：把银子埋（mái, bury）在院子里，就再也不用担心会丢了。夜里，他看外面没有人，就悄悄地把银子埋在院子里。可是埋完了以后，他还是不放心，怕别人看出来这里埋着银子。怎么办呢？他又想出来一个好主意：要是在这里放一个牌子，写上"此地无银三百两"，意思是这儿没有三百两银子，别人看了牌子就不知道这里有银子了。一切都做好以后，他终于放心了。

他的邻居王二看到了那个牌子，一下子就猜出来了这儿有银子。他把银子挖出来以后，也在那块木板上写下了几个字："邻居王二不曾（céng, once）偷"，意思是邻居王二没有偷。

1. 判断正误　True or false

（1）张三从来没得到过这么多银子。　　　　　　　　（　　　）

（2）张三把银子放到哪儿都不放心。　　　　　　　　（　　　）

（3）张三把银子埋在院子里，就放心了。　　　　　　（　　　）

（4）张三在牌子上写了字，想告诉别人这里有银子。　（　　　）

（5）王二猜出来了那儿埋着银子。　　　　　　　　　（　　　）

（6）王二在另一块牌子上也写了字。　　　　　　　　（　　　）

2. 回答问题　Answer the following questions.

（1）张三为什么把银子埋在院子里？又为什么在牌子上写字？

（2）王二怎么知道了银子在那儿？他为什么也在牌子上写字？

（3）你觉得这个小故事是什么意思？

十、说一说，写一写　***Speak and write***

先回答下面的问题，然后把你讲的童话故事或寓言简单写下来，字数在70字以上。

Answer the following question and then write down your favorite fairy tale or fable in at least 70 Chinese characters.

（1）你最喜欢的童话故事或寓言是什么？

（2）请简单地讲给大家听听。

十一、走出课堂，拓展学习　*Extended exercises*

采访几个以前来过中国的朋友，谈谈中国的变化。课上把采访结果向大家介绍一下。

Interview several friends who had been to China before and ask them about the changes that have taken place in China. Report your findings to the class.

采访提纲：A possible outline for your interview:

（1）你以前来过中国吗?

（2）还记得来中国以前，你对中国的印象吗?

（3）来了中国以后，你感觉你看到的中国与你想象中的中国有什么不同?

（4）如果不是第一次来中国，你感觉到中国的变化了吗?

（5）你觉得中国给你印象最深的变化是什么?

（6）这些变化有哪些是你喜欢的，有哪些是你不喜欢的? 为什么?

12 是"枕头"，不是"针头"

It's Pillow, Not Needle Head

题解
Introduction

　　"枕头"和"针头"有什么关系呢？学外语真有意思，有时说错了也没关系。生活中闹出的笑话，可能也是一种美好的回忆。

　　What does "pillow" have to do with "needle head"? It's interesting to learn a foreign language, and it doesn't matter if you make mistakes sometimes. A funny mistake in life may also be a happy memory.

词语学习
Vocabulary

1	枕头	zhěntou	*n.*	pillow
2	针头	zhēntóu	*n.*	pinhead; needle head
3	准	zhǔn	*adj.*	correct; accurate
4	闹笑话	nào xiàohua		make a fool of oneself
5	被子	bèizi	*n.*	quilt
6	售货员	shòuhuòyuán	*n.*	shop assistant; salesperson
7	柜台	guìtái	*n.*	counter; bar
8	误会	wùhuì	*v.*	misunderstand; misapprehend
9	发抖	fādǒu	*v.*	shiver; shake
10	样子	yàngzi	*n.*	expression; manner
11	硬	yìng	*adj.*	hard; solid; stiff
12	软	ruǎn	*adj.*	soft
13	货架	huòjià	*n.*	goods shelf
14	明明	míngmíng	*adv.*	obviously

15	实在	shízài	*adv.*	indeed; really; truly
16	可笑	kěxiào	*adj.*	laughable; funny; ridiculous
17	理发	lǐ fà	*v.*	get a haircut
18	理发师	lǐfàshī	*n.*	barber; hairdresser
19	剪	jiǎn	*v.*	cut (with scissors)
20	寸	cùn	*m.*	*cun*, a unit of length (about 3.3 cm)
21	想不到	xiǎng bu dào		unexpected; never expect
22	自信	zìxìn	*adj.*	self-confident
23	照	zhào	*v.*	look at oneself (in the mirror); reflect; mirror
24	镜子	jìngzi	*n.*	mirror
25	吓一跳	xià yí tiào		be startled; get a fright
26	掉	diào	*v.*	off (*used after some verbs, indicating the result of an action*)

走进课文
Text

是 "枕头"，不是 "针头"

对我来说，汉语的四声真是太难了，因为说不准四声，我经常闹笑话[1]。

有一次，我到附近的商店去买被子。我问售货员："请问，哪儿卖杯子（被子）？"她从柜台里拿出一个杯子说："这儿就卖杯子，这种行吗？"我明白了，是我把"被子"说成"杯子"了，售货员误会了我的意思。我没办法，只好一

> 1. 对 "我" 来说，什么很难？"我" 为什么常闹笑话？

> 2. "我" 想买什么？
> 3. 售货员为什么拿出一个杯子？

---

1. 闹笑话：做了可笑的事。"闹笑话" means that someone has done something stupid or ridiculous that makes people laugh. 例如：我的发音不好，经常闹笑话。/我把"四十"听成了"十四"，闹了笑话。

边做出冷得发抖的样子，一边说："不是杯子，是被子。"售货员笑了："哦，我看出来了。你冷了，想买被子。被子在二层。"

还有一次，我觉得枕头太硬，就到商店去买软一点儿的枕头。我对售货员说："您好，我要买一个针头（枕头）。"她吃惊地看着我说："这个商店不卖针头。"我比她还吃惊：有这么奇怪的商店吗？货架上明明[2]摆着那么多枕头，却说不卖枕头。我只好慢慢地说："我要买一个针——头——（枕头）。"她也慢慢地回答："我们这儿没有针——头——。"我实在[3]说不明白了，就指着货架说："那不是针头（枕头）吗？"她笑了："那是枕头，不是针头。"

还有更可笑的事呢。有一天，我去理发，我担心理发师听不懂，还用手比画着说："我要剪

6. "我"为什么要买枕头？

7. 售货员为什么吃惊？

8. "我"为什么比售货员还吃惊？

9. 售货员是怎么明白"我"的意思的？

10. "我"和理发师说话为什么用手比画？

---

2. 明明：副词，很明显。常用于转折句。"明明" is an adverb meaning "obviously". It is often used in an adversative sentence. 例如：他明明知道，却说不知道。/词典明明放在桌子上，怎么不见了？

3. 实在：副词，真的，的确。"实在" is an adverb meaning "really" or "indeed". 例如：我要赶飞机，实在没时间吃早饭了。

板寸[4](半寸)。"理发师笑着说:"板寸正流行呢,想不到[5]外国人也喜欢啊!请坐吧。"看着他自信的样子,我放心了。理发师一边理发一边和我聊天儿。我闭着眼睛,心里挺高兴:一边理发一边上汉语课,真不错!

"理完了,照照镜子吧。""天啊!"我吓了一跳[6]。理发师把我的头发剪成"板寸"了!本来只想剪掉[7]半寸,我却把"半寸"说成"板寸"了。

（选自《环球时报》,作者:[美]葛沛迪）

> 11."我"为什么心里很高兴?
> 12.理发师为什么把"我"的头发剪成了"板寸"?

综合注释
Comprehensive Notes

1. 对我来说,汉语的四声真是太难了

"对……来说",表示从某个角度提出问题。例如:

"对……来说" raises an issue from a certain perspective. For example,

① 对外国人来说,汉语拼音非常有用。

② 工作,对我来说是最重要的事。

③ 对你来说,这只是一件小事;但是对我来说,这却是一件大事。

▶ 试一试:完成对话

Practice: Complete the dialogues.

（1）A:英语和法语哪个难?

---

4. 板寸:一种男性发式,头发理得又短又平。"板寸", or screw cut, is a short and flat hair style for men.

5. 想不到:觉得意外,没想到。"想不到" means "to feel surprised or unexpected". 例如:我听说你们公司很小,想不到这么大。

6. 吓一跳:受到惊吓或感到吃惊。"吓一跳" means "to feel startled or freak out". 例如:他关门的声音太大了,我吓了一跳。/ 看到她的时候,我们都吓了一跳,她太瘦了!

7. 掉:用在某些动词后面,表示动作的结果。"掉" is used after certain verbs to indicate the result of an action. 例如:我把垃圾扔掉了。/ 衣服上的油洗不掉了。

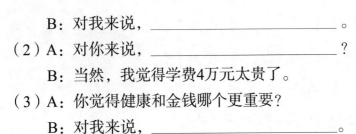

B：对我来说，_____。

（2）A：对你来说，_____？

B：当然，我觉得学费4万元太贵了。

（3）A：你觉得健康和金钱哪个更重要？

B：对我来说，_____。

2. 是我把"被子"说成"杯子"了

"把+A+V成+B……"

S	把	A	V+成	B
你	把	汉语	翻译成	英语。
我	把	肉	切成了	丝。
他	把	头发	染成了	红色。

试一试：用"把+A+V成+B……"造句

Practice: Make sentences with "把+A+V成+B……".

（1）鸡肉→宫保鸡丁　　（做）

_____

（2）十四→四十　　（说）

_____

（3）面包→面包片　　（切）

_____

（4）小说→电影　　（改）

_____

3. 有这么奇怪的商店吗

　　反问句是疑问句的一种形式，表示强调，它的形式和意义正好相反：肯定形式，表示否定的意思；否定形式，表示肯定的意思。例如：

A rhetorical question is a type of interrogative sentences used for emphasis. The form of a rhetorical question is converse to its meaning: the affirmative form indicates negation while the negative form indicates affirmation. For example,

①有这样问别人的吗？（没有这样问别人的）

②这么多，我们吃得了吗？（我们吃不了）

③有这么服务的吗？（没有这么服务的）

④你不是做得很好吗？应该自信一点儿。（你做得很好）

⑤我不是告诉你了吗？星期六晚上见面。（我告诉你了）

试一试：模仿例子完成对话

Practice: Complete the dialogues after the example.

例：A：我的书在哪儿？

B：你看，那不是你的书吗？

（1）A：我感冒两个星期了，还没好。

B：你不好好儿休息，_____吗？

（2）A：我的手机找不到了。

B：你看，桌子上_____吗？

（3）A：我怎么没看见安娜？

B：你看，_____吗？

课堂活动
In-Class Activity

根据提示，同伴间进行问答练习 *Do question and answer exercises using the given expressions.*

1.A：对你来说_____？

 B：我觉得最有意思的事情是和中国朋友一起喝酒。

2.A：你原来中文名字不是叫马克吗？怎么现在叫马明了呢？

 B：_____。（把……改成了……）

3.A：书法那么难，我_____？（能……吗）

 B：当然能学好，你那么聪明，又那么努力。

4.A：我觉得每天学20个汉字并不难。

 B：那是你，对我来说_____。

5.A：我想知道明天上不上课。

 B：_____？明天不上课。（不是……吗）

综合练习
Comprehensive Exercises

一、选词填空 *Choose the right words to fill in the blanks.*

1."办法"的"法"是方法的意思，可以组成"方法/写法/说法/吃法/用法"等。试着选择合适的词填到括号里。

"法" means "way" or "method" in "办法". It can also be found in other words like "方法 /

写法/说法/吃法/用法 ", etc. Choose the proper words to fill in the blanks.

（1）这儿没有公共汽车，没（　　　　），我们只好走回去了。

（2）我不知道这个字的（　　　　）。

（3）我第一次听到这种减肥（　　　　），很有意思。

（4）他教我烤鸭的（　　　　）。

（5）说明书上介绍了电子词典的（　　　　）。

2. "货架"的"架"，还可以组成"书架/行李架/鞋架/衣架"等。试着选择合适的词填到括号里。

"架 ", as in "货架 ", can also be found in other words like "书架/行李架/鞋架/衣架 ", etc. Choose the proper words to fill in the blanks.

（1）把衣服挂在（　　　　）上。

（2）我把书放回到（　　　　）上了。

（3）（　　　　）上没有地方放行李了。

（4）我想买一个（　　　　）放鞋。

（5）（　　　　）上摆着各种各样的商品。

二、选择课文中学过的下列词语填空

Fill in the blanks with the given words and expressions.

闹笑话　误会　明明　实在　可笑　想不到　自信　吓一跳

1. 高级HSK考试对我来说（　　　　）太难了，我一点儿也不（　　　　）。

2. 帽子（　　　　）在他头上戴着，他却到处找帽子，真（　　　　）。

3. 也许听到这个消息，你会（　　　　），真（　　　　）他当上了老板。

4. 我的发音不准，经常（　　　　）。

5. 你（　　　　）了，我不是那个意思。

三、选择意思相近的词语填空 *Choose a suitable word or expression for each blank.*

1. 明明　明白

（1）我（　　　　）看见他回来了，怎么不在房间呢?

（2）我终于（　　　　）了他的意思。

2. 办法　方法

（1）他总是迟到，老师对他没（　　　　）。

（2）学习（　　　　）很重要。

3. 吓一跳　吃惊

（1）一看那个手机的价格，我（　　　　），太贵了!

（2）看到他（　　　　　）的样子，就知道他不知道这个消息。

4. 自信　相信

（1）我（　　　　　）你一定能学好英语。

（2）我（　　　　　）一定能做好这件事。

四、把左右两边的内容连成句子

Make sentences by matching the clauses on the left with those on the right.

1. 我不是那个意思，　　　　　a. 我一点儿也不觉得好笑。

2. 我听说他是教授，　　　　　b. 就拿去看吧。

3. 他让我吓了一跳，　　　　　c. 他的英语实在太好了！

4. 明明知道迟到不好，　　　　d. 为什么不早点儿来呢？

5. 我常常闹笑话，　　　　　　e. 你误会了。

6. 你喜欢这本书，　　　　　　f. 真不好意思。

7. 你们笑什么？　　　　　　　g. 想不到他那么年轻。

五、用所给的词语或格式改写句子　*Rewrite the sentences with the given words or patterns.*

例：我觉得汉语水平比学习成绩更重要。（对……来说）

　　→ 对我来说，汉语水平比学习成绩更重要。

1. 我觉得健康比金钱更重要。（对……来说）

　　→ ＿＿＿＿＿＿＿＿＿＿＿＿＿＿＿＿＿＿＿＿＿

2. 我觉得所有的同学都是好朋友。（把……当成……）

　　→ ＿＿＿＿＿＿＿＿＿＿＿＿＿＿＿＿＿＿＿＿＿

3. 你已经去过西安了，这次你还要去？（不是……吗）

　　→ ＿＿＿＿＿＿＿＿＿＿＿＿＿＿＿＿＿＿＿＿＿

4. 他是你的朋友，你应该帮助他。（不是……吗）

　　→ ＿＿＿＿＿＿＿＿＿＿＿＿＿＿＿＿＿＿＿＿＿

六、完成对话　*Complete the dialogues.*

1. A：我做的饭不好吃，你教我吧。

　 B：你应该自信，你做的饭不是＿＿＿＿＿＿＿＿＿＿＿＿＿吗？

2. A：学开车很难。

　 B：学开车有＿＿＿＿＿＿＿＿＿＿＿＿＿＿吗？

3. A：我忘了去他家怎么走。

　 B：上个星期，你不是＿＿＿＿＿＿＿＿＿＿＿＿＿吗？

4. A：还没放假，他怎么就去旅行了呢？

　 B：对他来说，旅行＿＿＿＿＿＿＿＿＿＿＿＿＿＿＿。

七、情境表达　*Expression based on the specific situation*

1. 下面的句子在什么情况下可以说？

When do you use the following sentences?

（1）我明明把钱包放在包里了。

（2）他们俩的关系不是挺好的吗？

（3）桌子上不是你的电子词典吗？

2. 在下面的情境下该怎么说？

What would you say in the following situations?

（1）对方理解错了你的意思，你该怎么说？（误会　意思）

（2）你听到自己的 HSK 成绩通过了中级，感到很吃惊，你该怎么说？（想不到）

（3）衣服弄上了果汁，你担心洗不干净，你该怎么说？（掉）

八、根据课文内容回答问题　*Answer the following questions according to the text.*

1. "我"因为说不准四声都闹了什么笑话？（把……说成……　"被子"和"杯子""枕头"和"针头""半寸"和"板寸"）

2. 当对方听不懂时，"我"用什么办法帮助说明？你觉得这个办法怎么样？（做出……的样子　比画）

3. "我"理发前、理发中和理发后的心情有什么变化？请用课文里的话描述一下。

（担心　放心　高兴　吓一跳）

4. "我"又是说又是比画，理发师为什么还是误会了？（把……说成……）

九、阅读理解　*Reading comprehension*

从前，有一个国王非常爱马，对他来说，能得到一匹（pǐ, *a measure word used of horses, mules, etc.*）千里马（qiānlǐmǎ, *winged steed*），就是最大的幸福。

他派人到处找千里马，找了很多年也没找到。有个人对国王说："我能为您买到千里马。"国王就给了他很多钱，让他去买。

那个人听说在很远的地方有一匹千里马，就赶紧去那里买。想不到当他赶到那儿的时候，那匹马已经死了。他决定用国王给他的钱买下那匹死马。

看到死马，国王吓了一跳："我不是告诉过你吗？我要的是千里马。你怎么给我买了一匹死马？"

那个人说："千里马很快就会来找您了，您再也不用到处去找了。"

国王特别喜欢千里马的消息很快就传开了。不久，真的有人把世界上最好的千里马送到了王宫，国王在那一年中就得到了三匹千里马。

1. 判断正误　True or false

（1）得到一匹千里马，是国王最大的幸福。　　　（　　）

（2）国王找了很多年也没找到千里马。　　　　　（　　）

（3）那个人给国王买了一匹千里马，国王很高兴。（　　）

（4）那个人给国王买来了三匹千里马。　　　　　（　　）

（5）国王喜欢千里马的事大家都不知道。　　　　（　　）

2. 回答问题　Answer the following questions.

（1）那个人为什么给国王买回一匹死马？

（2）为什么会有人把千里马送到王宫？

十、说一说，写一写　*Speak and write*

先根据自己的情况回答问题，然后写成70字左右的短文，尽量用上下面所给的词语和格式。

Answer the following questions according to your own circumstances, and then write a short passage of about 70 Chinese characters using the given words and patterns.

（1）对你来说，学习汉语时什么最难？

（2）在和中国人交流时，如果对方听不懂，你有什么好办法吗？

（3）你也有因为发音不太好闹笑话的事吗？能说给我们听听吗？

闹笑话　误会　比画　可笑　吓一跳　把……说成……

十一、走出课堂，拓展学习　*Extended exercises*

课后学说下面的绕口令，练习发音。课上组织一个说绕口令比赛。

Practice the following tongue twisters after class and have a tongue twister contest in class.

1. 妈妈骑马，

　马慢，妈妈骂（mà）马。

　妞妞（niūniu）牵（qiān）牛，

　牛拧（nìng），妞妞拧（níng）牛。

2. 出东门，过大桥，

　大桥底下一树枣儿（zǎor）。

　拿着杆子（gānzi）去打枣，

　青的多，红的少。

　一个枣儿，两个枣儿，

　三个枣儿，四个枣儿，

　五个枣儿，六个枣儿，

　七个枣儿，八个枣儿，

　九个枣儿，十个枣儿……

　这是一个绕（rào）口令，

　一口气说完才算好。

中国来信改变了我的生活
A Letter from China Has Changed My Life

题解
Introduction

一封中国来信，改变了一个青年的人生道路。这是怎样的一封信呢？写信的人是谁？收信人的生活发生了哪些变化呢？

A letter from China has changed a young man's life. What kind of letter was it? Who wrote it? How has the life of the receiver of the letter changed?

词语学习
Vocabulary

1	来信	láixìn	*n.*	incoming letter
2	父亲	fùqin	*n.*	father
3	除了	chúle	*prep.*	except; but; besides; in addition to
4	以外	yǐwài	*n.*	beyond; except
5	有用	yǒu yòng	*adj.*	valuable; useful
6	差不多	chàbuduō	*adv.*	nearly; almost
7	由于	yóuyú	*conj.*	because; since
8	请求	qǐngqiú	*v.*	ask; request; appeal; beg
9	帖子	tiězi	*n.*	post; message
10	回信	huíxìn	*n.*	letter in reply; feedback
11	封	fēng	*m.*	*used for letters, telegrams and invitations*
12	连忙	liánmáng	*adv.*	hastily; hurriedly

13	哭	kū	v.	cry; weep
14	猜	cāi	v.	guess; suspect
15	愉快	yúkuài	adj.	happy; cheerful
16	学好	xué hǎo		master; learn well
17	答案	dá'àn	n.	answer; solution; key
18	背面	bèimiàn	n.	back; reverse side
19	泪水	lèishuǐ	n.	tear; teardrop
20	并且	bìngqiě	conj.	and; also; in addition
21	历史	lìshǐ	n.	history

专名　Proper Name

哥伦比亚	Gēlúnbǐyà	Colombia

走进课文
Text

中国来信改变了我的生活

　　我十四岁生日那天，父亲对我说："除了西班牙语和英语以外，你还得再学习一种语言。"父亲的朋友说："那就什么有用学什么吧，不是法语就是德语。"在哥伦比亚，会说德语和法语的人不少，我父亲的朋友差不多人人都会说这两种语言。我得选择一种世界上有很多人说、但在哥伦比亚很少有人会说的语言，我选中了汉语。

　　由于我不了解中国，也不认识会汉语的人，除了上网请求帮助，我没有别的办法。第二天，我就开始在网站上发帖子，还发了许多电子邮件。一个星期过去了，什么回信也没有；半个月

> 1. "我"十四岁生日那天，爸爸对"我"说了什么？
> 2. 爸爸的朋友为什么劝"我"学法语或者德语？
> 3. "我"为什么选择了汉语？

> 4. "我"为什么上网请求帮助？

过去了，还是没有回信。我学习汉语的热情渐渐地冷了。

5. "我"学习汉语的热情为什么冷了？

哭　　笑

　　有一天，我突然收到了一封从中国寄来的信。我连忙[1]打开看，信是一个中国姑娘用英文写的："你好！我们还互相不认识，但我知道你打算学习汉语。我想告诉你，汉语是要用'心'学的。在信的后面有两个汉字：'哭'和'笑'，要是你能猜出来哪个表示'难过'，哪个表示'愉快'，你就一定能学好汉语。（答案在背面）"

6. "我"收到了什么人的来信？"我"和来信人认识吗？
7. 这个中国姑娘让"我"猜什么？

　　表示难过的字，肯定是"哭"，因为它有眼睛和泪水。我一下子就猜对了。太有意思了！我学汉语的热情又来了。我马上给那个中国姑娘回了一封信："谢谢你！我一定要学好汉语，希望有一天能和你见面，并且[2]能用汉语和你聊天儿。"从那天开始，汉语进入了我的生活。

　　四年过去了，我不但一直在努力地学习汉

8. "我"猜对了吗？这封信给了"我"什么影响？
9. "我"有什么希望？

---

1. 连忙：副词，表示动作行为快。只用于修饰已经发生的动作，不用于未来或祈使句。The adverb "连忙" means that an action or behavior is quick and prompt. It is only used to describe an action that has already happened and cannot be used in future tense or imperative sentences. 例如：听到铃声，我连忙拿起电话。
2. 并且：连词，多用来连接动词性成分。The conjunction "并且" is used to connect verbal elements. 例如：他开了一家公司，并且做得很好。/他参加并且通过了入学考试。

语，还认识了许多中国人，了解了中国的历史和文化。可是，我再也没有收到那个女孩儿的信。如果我能跟她见面，一定要谢谢她，因为是她的那封信改变了我的人生。

（选自《环球时报》，作者：[哥伦比亚]卡洛斯）

10. "我"学了几年汉语了？学的结果怎么样？
11. "我"后来又收到过女孩儿的信吗？"我"为什么要谢她？

综合注释
Comprehensive Notes

1. 除了西班牙语和英语以外，你还得再学习一种语言

"除了……（以外），还/也……"表示排除已知，补充其他。例如：

"除了……（以外），还/也……", similar to "in addition to..." or "other than...", is used to exclude the items already known and add further information. For example,

① 除了亚洲学生（以外），我们班还有欧美学生和非洲学生。
② 他除了汉语（以外），还会英语和法语。
③ 除了我（以外），别的男生也喜欢踢足球。

"除了……（以外），都……"表示排除特殊，强调一致。例如：

"除了……（以外），都……" is used to exclude the exceptional cases and emphasize the generality. For example,

④ 除了他（以外），我们都没去过重庆。
⑤ 除了星期天（以外），我们哪天都不休息。
⑥ 除了我（以外），别人都参加考试了。

▶ 试一试：根据语境，选择上面例句中合适的句子完成对话

Practice: Based on the contexts, choose the proper sentences from the examples above to complete the dialogues.

（1）A：他都会什么外语？
B：_____。
（2）A：你们什么时候休息？
B：_____。
（3）A：你们班都有谁没参加考试？
B：_____。

（4）A：你们班都是亚洲学生吗？

　　　B：_____。

2. 不是法语就是德语

"不是 A 就是 B"，表示在 A、B 两种情况中必有其一。例如：

"不是 A 就是 B" means "either A or B " or " If not A, then is B". For example,

① 不是你去，就是我去，没有别人。

② 下午四点以后，他不是在图书馆看书，就是在操场打球。

③ 他每次旅行不是坐火车就是坐汽车，反正不坐飞机。

▶ 试一试：用"不是……就是……"改写句子

Practice: Rewrite the following sentences with "不是……就是……".

（1）他这时候可能在饭馆，也可能在咖啡馆。

　　　→ _____

（2）我今天或者看电影，或者买东西，就是不想学习。

　　　→ _____

（3）除了上网发电子邮件和用手机发短信以外，别的联系方式他们都不用。

　　　→ _____

（4）小王或者在睡觉，或者在上网，肯定在家。

　　　→ _____

3. 我父亲的朋友差不多人人都会说这两种语言

名词重叠或量词重叠，表示"每一个""所有的""无一例外"。例如：

The reduplication of a noun or a measure word indicates "every" or "all without exception".
For example,

① 现在家家都有汽车。

② 我的朋友个个喜欢开玩笑。

③ 我天天上网。

▶ 试一试：用指定词语改写句子

Practice: Rewrite the following sentences with the given phrases.

（1）这花每年都是这时候开。（年年）

　　　→ _____

（2）每一场比赛，观众都很多。（场场）

→ _____

（3）所有的人都知道这个电影明星。（人人）

→ _____

课堂活动
In-Class Activity

表演 *Role play*

两个人一组，分别扮演课文中的哥伦比亚小伙子和回信的中国姑娘，表演两个人在几年以后见面交谈的情景。

Work in pairs to play the roles of the Colombian young man and the Chinese girl in the text respectively. Act out the scene where they meet and talk with each other years after.

参考话题：You may talk about:

（1）哥伦比亚小伙子向姑娘表示感谢。

（2）小伙子谈自己学习汉语的经历。

（3）小伙子谈自己的改变。

（4）小伙子问中国姑娘为什么一直没再回信。

……

综合练习
Comprehensive Exercises

一、选词填空 *Choose the right words to fill in the blanks.*

"语言"的"语"还可以组成"外语/母语/汉语/口语/书面语"等。试着选择合适的词填到括号里。

"语", as in "语言", can also be found in other words like "外语/母语/汉语/口语/书面语", etc. Choose the proper words to fill in the blanks.

1. 你的第一（   ）是英语吗？

2. 包括她自己的（   ），她会说四种（   ）。

3. 我们今天只有（   ）考试，没有听力考试。

4. 这是（   ）词，说话的时候不太常用。

二、"言"有"语言""说""话"等意思，不单用。把左边带"言"的词语和右边意义相关的部分连线

"言" has the meaning of "语言", "说" or "话" and cannot be used by itself. Draw a line to match each word on the left with its definition on the right.

1. 发言   a. 用书面或录音的形式留下的话
2. 留言   b. 上课或开会时发表意见
3. 预言   c. 预先说出（未来发生的事）
4. 名言   d. 地方话
5. 方言   e. 有名的话或者名人说过的话

三、选择课文中学过的下列词语填空

Fill in the blanks with the given words and expressions.

请求　由于　热情　连忙　互相　并且　一直　了解　选择　改变

1.（　　　　）天气非常不好，旅行计划（　　　　）了。
2. 他工作起来特别有（　　　　），所以做得很好。
3. 今天上午我（　　　　）在开会，所以不能给你打电话。
4. 我来这儿差不多一年了，比较（　　　　）这里的情况。
5. 听到电话铃声，他（　　　　）找手机。
6. 我和中国朋友（　　　　）帮助。
7. 刚来的时候，我不懂汉语，经常（　　　　）别人帮我。
8. 他不但（　　　　）了到中国留学，（　　　　）选择了在中国工作。

四、选择意思相近的词语填空　*Choose a suitable word for each blank.*

1. 连忙　马上
（1）我快点儿写，写完（　　　　）给你。
（2）他来晚了，进了屋子（　　　　）说对不起。

2. 渐渐　慢慢
（1）他（　　　　）地在路上走着。
（2）天气（　　　　）地热了。

3. 都　还
（1）除了足球以外，别的运动他（　　　　）不太喜欢。
（2）他除了学习汉语以外，（　　　　）学习中国文化。

4. 从来　一直

（1）这几个星期他（　　　　）在找工作，可是还没找到。

（2）这种事（　　　　）就没发生过，以后也不可能发生。

五、根据提示完成句子　*Complete the sentences using the expressions provided.*

1. 他顺利毕了业，_____，现在生活很幸福。（并且）

2. _____，所以身体很好。（一直）

3. _____，还有很多爱好。（除了）

4. _____以外，我们都去过那家酒吧。（除了）

5. 他不在公司，我想他不是去了银行，_____。（就是）

六、根据提示完成对话　*Complete the dialogues using the expressions provided.*

1. A：他现在在哪儿?

    B：_____。（不是……就是……）

2. A：你哪儿不舒服?

    B：除了头疼以外，_____。（还）

3. A：这几个地方，你都去过吗?

    B：_____，别的地方都没去过。（除了……以外）

4. A：你们谁会打高尔夫球?

    B：_____。（除了……，都……）

5. A：你们都有谁喜欢看电影?

    B：_____。（个个）

6. A：毕业以后，你见过他吗?

    B：_____。（一直）

七、情境表达　*Expression based on the specific situation*

1. 下面的句子在什么情况下可以说?

   When do you use the following sentences?

   （1）不是你来，就是我去。

   （2）除了这个办法以外，再也想不出别的办法了。

   （3）什么有用学什么吧。

2. 下面的情境下该怎么说?

   What would you say in the following situations?

   （1）你觉得你的朋友可能在睡觉，也可能在上网，该怎么说?（不是……就是……）

   （2）朋友问你想吃什么，你不想吃肉，该怎么说?（除了……以外，都　）

（3）你觉得你们班的同学每个人都很努力，你该怎么说？（个个）

八、根据课文内容回答问题　*Answer the following questions according to the text.*

1. "我"选择学习哪种外语的标准是什么？这个标准和父亲朋友的标准有什么不同？
（什么……，……什么　有用　世界　很多人说　哥伦比亚　很少人会说）

2. "我"不了解中国，也不认识学习汉语的人，"我"选择了什么办法向别人请求帮助？
这个办法有用吗？（上网　发帖子　电子邮件）

3. "我"学习汉语的热情为什么冷了？后来是什么使"我"的学习热情又来了？（信
哭　笑　猜对了　热情来了）

4. "我"有一个什么愿望？这个愿望后来实现了吗？（见面　聊天儿）

九、阅读理解　*Reading comprehension*

世界变小了

　　我出生在法国中部的一个小城市，城市很小，在这里怎么走都不会迷路。我第一次听到"中国"这个词，大概是初中的时候吧。有人对我说，在很远的地方有一个国家，它是世界上人口最多的国家。那时候我就想，能跟这么多人说话，那该是一件多么了不起的事情啊！

　　后来我们学校为学生们开了中文课。我选择了学习中文，并且坚持学习了三年。

　　不过，真正改变我人生的，却是高中毕业后在天津度过的10个月。当时我到了天津，和中国的高一学生一起上课。

　　10个月之后，我妈妈见到了一个不一样的女儿。以前我是个不爱说话的女孩儿，但那次回来，我却变得自信了很多。

　　后来我进入大学中文系学习。再后来我到中国参加了汉语比赛，并且认识了我现在的男友，他是丹麦人。我觉得这个世界突然变小了，两个从没见过面的人，想不到在中国认识了。

（根据李学梅《世界怎么突然变小了》改写）

1. 判断正误　True or false

（1）"我"在高中的时候第一次听到"中国"这个词。　　　　（　　　）

（2）"我"觉得会说汉语是件了不起的事。　　　　（　　　）

（3）"我"在高中学了3年汉语。　　　　（　　　）

（4）"我"在中国的大学学习过10个月。　　　　（　　　）

（5）"我"后来在法国的大学学习中文。　　　　（　　　）

（6）"我"和男朋友是在丹麦认识的。　　　　（　　　）

2. 回答问题   Answer the following questions.

（1）"我"是怎么知道中国的？

（2）是什么改变了"我"的人生？

（3）"我"为什么觉得世界变小了？

十、说一说，写一写   *Speak and write*

先根据自己的情况回答问题，然后写成80字左右的小短文。

Answer the following questions according to your own circumstances, and then write a short passage of about 80 Chinese characters.

（1）你们国家学汉语的人多吗？为什么？

（2）你是怎么开始学习汉语的？

（3）除了学汉语，你还学哪种外语？

（4）关于学习汉字，你有什么好方法吗？

（5）在你学习汉语的过程中，谁对你的帮助最大？

十一、走出课堂，拓展学习 *Extended exercises*

下面是几组不同类型的汉字，查一下资料，和你的同学讨论一下这些汉字分别是什么类型的。

The Chinese characters below can be grouped into different categories. Do some research and discuss with your classmates to find out to which categories these characters belong respectively.

（1）日、木、人、月、女、子、门、刀

（2）本、末、未、刃

（3）休、明、好、林、安

（4）们、案

14 第一次打的
Taking a Taxi for the First Time

题解
Introduction

是什么原因使他害怕坐出租车？又是什么原因，使他完全改变了对出租车司机的印象？第一次打的，究竟发生了什么事情？

Why was he afraid to take a taxi? What completely changed his opinion of taxi drivers? What exactly happened the first time he took a taxi?

词语学习
Vocabulary

01

1	打的	dǎ dī	take a taxi
2	严重	yánzhòng	*adj.*	serious; grave; severe
3	必须	bìxū	*v.*	must; have to
4	借	jiè	*v.*	borrow; lend
5	万	wàn	*num.*	ten thousand
6	匆忙	cōngmáng	*adj.*	in a hurry; hurriedly
7	夜里	yèlǐ	*n.*	at night; nighttime
8	停	tíng	*v.*	stop; (of cars) be parked
9	身边	shēnbiān	*n.*	one's side
10	农村	nóngcūn	*n.*	countryside; rural area
11	和气	héqi	*adj.*	kind
12	看样子	kànyàngzi	*adv.*	it seems that; it looks as if
13	稍微	shāowēi	*adv.*	a little bit

14	提包	tíbāo	n.	handbag
15	被	bèi	prep.	by (marker for passive sentences or clauses)
16	急忙	jímáng	adv.	in a hurry; hurriedly; hastily
17	追	zhuī	v.	chase
18	车牌号	chēpáihào	n.	licence number (of a vehicle)
19	记	jì	v.	remember; bear in mind
20	弄	nòng	v.	do; manage; handle
21	丢	diū	v.	lose
22	恨	hèn	v.	hate
23	果然	guǒrán	adv.	as expected; sure enough
24	幸好	xìnghǎo	adv.	luckily; thankfully
25	谢	xiè	v.	thank
26	啦	la	part.	combination of "了" (le) and "啊" (a) expressing exclamation, interrogation, etc.
27	经历	jīnglì	n.	(countable) experience
28	印象	yìnxiàng	n.	impression

专名 Proper Name

| 天津 | Tiānjīn | | | Tianjin City |

走进课文
Text

第一次打的

妻子来电话，说孩子的病很严重，必须住院。我赶紧借了一万五千块钱，匆匆忙忙地坐上了去天津的火车。

夜里11点多，我终于到了天津站。公共汽车

1. "我"为什么借了一万五千块钱去天津?

已经没有了，可是，我是第一次来天津，不知道怎么去那家医院。我正着急的时候，一辆出租车停在我身边。"先生，坐车吗？"司机问。

我从来没打过的，又听说大城市的出租车司机常常骗农村人，所以很害怕坐出租车，可是现在实在没有办法，我只好上了车。

司机二十多岁，挺和气，车里干干净净，看样子是个认真的人。我稍微[1]放了点儿心。司机一边开车一边和我聊天儿，很快就到了医院。

我紧张地给了他一百元，问："够吗？"

"十九块。"司机说。

还不太贵，我赶紧付了钱，就往医院跑。

"不好！"进了医院，我才发现，装钱的提包

被我忘在出租车里了。我急忙跑出去追，车已经开走了。这可怎么办？连车牌号也没记住，也不知道司机叫什么名字，这么大的天津，上哪儿去

2. "我"为什么着急？

3. "我"为什么害怕坐出租车？"我"又为什么上了车？

4. 司机是个什么样的人？"我"为什么放心了？

5. 付钱的时候，"我"为什么紧张？

6. 进了医院，"我"发现了什么？

7. "我"有办法把钱找回来吗？

1.稍微：副词，表示数量不多或程度不深。The adverb "稍微" indicates a small quantity or a low degree. 例如：我想稍微休息一下。/他比我稍微高一点儿。/我对这儿的天气稍微有点儿不习惯。

找？一万五千块钱被弄丢了，孩子住院等着用钱呢，这可怎么办？这可怎么办？我真恨自己！

这时手机突然响了起来，这么晚了，谁呢？

"喂，是李先生吗？"

"是啊。你是……"

"我是出租车司机小刘，您把包忘在我的车里了。您别着急，我马上给您送过去！"

十分钟后，小刘果然[2]来了，手里拿着那个被我忘在车里的提包。

"幸好您的包里有电话号码，才和您联系上。给您包，快看看少了什么没有。"

我赶紧打开提包，一看，一万五千块，一分也不少。

"幸好遇到的是您啊！真是太谢谢你了……"我的眼泪都快流出来了。

"谢什么！这是我应该做的。以后可得小心啊！再见啦！"

我拿出五百块钱给他，可他就是[3]不要。多好的人啊！这次坐出租车的经历，使我改变了对出租车司机的印象。

（选自《驾驶员》，作者：李果）

> 8. 这一部分用了三个"这可怎么办"表达了"我"怎样的心情？

> 9. 谁来的电话？有什么事？

> 10. 司机是怎么找到"我"的？把包给了"我"以后，司机让"我"干什么？

> 11. "我"用什么感谢司机？
> 12. 这次坐出租车的经历，对"我"有什么影响？

---

2. 果然：副词，表示结果和预想的一样。做状语。The adverb "果然" is used as an adverbial modifier indicating the result is the same as expected. 例如：天气预报说今天有雨，果然下雨了。/我说她会来，果然来了吧。

3. 就是：副词，表示坚决，不可改变。用于口语。The adverb "就是" means "firm" or "will not change". It is often used in oral Chinese. 例如：我说别去了，可是他就是要去。/大家都劝他休息，他就是不休息。

综合注释
Comprehensive Notes

1. 百、千、万的称数法　*Counting numbers with hundred, thousand and ten thousand*

101：一百〇一；　　109：一百〇九；　　110：一百一十；　　111：一百一十一；

112：一百一十二；　120：一百二十；　705：七百〇五；　856：八百五十六；

999：九百九十九；　1,000：一千　　1,001：一千〇一；　2,020：两千〇二十；

3,950：三千九百五十；　　　10,000：一万；　　10,008：一万〇八；

153,000：十五万三千；　　　2,860,000：二百八十六万；

43,950,080：四千三百九十五万〇八十

▶ 试一试：请读出下面的数字

Practice: Read aloud the following numbers.

201　2,004　5,063　8,006　9,005　9,984　7,003　7,882

2005　2234　9,998　20,500　58,960,400　99,999,999

2. 装钱的提包被我忘在出租车里了

S（receiver）+ 被+N（agent）+V + Other elements

"被"，在口语中也可以用"让"或"叫"。例如：

"被" can be replaced by "让" or "叫" in oral Chinese. For example,

S（receiver）	被/让/叫	N（agent）	V	Other elements
我的书	被/让/叫	同学	借	走了。
电脑	被/让/叫	我	弄	坏了。
小偷	被/让/叫	警察	抓	住了。

有时做事的人并不出现，用来强调结果。这样的句子中的"被"不能用"让"和"叫"替换。例如：

Sometimes the agent is omitted to emphasize the result. In this case, "被" can not be replaced by "让" or "叫". For example,

S（receiver）	被	V	Other elements
那本词典	被	借	走了。
他	被	打	了。
我的自行车	被	偷	了。

⭐ 注意：否定词要放在"被"前。例如：

Note: The negative word should be placed before "被". For example,

S（receiver）	Adverbial	被/让/叫	N（agent）	V	Other elements
我的电脑	没	被		弄	坏。
小王	从来没	被/让/叫	老师	批评	过。

▷ 试一试：根据语境，选择上面例句中合适的句子完成对话

Practice: Based on the contexts, choose the proper sentences from the examples above to complete the dialogues.

（1）A：你的书呢？

　　 B：_____。

（2）A：你怎么不用自己的电脑呢？

　　 B：_____。

（3）A：能借我用一下你的自行车吗？

　　 B：对不起，_____。

（4）A：小王被老师批评了吧？

　　 B：_____。

3. 幸好您的包里有电话号码，才和您联系上

　　"幸好"指由于某种有利的条件而幸运地避免了不好的后果。含"庆幸"的意思。有时与"才"搭配使用。没有否定式。例如：

"幸好" means that a negative consequence was avoided due to a favorable condition, indicating "fortunately" or "luckily". It is sometimes used with "才" and does not have a negative form. For example,

① 时间这么紧，幸好今天是星期天，车不太多。

② 雨下得真大，幸好我们带了伞。

③ 幸好今天不堵车，我们才赶上了飞机。

▷ 试一试：用"幸好"完成句子

Practice: Complete the following sentences with "幸好".

（1）_____，我们才不用担心迷路。

（2）幸好我有你的手机号码，_____。

（3）_____，幸好有同屋照顾她。

（4）_____，幸好我没去。

课堂活动
In-Class Activity

表演：两个人分别扮演丢东西的人和警察。

Role Play: Work in pairs. One plays the role of the person who lost his belongings and the other plays the role of the policeman.

情境：Situations:

（1）一个人丢了钱，到派出所报案。A person who lost his money goes to a police station to report the loss.

（2）钱包被别人捡到交给了派出所，警察通知丢钱的人来认领。A policeman notifies the owner to claim his belongings which were found and sent to the police station.

参考词语和句子：Words and sentences you may use:

弄丢　被　着急　忘　联系　急忙　放心　三万块钱　住院

一分不少　幸好　谢什么　这是我们应该做的　以后可得小心啊

综合练习
Comprehensive Exercises

一、选词填空　*Choose the right words to fill in the blanks.*

"提包"的"包"，还可以组成"书包/钱包/旅行包/背包"等。试着选择合适的词填到括号里。

"包", as in "提包", can also be found in other words like "书包/钱包/旅行包/背包", etc. Choose the proper words to fill in the blanks.

1. 这个包，平时上课的时候是（　　　　），去旅行的时候是（　　　　）。

2. 到了商店我才发现，我忘了带（　　　　），什么也买不了。

3. （　　　　）是提在手里的包，（　　　　）是背在背上的包。

二、选择课文中学过的下列词语填空

Fill in the blanks with the given words and expressions.

印象　严重　联系　幸好　弄　看样子　从来　果然　经历

1. （　　　　）他不懂汉语，问他什么都摇头。

2. 有事请跟我（　　　　），这是我的电话号码。

3. 钱包被我（　　　　）丢了。

4. 他给我们讲了他的旅行（　　　），很有意思。

5. 他的病不太（　　　），您别担心。

6. 考试时我忘了带笔，（　　　）我的同桌带了两支笔。

7. 我（　　　）没坐过飞机，第一次坐，有点儿紧张。

8. 来中国以前听说天安门广场很大，来了一看（　　　）很大。

9. 他给我的第一（　　　）很好。

三、选择意思相近的词语填空　*Choose a suitable word for each blank.*

1. 谢　谢谢
   （1）（　　　）你的帮助！
   （2）（　　　）什么！这是我应该做的。

2. 匆忙　急忙
   （1）我走得太（　　　）了，忘了带钱包。
   （2）看到我拿个大箱子，他（　　　）走过来帮我。

3. 稍微　一点儿
   （1）我（　　　）有点儿累。
   （2）这个比那个贵（　　　）。

4. 经历　经验
   （1）这次旅行的（　　　）很难忘。
   （2）你有什么好的学习（　　　），给我们介绍一下。

四、模仿例子，用所给的词语造句

Make sentences with the given words and expressions after the example.

例：衣服　弄脏
　　→衣服被弄脏了。
　　→衣服被他弄脏了。

1. 花　吹　落
　　→_____

2. 东西　寄　走
　　→_____

3. 自行车钥匙　弄　丢
　　→_____

五、根据提示改写句子 *Rewrite the sentences with the expressions provided.*

例：糟糕！我没锁门！怎么办？（不好）

　　→ 不好！我没锁门！怎么办？

1. 都说桂林很美，去桂林旅游一看，真的美极了。（果然）

　　→ _____

2. 对待工作和学习不应该马虎。（认真）

　　　→ _____

3. 他刻苦学习，到底考上了理想的大学。（终于）

　　　→ _____

4. 他不听朋友的话，坚决不肯去医院看病。（就是）

　　　→ _____

5. 因为她帮助了我，我才找到了工作。（幸好）

　　　→ _____

六、情境表达 *Expression based on the specific situation*

1. 下面的句子在什么情况下可以说？

When do you use the following sentences?

（1）谢什么！这是我应该做的。

（2）没错，一分不少，太谢谢您了！

（3）以后可得小心啊！

2. 下面的情境下该怎么说？

What would you say in the following situations?

（1）你迷了路，正在着急时遇到了同学，你觉得很幸运，你怎么说？（幸好）

（2）别人感谢你，你觉得没什么，你该怎么说？（什么）

（3）你把书还给了图书馆以后，你的朋友来向你借那本书，你该怎么说？（被）

七、根据课文内容回答问题 *Answer the following questions according to the text.*

1. "我"是从什么地方来到天津的？为什么到天津来？

（农村　病　严重　住院　借钱）

2. "我"上车前后的心理有什么变化？请说一下。

（着急　害怕　放心）

3. 付钱前后"我"的心理又有什么变化？

（紧张　赶紧　够吗　还不太贵）

4. 发现钱丢了，"我"为什么恨自己？

（没记住　不知道　这么大的天津　等着用钱）

5. 司机送来钱以后，"我"又是怎样的心情？

（赶紧　感谢　眼泪）

八、阅读理解　*Reading comprehension*

人人都有过丢东西的经历。丢东西的人都希望有人会"拾金不昧"（shí jīn bú mèi, not pocket the money one picks up），把东西还回来。那么，对"拾金不昧"的人应不应该给钱表示感谢呢？

故事一：

王女士坐出租车时，不小心把钱包掉在了车上。按照发票上的电话，她找到了出租车司机。第二天，当师傅把钱包还给她的时候，她主动给了司机100元钱。

王女士说："钱包是我自己不小心掉的，司机给我送回来，应该付给他钱表示感谢。"

故事二：

李女士捡到一个提包，包里约有15万元的现金。几天后，李女士在报纸上看到一个寻物启事（xún wù qǐshì, lost notice）：愿意花1.5万元找这个提包。可是当李女士把提包还给失主的时候，失主却没付给她1.5万元。

对"拾金不昧"的人，应该怎么表示感谢？你们国家是怎么做的？有没有什么法律规定（fǎlǜ guīdìng, legal provisions）？

1. 判断正误　True or false

（1）所有的人都丢过东西。　　　　　　　　　　　（　　）

（2）丢东西的人都拾金不昧。　　　　　　　　　　（　　）

（3）王女士在路上丢了提包。　　　　　　　　　　（　　）

（4）出租车司机捡到了王女士的钱包。　　　　　　（　　）

（5）李女士捡到了一个钱包。　　　　　　　　　　（　　）

（6）钱包里有很多钱。　　　　　　　　　　　　　（　　）

（7）李女士收到1.5万元的感谢费后才把包还给了失主。　（　　）

（8）失主给了李女士很多钱。　　　　　　　　　　（　　）

2. 回答问题　Answer the following questions.

（1）什么是"拾金不昧"？

（2）王女士怎么找到了出租车司机？

（3）王女士为什么给司机100元钱？

（4）李女士怎么找到提包的失主的？

（5）你觉得失主不给钱对不对？

九、说一说，写一写　*Speak and write*

先根据自己的情况回答问题，然后选择其中的一个写成80字左右的小短文。

Answer the questions according to your own circumstances, and then write a short passage about either of the questions in about 80 Chinese characters.

（1）你有过"拾金不昧"的经历吗？请简单叙述一下。

（2）你有过丢了东西又被还回来的经历吗？请简单叙述一下。

十、走出课堂，拓展学习　*Extended exercises*

采访几个不同国家的人，对"司机捡到乘客的钱物是怎么处理的"作个小调查，然后在课堂上和同学们交流一下采访结果。

How do drivers deal with the valuables left behind by passengers? Conduct a brief survey among several people from different countries and discuss your findings with your classmates in class.

调查提纲：A possible outline for your survey:

（1）在你们国家，如果司机捡到乘客丢的钱物，还给乘客时应不应该得到感谢费？有什么法律规定吗？

（2）如果应该得到感谢费，一般给多少？

（3）如果不知道是谁丢的，应该交到哪儿？

（4）捡到的东西如果很长时间没有人来领取怎么办？

15 飞回来的信鸽
The Carrier Pigeon Flies Back

飞回来的信鸽

题解
Introduction

一只受伤的信鸽牵动着南方和北方两家人的心，也使两家完全没有关系的人变成了最好的朋友。

An injured carrier pigeon touches the hearts of two families in the north and the south. It also brings two stranger families together and turns them into best friends.

词语学习
Vocabulary

01

1	信鸽	xìngē	n.	carrier pigeon; homer
2	家庭	jiātíng	n.	family
3	相识	xiāngshí	v.	be acquainted with each other
4	任何	rènhé	pron.	any
5	唯一	wéiyī	adj.	only; sole
6	相同	xiāngtóng	adj.	same
7	父子	fùzǐ	n.	father and son
8	养	yǎng	v.	keep; raise
9	鸽子	gēzi	n.	pigeon; dove
10	心爱	xīn'ài	adj.	treasured
11	雨点	yǔdiǎn	n.	raindrop
12	比赛	bǐsài	n.	match; competition
13	北上	běishàng	v.	go north
14	安慰	ānwèi	v.	comfort; console

15	棒	bàng	*adj.*	great
16	雷雨	léiyǔ	*n.*	thunderstorm
17	盼望	pànwàng	*v.*	long for
18	耐心	nàixīn	*adj.*	patient; with patience
19	几乎	jīhū	*adv.*	almost; nearly
20	抱	bào	*v.*	cherish
21	腿	tuǐ	*n.*	leg
22	受伤	shòu shāng	*v.*	be injured; be wounded
	受	shòu	*v.*	suffer
	伤	shāng	*n.*	injury
23	飞落	fēiluò		alight; fly and land
24	阳台	yángtái	*n.*	balcony
25	收养	shōuyǎng	*v.*	adopt; take in and bring up
26	治	zhì	*v.*	cure
27	主人	zhǔrén	*n.*	owner; master
28	日子	rìzi	*n.*	day; time
29	铃	líng	*n.*	bell; ring

走进课文
Text

飞回来的信鸽

两个家庭，一家在南方[1]，一家在北方，既不

---

1. 南方：中国的南部和北部分别称为南方和北方。（但中国的东部和西部则不能称为"东方"和"西方"，而仍称为东部和西部。）南方：The southern part and the northern part of China are called "南方" and "北方" respectively, while the eastern part and the western part are called "东部" and "西部" instead of "东方" and "西方".

相识，也没有任何²关系，唯一相同的是，都有一个10岁的儿子。

南方的父子都爱好养鸽子，他们有一只心爱的信鸽叫"小雨点儿"。有一天，他们让小雨点儿参加了信鸽比赛。小雨点儿和许多信鸽一起被装上了北上³的火车。

看着越开越快、越开越远的火车，儿子开始担心起来："小雨点儿会回来吗？"

1. 这两个家庭以前有什么关系吗？他们有什么相同点？

2. 南方父子爱好什么？
3. 他们心爱的信鸽叫什么名字？他们让它参加了什么活动？

4. 儿子担心什么？

爸爸安慰他说："当然会回来，我们的小雨点儿不是最棒的吗？"

5. 爸爸怎么安慰儿子？

"棒是棒，可是，它不会遇到雷雨吗？不会被别人打下来吗？"儿子天天都在担心，天天都在盼望。可是，别的鸽子都回来了，只有他家的小雨点儿还没回来。

2.任何：代词，不论什么。不做谓语。修饰名词时一般不带"的"。除了"人、事"外不修饰单音节名词。The pronoun "任何" means "any" or "whatever". It doesn't serve as predicate in a sentence. When modifying a noun, it is used without a "的" following it. It does not modify monosyllabic nouns except for "人" and "事". 例如：今天没有任何活动，我们自由安排。/ 他不怕任何困难。/ 他太累了，现在不想做任何事。

3.北上：往北方走，叫"北上"；往南方走，叫"南下"。 Going north is called "北上", while going south is "南下".

爸爸也很着急，可他还是对儿子说："耐心点儿，它一定会回来的。"

几个月过去了，就当父子俩几乎[4]不抱任何希望的时候，小雨点儿却回来了！它的腿上，多了一封信。

信上说：小鸽子在北方的城市遇到了雷雨，受了伤，飞落在我家的阳台上。我们收养了它，现在它的伤治好了，我们让它飞回自己的家。下面是我家的电话号码。如果它回到家，请给我们打电话。谢谢！

信读完了，父子俩高兴得不得了。这时，北方的爸爸正在安慰儿子："放心，小鸽子一回到家，它的主人就会来电话的。"

"它的家在哪儿？"

"它的家我们不知道，但是它知道的。"

"它不会迷路吗？不会再遇到大雨吗？不会被别人打下来吗？"

北方的儿子天天都在担心，天天都在盼望，可是日子一天一天过去了，电话还是没打来。

北方的爸爸也很着急，但还是对儿子说："耐心点儿，相信它一定会平安回到自己的家的，也许它的家很远很远。"

就在他们几乎已经不抱任何希望的时候，电话铃响了。南北两家后来成了最好的朋友。

（根据莫小米《鸽子回家》改写）

6. 小雨点儿没回来，爸爸这时又是怎么安慰儿子的？

7. 小雨点儿是什么时候回来的？回来的时候，腿上多了什么？

8. 小雨点儿为什么落在北方那家的阳台上？那家人怎么帮助小雨点儿？他们为什么留下电话号码？

9. 南方的父子读信的时候，北方的父亲在干什么？

10. 北方的儿子担心什么？爸爸怎么安慰他？

11. 北方的爸爸认为没有来电话的原因是什么？你觉得他说得对吗？

12. 后来南北两家成了什么关系？

---

4. 几乎：副词，差不多。The adverb "几乎" means "almost". 例如：她变化太大了，我几乎认不出她来了。/他的声音太小了，几乎听不见。

综合注释
Comprehensive Notes

1. 棒是棒，可是，它不会遇到雷雨吗

"A是A，但（是）/可（是）/就是……"先承认某种事实，然后提出相反的看法。A可以是动词，也可以是形容词或短语。多用于口语。例如：

The pattern "A是A，但（是）/可（是）/就是 ……" is used to acknowledge a certain fact and then raise an opposing viewpoint. "A" can be a verb, adjective or phrase. It is usually used in oral Chinese. For example,

① 北京的夏天热是热，但是常常有风。

② 这儿好是好，可我还是想回家。

③ A：这儿你不是来过吗？怎么不认识路呢？

　　B：来是来过，可是这儿的变化太大了。

▶ 试一试：根据语境完成对话

Practice: Complete the dialogues according to the contexts.

（1）A：烤鸭这么好吃，你为什么不吃了呢？

　　　B：_____，可是我不能吃得太多。

（2）A：为什么暑假不去旅行呢？你不是很喜欢旅行吗？

　　　B：_____，就是这学期没时间。

（3）A：你想看电影吗？今晚我们去吧。

　　　B：想是想，可是今天晚上_____。

（4）A：还是飞机快，我们坐飞机回去吧。

　　　B：坐飞机快是快，_____，我们还是坐火车吧。

2. 就当父子俩几乎不抱任何希望的时候

"当……的时候"，表示事件发生的时间。例如：

"当……的时候"，similar to "while/when…", indicates the time when an event is taking place. For example,

① 当我回来的时候，他已经睡了。

② 当我们走到那里的时候，天已经黑了。

③ 当火车开动的时候，小王和玛丽都哭了。

▷ 试一试：模仿例子改写句子

Practice: Rewrite the sentences after the example.

例：我十二岁那年，爸爸带我去了北京。

→ 当我十二岁的时候，爸爸带我去了北京。

（1）他毕业那年，玛丽已经结婚了。

→ _____

（2）我刚要出门，电话铃响了。

→ _____

（3）我刚做好饭，爸爸就回来了。

→ _____

（4）他走的那天，我们都去机场送他。

→ _____

3. 现在它的伤治好了

"主语（受事）+V + 其他成分"，为无标记被动句。例如：

"S（receiver）+V + Other elements" is a non-marker passive sentence. For example,

S（receiver）	Adverbial	V	Other elements
车票	已经	买	到了。
作业	早就	写	完了。
衣服	都	洗	干净了吗？
自行车	还没	修	好呢。

▷ 试一试：根据语境，选择上面例句中合适的句子完成对话

Practice: Based on the contexts, choose the proper sentences from the examples above to complete the dialogues.

（1）A：我的自行车修好了吗？

B：你的_____。

（2）A：听说最近车票不好买。

B：谁说的？_____。

（3）A：_____

B：都洗干净了。

（4）A：先写完作业再看电视好吗？

B：_____。

课堂活动
In-Class Activity

两人一组，模仿例句，用被动句对话

Work in pairs. Complete the dialogues with passive sentences after the example.

例：A：杯子打破了。

　　B：被谁打破了？

　　A：对不起！被我打破了。

1. A：自行车骑坏了。

　　B：＿＿＿＿＿＿＿＿＿＿＿＿＿。

　　A：＿＿＿＿＿＿＿＿＿＿＿＿＿。

2. A：电子词典摔坏了。

　　B：＿＿＿＿＿＿＿＿＿＿＿＿＿。

　　A：＿＿＿＿＿＿＿＿＿＿＿＿＿。

3. A：房间弄得乱七八糟的。

　　B：＿＿＿＿＿＿＿＿＿＿＿＿＿。

　　A：＿＿＿＿＿＿＿＿＿＿＿＿＿。

综合练习
Comprehensive Exercises

一、选词填空　***Choose the right words to fill in the blanks.***

　　"朋友"的"友"还可以组成"友谊/友情/友好/友人"等。试着选择合适的词填到括号里。

　　"友", as in "朋友", can also be found in other words like "友谊/友情/友好/友人", etc. Choose the proper words to fill in the blanks.

1. 我去找他的时候，他对我不太（　　　　）。

2. 我和他从小就是好朋友，（　　　　）很深。

3. 北京是个国际化的城市，有很多国际（　　　　）在这里工作、生活。

二、把下面左边带有"望"的词语和右边对词语的解释连线

Draw a line to match each word on the left with its definition on the right.

1. 愿望　　　　　　a. 希望早早实现某事
2. 希望　　　　　　b. 感到没有希望，失去信心
3. 盼望　　　　　　c. 希望达到的理想
4. 绝望　　　　　　d. 非常急切的希望
5. 渴望　　　　　　e. 完全没有希望和信心
6. 失望　　　　　　f. 想达到某种目的或出现某种情况

三、选择课文中学过的下列词语填空

Fill in the blanks with the given words and expressions.

相识　任何　心爱　参加　比赛　安慰　耐心　几乎　日子

1. 我和他是在中国（　　　）的。
2. 听到这个消息，他激动得（　　　）哭了。
3. 毕业以后，我没有他的（　　　）消息。
4. 我们学校的球队（　　　）了这次大学生足球（　　　）。
5. 这把吉他是他最（　　　）的东西，我们别给他弄坏了。
6. 她这么难过，我不知道怎么（　　　）她。
7. 教小学生很不容易，得（　　　）一点儿。
8. 刚来的时候，不会汉语，那些（　　　）幸好有朋友帮我。

四、选择意思相近的词语填空　*Choose a suitable word for each blank.*

1. 爱好　喜欢
（1）我有很多（　　　），比如音乐和文学。
（2）他（　　　）一边喝茶一边聊天儿。

2. 任何　所有
（1）他今天刚来到这里，不认识（　　　）人。
（2）他把（　　　）的钱都花没了，幸好找到了工作。

3. 相识　认识
（1）我在中国（　　　）了许多朋友。
（2）我和她因为吵架成了朋友，用中国话说是"不打不（　　　）"。

4. 盼望　希望
（1）我天天（　　　）着快点儿放假。
（2）我对这件事已经不抱任何（　　　）了。

五、把下面的词语整理成句子

Rearrange the following words and expressions into sentences.

1. 穿　衣服　破　了

_____

2. 饭　做　很难吃　得

_____

3. 修　自行车　好　了

_____

4. 车票　了　卖　没

_____

5. 开　公共汽车　了　走　已经

_____

6. 房间　了　该　打扫

_____

六、模仿例子造句　***Make sentences after the example.***

例：自行车　弄丢

　　→自行车弄丢了。

　　→自行车被弄丢了。

　　→自行车被我弄丢了。

1. 词典　还回去

　→ _____

2. 电视　关上

　→ _____

3. 钥匙　忘在教室

　→ _____

七、根据提示完成对话　***Complete the dialogues using the expressions provided.***

1. A：下星期有HSK考试，你准备好了吗？

　 B：_____，幸好你提醒我。（几乎）

2. A：我明年四月去中国留学，我们在北京见吧。

　 B：太好了！_____！（盼望）

3. A：工作、学习以外的时间，你做什么？

　 B：_____。（爱好）

4. A：她昨天被老板批评了，很伤心。

   B：_____。（安慰）

5. A：原来的房子不是挺好的吗？为什么要搬家呢？

   B：原来的房子_____是_____，就是_____，每天要坐一个多小时的公共汽车。（方便）

6. A：那个电影太长了，三个多小时。

   B：_____是_____，可是_____，我喜欢。（功夫）

八、根据课文内容回答问题 *Answer the following questions according to the text.*

1. 南北方两个家庭原来有什么关系吗？是什么使他们成为了好朋友？

   （任何　信鸽小雨点儿）

2. 南北方两家的儿子除了年龄一样外，还有什么共同点？用课文里的话回答。

   （担心　盼望）

3. 南北方两个爸爸有什么共同点？用课文里的话回答。（耐心）

4. 南方的家庭在什么心情下等回了小雨点儿？北方的家庭在什么心情下等来了电话？用课文里的话回答。（当……的时候）

5. 简单复述一下小雨点儿在旅途中的经历。

九、阅读理解 *Reading comprehension*

　　雷雨后的一个早晨，他一个人来到海边散步。他看到，在海边，有许多被冲（chōng, wash away）上来的小鱼，回不了大海了。太阳出来以后，这些小鱼都会被晒死的，他想。

　　忽然，他看见有一个小男孩儿，捡起海边的小鱼，并且用力把它们扔回大海。他走过去说："孩子，这水洼里有那么多条小鱼，你不可能救得了所有的小鱼。"

　　"我知道。"小男孩儿回答。

　　"哦？那你为什么还要扔？这些小东西的死活，谁在乎（zàihu, care）呢？"

　　"这条小鱼在乎！"男孩儿一边回答，一边又捡起一条小鱼扔进大海。"这条鱼在乎，这条也在乎！还有这一条、这一条、这一条……"

1. 判断正误　True or false

   （1）这个人在雷雨后的早晨到海边散步。　　　　（　　　）

   （2）海边有许多小鱼，它们是游上来的。　　　　（　　　）

   （3）一个小男孩儿在救那些小鱼。　　　　　　　（　　　）

   （4）这个人劝小男孩儿多救小鱼，因为鱼太多。　（　　　）

   （5）这个人不在乎小鱼的生命。　　　　　　　　（　　　）

（6）小男孩儿认为每条小鱼的生命都重要。　　（　　）

2. 回答问题　Answer the following questions.

（1）这个人为什么不让小男孩儿继续救小鱼？

（2）小男孩儿知道自己救不了所有被冲上来的小鱼，他为什么还在不停地救它们？

（3）你喜欢这个小故事吗？为什么？

十、说一说，写一写　***Speak and write***

先根据自己的情况回答问题，然后选择其中的一个写成80字左右的小短文。

Answer the following questions according to your own circumstances, and then write a short passage about either of the questions in about 80 Chinese characters.

（1）你有什么爱好？请介绍一下。

（2）你家养小动物了吗？能讲一下你家的小动物的故事吗？

十一、走出课堂，拓展学习 ***Extended exercises***

近年来，大学校园里的猫、狗越来越多了，成了校园里的新问题。找几个来自不同国家的大学生，对大学生在宿舍养宠物作个问卷调查，并在上课时交流一下调查结果。

In recent years, more and more university students keep pets in their dorms, which has become a new concern on campus. Conduct a survey among students from different countries about their opinions on this issue. Share your findings with your classmates in class.

调查提纲：A possible outline for your survey:

（1）你觉得学生宿舍可以养宠物吗？为什么？

（2）你的同学有人在宿舍养宠物吗？

（3）他们养的是什么宠物？

（4）你的生活受到影响了吗？

（5）你受到了哪些影响？

（6）你和同学因为这个原因产生过矛盾吗？

（7）学校对宿舍养宠物是什么态度？

语言点小结（三）
Summary of the Grammar Points (III)

被动句 Passive sentences

1. 用"被"的被动句

   Passive sentences with "被"

   那本词典被借走了。

   她从来没被老师批评过。

2. 用"叫"的被动句

   Passive sentences with "叫"

   看病的钱叫他弄丢了。

   我想说的话，全叫你说了。

3. 用"让"的被动句

   Passive sentences with "让"

   我的自行车让人借走了。

   电脑让他给弄坏了。

4. 意义上的被动句（无标记被动句）

   Passive sentences in meaning (i.e. non-marker passive sentences)

   作业写完了。

   饭还没做好。

   车擦得干干净净。

16

把表拨快三分钟
Set the Watch Forward by Three Minutes

题解
Introduction

谁不希望自己的表准时呢？她为什么要把表拨快三分钟呢？如果你觉得奇怪，就看看这个故事吧，也许这对你还有点儿帮助呢。

Who would not want his/her watch to be accurate? Why would she set her watch forward by three minutes? If you think it is bizarre, read this story, which may benefit you a little bit.

词语学习
Vocabulary

01

1	拨	bō	v.	set (a clock/watch)
2	当	dāng	v.	act as; work as
3	经理	jīnglǐ	n.	manager
4	秘书	mìshū	n.	secretary
5	优点	yōudiǎn	n.	merit; strong point
6	守时	shǒushí	v.	be on time; be punctual
7	爱惜	àixī	v.	use sparingly; treasure
8	浪费	làngfèi	v.	waste; squander
9	取得	qǔdé	v	get; achieve
10	成功	chénggōng	n.	success
11	酒店	jiǔdiàn	n.	hotel
12	准时	zhǔnshí	adj.	punctual; on time; on schedule

13	计算	jìsuàn	v.	estimate; calculate
14	需要	xūyào	v.	need; want; require; demand; take
15	提前	tíqián	v.	do (sth.) in advance or ahead of time
16	当时	dāngshí	n.	at that time; then
17	下班	xià bān	v.	get off work
18	堵车	dǔ chē	v.	traffic jam
19	放弃	fàngqì	v.	give up
20	乘	chéng	v.	by (bus/car/train/plane/boat, etc.)
21	一路	yílù	n.	all the way
22	不满	bùmǎn	v.	be dissatisfied; be discontented
23	解释	jiěshì	v./n.	explain; explanation
24	难道	nándào	adv.	used in a rhetorical question for emphasis
25	访问	fǎngwèn	v.	visit
26	领导	lǐngdǎo	n.	leader; boss
27	客户	kèhù	n.	customer; client
28	好处	hǎochu	n.	benefit

走进课文
Text

把表拨快三分钟

我的一位朋友，大学一毕业就当上¹了一个公司的经理秘书。

上班第一天，经理问她：“你觉得自己最大的优点是什么？”

> 1. 朋友大学毕业后找到了什么工作？

---

1. 当上：成为。“上”用在动词后，表示有了结果或达到了目的。当上：to become. “上” is placed after a verb to indicate a result or a goal is achieved. 例如：我同学才毕业两年，现在已经当上经理了。

"我很守时，从来不迟到；我很爱惜时间，从来不浪费一分钟。"

"这很好，爱惜时间的人，才有可能取得成功。"

经理对她的回答表示很满意。"为了欢迎你，今晚五点半我们在酒店为你举行一个欢迎会，你现在先回去休息一下吧，晚上见。"

"谢谢您！我五点半一定准时到。"

朋友计算了一下，从她住的地方到酒店只需要30分钟的时间。她不想去得太早，打算提前几分钟到酒店。不到五点钟，她就出门了。五点她坐上了出租车。可是，由于当时正是下班时间，路上堵车，这是她原来[2]没想到的情况。为了能准时到酒店，她只好放弃了坐出租车，改乘地铁。虽然她下了车一路快跑，可还是迟到了三分钟。

经理看起来很不满："你不是说自己是个很守时的人吗？"

"对不起！没想到堵车这么严重。"

她想解释一下迟到的原因，可是经理并不愿意听她的解释："你为什么不早三分钟出门呢？"

"对不起！对不起！我下次一定注意。"

"你自己的时间重要，别人的时间就不重要吗？你难道不知道这里所有的人都在等你吗？"

从那以后，我的朋友把自己的手表、手机和

2. 朋友认为自己最大的优点是什么？

3. 经理为什么对她的回答很满意？
4. 今晚有什么活动？

5. 她几点出门？几点坐上出租车？
6. 她为什么放弃了出租车，改乘地铁？
7. 她下车以后，为什么一路快跑？她迟到了吗？

8. 经理为什么不高兴了？
9. 经理为什么让她早三分钟出门？

10. 经理认为她浪费了谁的时间？

---

2. 原来：起初。原来: in the beginning; originally. 例如:这里原来是个学校，现在变成服装市场了。/我原来不懂，现在懂了。

173

闹钟都拨快了三分钟。上班、开会、访问客户，她再也不迟到了，因此，领导、同事、客户对她都很满意。

您为什么不把表也拨快几分钟呢？那肯定会对您有好处的。

（选自《思维与智慧》，作者：永星）

> 11. 那件事发生以后，朋友有什么改变？结果怎么样？

> 12. 作者对读者提出了什么建议？

综合注释
Comprehensive Notes

1. 把表拨快三分钟

"把+O+V/VP+NM"，表示通过动作行为使宾语发生变化。例如：

"把+O+V/VP+NM" indicates a change happens to the object as a result of an action or behavior. For example,

S	Adverbial or auxiliary verb	把	O	V/VP	NM
我		把	表	拨快了	10分钟。
他	想	把	空调	调高	两度。
老师	又	把	练习	增加了	几个。
你	能不能	把	时间	提前	半小时？
请您		把	我的头发	剪短	一些。

该格式表示对事物进行量化处理。This pattern handles with things in a quantified way.

▶ 试一试：根据语境，选择上面例句中合适的句子完成对话

Practice: Based on the contexts, choose proper sentences from the examples above to complete the dialogues.

（1）A：表怎么快了？

　　B：＿＿＿＿＿＿＿＿＿＿＿＿＿＿＿＿＿＿。

（2）A：练习是不是有点儿少？

　　B：＿＿＿＿＿＿＿＿＿＿＿＿＿＿＿＿＿＿。

（3）A：＿＿＿＿＿＿＿＿＿＿＿＿＿＿＿＿＿＿＿？

　　B：可以，但是别人也能来得那么早吗？

（4）A：_____。

B：告诉他别调了，就这样吧，天气太热了！

2. 你为什么不早三分钟出门呢

用带有疑问词"为什么、谁、什么、怎么、哪儿"的特殊疑问句形式表示反问，常与"呢""啊"等语气词配合使用，加强肯定或否定的语气。例如：

Modal particles such as "啊" and "呢" are often used with interrogative words such as "为什么 / 谁 / 什么 / 怎么 / 哪儿" in interrogative sentences to form rhetorical questions, emphasizing affirmation or negation. For example,

① 别人能，你为什么不能呢？（你应该能）

② 谁喜欢说谎的人呢？（没有人喜欢说谎的人）

③ 我什么时候这么说了？（我从来没这么说过）

④ 他怎么会不知道呢？（他肯定知道）

⑤ 我太忙了，哪有时间啊？（我真的没有时间）

▶ 试一试：模仿例子，把下列句子改写成反问句

Practice: Rewrite the following sentences into rhetorical questions after the example.

例：所有的人都知道这件事。（谁不）

→ 谁不知道这件事呀！

（1）这件事我们大家都看见了。（谁没）

→ _____

（2）你已经学得这么好了，不能放弃学习汉语。（怎么能）

→ _____

（3）你不应该来得这么晚。（怎么）

→ _____

（4）他为什么不来，我不知道。（哪）

→ _____

（5）你自己选择了这个工作，就应该努力。（为什么不）

→ _____

（6）我从来没说过这样的话。（什么时候）

→ _____

3. 你难道不知道这里所有的人都在等你吗

"难道"，加强反问语气。例如：

"难道" emphasizes the mood of the rhetorical question. For example,

① 我告诉你三次了，难道你没听见吗？（你应该听见了）

② 不是你错了，难道是我错了吗？（当然不是我错了）

③ 学生难道不应该努力学习吗？（当然应该努力学习）

▶ 试一试：用"难道"改写句子

Practice: Rewrite the following sentences with "难道".

例：这么多工作，一天做不完。

　　→ 这么多工作，难道一天能做完吗？

（1）你怎么连这么简单的字都不认识呢？

　　→ _____

（2）我们怎么能做这样的事呢？

　　→ _____

（3）你是我的朋友，我怎么会不帮助你呢？

　　→ _____

（4）你应该看见我正在忙着。

　　→ _____

（5）你不应该忘了你自己说过的话。

　　→ _____

课堂活动
In-Class Activity

两个人一组，模仿例子，根据情境，用反问句问对方，体会反问句的作用。

Work in pairs. Based on the contexts, make dialogues using rhetorical questions after the example and think about the use of rhetorical questions.

例1：（情境：丈夫回家晚了，妻子很不满）

　　妻子：你怎么不早点儿回家？

　　丈夫：那你怎么不早点儿回家呢？

　　妻子：我是想早点儿，可是工作太忙了，早得了吗？

　　丈夫：只有你工作忙，我工作就不忙吗？

例2：（情境：两个人在酒桌上互相劝酒）

　　A：您喝，别客气！我听说您很能喝酒。

　　B：我哪儿能喝呀？

　　A：您怎么不能喝？我听说上次您一个人喝了四瓶啤酒。

B：哪有那么多？谁不知道我喝一点儿酒就醉？

情境1：弟弟玩儿哥哥的电脑，被哥哥发现了，哥哥不高兴。

（怎么又……　为什么……　有……吗　谁……　不是……吗）

情境2：同学A羡慕同学B太极拳打得好，同学B表示谦虚。

（哪里……　哪有……　怎么……　谁不……）

综合练习
Comprehensive Exercises

一、选词填空　*Choose the right words to fill in the blanks.*

　　"酒店"的"店"还可以组成"商店/书店/鞋店/旅店/食品店/花店"等。试着选择合适的词填到括号里。

　　"店", as in "酒店", can also be found in other words like "商店/书店/鞋店/旅店/食品店/花店", etc. Choose the proper words to fill in the blanks.

1. 那家大（　　　）什么都卖。

2. 我在（　　　）买了一本英汉词典。

3. 这家（　　　）的面包很好吃。

4. 有时候，"酒店"就是比较大的（　　　）的意思。

5. 我想去（　　　）买一双运动鞋。

6. 情人节到了，（　　　）的红玫瑰（méigui, rose）都卖完了。

二、"上"有"去"或"出"的意思。把下面左边带有"上"的词语和右边对词语的解释连线

"上" *has the meaning of* "去" *or* "出". *Draw a line to match each word on the left with its definition on the right.*

1. 上门　　　　a. 去买东西

2. 上街　　　　b. 去学校读书

3. 上学　　　　c. 去工作

4. 上班　　　　d. 去别人家里

5. 上路　　　　e.（演员、运动员）出场

6. 上场　　　　f. 出发

三、选择课文中学过的下列词语填空（有的词可以多选）

Fill in the blanks with the given words and expressions. (Some words can be used more than once.)

浪费　准时　提前　当时　放弃　不满　解释　又得

1. 你有钱，也不能（　　　）水和电。
2. 小王在100米跑的比赛中（　　　）了第一名的好成绩。
3. 你不用（　　　）来，（　　　）来就可以了。
4. 我10岁就开始练习书法了，可惜（　　　）我不太努力，现在有点儿后悔。
5. 我想（　　　）一下迟到的理由，可是老板不愿意听我的（　　　）。
6. 初级的HSK考试并不难，你别（　　　）这个机会，试一试吧。
7. 他对这里的生活条件没有什么（　　　），只是不太习惯。

四、选择意思相近的词语填空　***Choose a suitable word for each blank.***

1. 必须　需要
（1）你明天不（　　　）来那么早。
（2）下星期我们的工作（　　　）得做完，不能再晚了。

2. 优点　好处
（1）他最大的（　　　）是守时。
（2）游泳对我们的身体有（　　　）。

3. 准时　守时
（1）八点他（　　　）来到了会场。
（2）我们都应该做（　　　）的人。

五、把左右两边的内容连成句子

Make sentences by matching the clauses on the left with those on the right.

1. 你是他最好的朋友，　　　　　a. 有什么不好呢？
2. 选择学什么是你自己的自由，　　b. 和别人有什么关系呢？
3. 去中国留学，　　　　　　　　c. 着急有什么用呢？
4. 连你都不愿意做的事情，　　　　d. 对你提高汉语水平有好处。
5. 有问题就想办法，　　　　　　　e. 为什么要求别人做呢？
6. 孩子搬出去生活，　　　　　　　f. 怎么能不帮助他呢？

六、根据提示完成对话　*Complete the dialogues using the expressions provided.*

1. A：你的太极拳打得太好了！

　　B：＿＿＿＿＿＿＿＿＿＿＿＿＿＿＿＿＿＿＿＿？（哪里……）

2. A：我的手表在哪儿？你看见了吗？

　　B：＿＿＿＿＿＿＿＿＿＿＿＿＿＿＿＿＿＿＿＿？（不是……吗）

3. A：我明天不参加晚会可以吗？

　　B：＿＿＿＿＿＿＿＿＿＿＿＿＿＿＿＿＿＿＿＿？（怎么……呢）

4. A：她和李明下个月结婚，你听说了吗？

　　B：真的吗？＿＿＿＿＿＿＿＿＿＿＿＿＿＿＿？（怎么……呢）

5. A：我觉得老板给我们的工资太低了。

　　B：对！他应该＿＿＿＿＿＿＿＿＿＿＿＿＿？（把……增加500元）

6. A：我五点就出发了，路上堵车，来晚了，对不起！

　　B：你为什么不把＿＿＿＿＿＿＿＿＿＿＿＿呢？（提前）

七、情境表达　*Expression based on the specific situation*

1. 下面的句子在什么情况下可以说？

　　When do you use the following sentences?

　　（1）难道你不知道大家都在等你吗？

　　（2）我哪有那么多优点？

　　（3）我们这么做有什么好处呢？

　　（4）这么做有什么不对吗？

2. 下面的情境下该怎么说？

　　What would you say in the following situations?

　　（1）你对别人迟到表示不满，怎么说？（不知道　等）

　　（2）别人说你汉语发音好，你表示自己的发音并不好，应该怎么说？（哪……啊）

　　（3）你对他的做法不满意，他想告诉你他的理由，可是你不想听，你该怎么说？

　　　　　　　　　　　　　　　　　　　　　　　　　　　（解释）

八、根据课文内容回答问题　*Answer the following questions according to the text.*

1. 第一天经理对朋友的态度前后有什么改变？为什么？（试着用课文里的话说一下）

2. 朋友第一天的表现怎么样？（讲一下朋友去酒店的过程）

3. 老板怎么批评的她？你能复述一下吗？

4. 这件事使朋友作出了什么决定？结果怎么样？

5. 你认为把表拨快是个好主意吗？

九、阅读理解 *Reading comprehension*

好夫妻少用反问句

　　小王和小丽刚结婚的时候，经常因为一点儿小事吵架，可是现在两个人的关系却好得不得了，出门总是手拉着手。朋友们很羡慕他们，有人问小王这是为什么，小王说："其实很简单，我和小丽约好了：在家里不许用反问句。"

　　一个朋友问："吵架和反问句有什么关系？"

　　小王说："太有关系了！不信我们俩用反问句聊聊天儿，不到一分钟，肯定吵起来。"

　　"我不信，哪儿有那么严重？"

　　"不信，那咱们就试试。现在就开始。"

　　"你和小丽最近怎么关系这么好？"

　　"这和你有关系吗？"

　　"没关系就不能问问吗？"

　　"没关系你问什么？"

　　"有你这么说话的吗？"

　　"难道我说的不对吗？"

　　"你怎么能跟朋友这么说话？气死我了！"

　　看到朋友真的生气了，小王笑着说："怎么样，生气了吧？所以我说在家里别用反问句，肯定会成为好夫妻。"

1. 判断正误 True or false

　　（1）小王和小丽现在经常吵架。　　　　　　　　　　　（　　　）

　　（2）朋友们羡慕小王和小丽吵架。　　　　　　　　　　（　　　）

　　（3）小王和朋友约好了在家里不许用反问句。　　　　　（　　　）

　　（4）朋友不相信小王的话。　　　　　　　　　　　　　（　　　）

　　（5）小王真的想和朋友吵架。　　　　　　　　　　　　（　　　）

　　（6）朋友真的生气了。　　　　　　　　　　　　　　　（　　　）

　　（7）小王说想成为好夫妻，就不能吵架。　　　　　　　（　　　）

2. 回答问题 Answer the following questions.

　　（1）小王和小丽现在为什么不吵架了？

　　（2）小王用什么办法让朋友相信自己的话？

　　（3）你觉得小王的话有道理吗？

十、说一说，写一写　*Speak and write*

先根据自己的情况回答问题，然后写成80字左右的小短文。

Answer the following questions according to your own circumstances, and then write a short passage of about 80 Chinese characters.

（1）你迟到过吗（比如：上课、上班、约会）？迟到的时候你一般怎么办？是表示对不起还是解释理由？

（2）你认为守时很重要吗？

（3）你有什么好办法使自己不迟到吗？

十一、走出课堂，拓展学习　*Extended exercises*

就下面的问题，采访几个来自不同国家的朋友或同学，然后课上介绍一下每个国家的不同说法和做法。

Interview people from different countries on the following topics, and then tell the differences to the class.

（1）当听到别人表扬自己的时候，你习惯怎么回答？

是表示感谢，还是表示谦虚（qiānxū, modest）？怎么表示？

（2）在你的母语里，什么情况下用反问句？

○ 对别人表示不满

○ 不同意别人的看法

○ 强调自己的看法

（3）在你的母语里，用反问句时，有没有什么应该注意的？

○ 对长辈

○ 对上级

○ 对老师

17

约 会
A Date

题解
Introduction

情人节的晚上，手拿鲜花的小伙子没有等来女朋友，等来的却是分手电话。孤零零的他把鲜花送给了一个像他一样孤零零的女孩儿……

In the evening of a Valentine's Day, a young man holding a bouquet waited for his girlfriend, but she did not show up. Instead, what ended up arriving was a break-up phone call. This lonely young man gave the bouquet to a girl who was as lonely as himself...

词语学习
Vocabulary

1	之间	zhījiān	*n.*	between; among
2	尽管	jǐnguǎn	*conj.*	though; even though
3	约	yuē	*v.*	make an appointment
4	中心	zhōngxīn	*n.*	center
5	广场	guǎngchǎng	*n.*	square; plaza
6	特意	tèyì	*adv.*	for a special purpose; specially
7	束	shù	*m.*	bundle; bunch
8	地点	dìdiǎn	*n.*	place; site; locale
9	遇到	yùdào	*v.*	run into; encounter; come across
10	这时	zhèshí	*n.*	(at) this time or moment
11	不再	búzài	*adv.*	no longer
12	到底	dàodǐ	*adv.*	1. at last; in the end; finally 2. *used in a question for emphasis*
13	一片	yí piàn		a vast expanse of

14	黑暗	hēi'àn	*adj./n.*	dark; darkness
15	扔	rēng	*v.*	throw; toss; throw away
16	眼镜	yǎnjìng	*n.*	glasses
17	孤零零	gūlínglíng	*adj.*	solitary; lonely
18	椅子	yǐzi	*n.*	chair
19	于是	yúshì	*conj.*	so; then; thereupon; hence
20	离开	lí kāi	*v.*	leave; depart
21	长相	zhǎngxiàng	*n.*	looks; features
22	情人	qíngrén	*n.*	lover
23	感到	gǎndào	*v.*	feel; sense
24	十分	shífēn	*adv.*	very; fully; completely
25	寂寞	jìmò	*adj.*	lonely
26	不知不觉	bù zhī bù jué	*idm.*	unconsciously; unwittingly
27	失望	shīwàng	*v.*	lose hope; be disappointed
28	忽然	hūrán	*adv.*	suddenly; all of a sudden
29	朝	cháo	*prep.*	facing; towards

专名 Proper Name

| 情人节 | Qíngrén Jié | Valentine's Day |

走进课文
Text

约 会

那是六年前的一个情人节。当时，我有一个女朋友，不过，我感觉我们之间已经有了问题。尽管这样，我还是跟她约好了晚上在市中心广场

1. 故事发生在什么时候？当时两个人的关系怎么样？

见面。下班以后，我特意买了一大束鲜花，准备送给她。

我提前到了约会地点。等了好长时间，她也没来。我开始担心她会不会遇到了麻烦。这时，我的手机响了，她告诉我：她不能来了，因为她不再[1]爱我了。我一直担心的事情到底还是发生了。接完电话，我感觉广场一片[2]黑暗……

不知过了多久，我突然想起了手中的鲜花。"女朋友没了，这鲜花还有什么用？"可是旁边没有垃圾箱，我不能把它扔在干净的广场上。

这时，我看到在离我不远的地方，有一个姑娘。她长长的头发，戴着眼镜，孤零零地坐在椅子上。于是[3]，我就改变了主意：把花送给这位姑娘吧。我走向那个姑娘，把鲜花放在她的手里，说了一句"节日快乐"。说完，我就马上离开了广场。

过了很长时间，我也没能找到新的女朋友。我常常想起那次"送花"的事和那个女孩儿。其实，我连她的长相都没看清楚，可是很奇怪，我很想再见到她！

又一个情人节到来了，在这个没有情人的情

2. 两人约好在哪儿见面？"我"为女朋友准备了什么？

3. 女朋友来了吗？"我"担心什么？"我"等来了什么？
4. "我"一直担心的是什么事？接完电话"我"有什么感觉？

5. "我"为什么想扔掉鲜花？又为什么没扔？
6. "我"把花送给了谁？为什么？
7. "我"送花的时候说了什么？

8. "我"为什么常常想起送花的事和那个女孩儿？

---

1. 不再：某种动作或状态结束了以后，不会继续或重复发生。"不再"indicates that a certain action or state will not continue or repeat once it has ended. 例如：他们已经不再相爱了，所以分手了。

2. 一片：大面积的。"一片"：a large area of.... 例如：大雪过后，大地白茫茫一片。/来到植物园，眼前一片花的海洋。

3. 于是：前一事直接引起后一事。 "于是"is used to describe a series of events. It indicates the previous event directly causes the event following it. 例如：我今天在家没事做，于是就上网聊天儿。/我们按着地图往前走，于是眼前出现了一条河。

人节的晚上，我感到十分寂寞，就不知不觉[4]地来到了市中心广场。我不知道到底自己来干什么。

　　我来到一年前那个姑娘坐过的长椅，我很失望，那椅子是空的。

　　我刚想离开，忽然，看到一个姑娘朝我走来，她的头发长长的，戴着眼镜……是她，就是一年前的那个姑娘！

　　又一年的情人节，她成了我的妻子！现在我们生活得很幸福。

> 9. 又一个情人节的晚上，"我"又来到了广场，你觉得是因为什么？
> 10. "我"为什么失望？
> 11. "我"看见了谁？她长的什么样？
> 12. 又一年的情人节，发生了什么？现在他们怎么样？

综合注释
Comprehensive Notes

1. 尽管这样，我还是跟她约好了晚上在市中心广场见面

"尽管……，但（是）/可（是）/却……"，转折复句，意思、用法和"虽然……但是……"相近。例如：

"尽管……，但（是）/可（是）/却……" is used to form adversative compound sentences. It is similar to "虽然…… 但是……" in terms of usage and meaning. For example,

① 尽管身体不太舒服，但他还是来上课了。

② 尽管心里特别不高兴，可他脸上却没有表现出来。

③ 尽管到了雨季，却还是不下雨。

▶ 试一试：模仿例子完成对话

Practice: Complete the dialogues after the example.

例：A：昨天她去学校了吗？我听说她感冒了。

　　B：尽管她感冒了，但是她昨天还是去学校了。

（1）A：你觉得我说得不对吗？

___

4. 不知不觉：成语。没有感觉到（发生的变化）。多做状语。"不知不觉" is an idiom indicating the unawareness (of certain change). It is usually used as an adverbial. 例如：时间过得真快，不知不觉一年过去了。/ 我不知不觉地改变了生活习惯。

　　　　B：尽管你说得对，＿＿＿＿＿＿＿＿＿＿＿不想改变自己的看法。

　（2）A：明天是星期日，他是不是可以休息了？

　　　　B：＿＿＿＿＿＿＿＿＿＿＿，可他还是不能休息。

　（3）A：我不想参加这次游泳比赛。

　　　　B：尽管你不想参加，我看＿＿＿＿＿＿＿＿＿＿。

　（4）A：他说记者的工作很累，他是不是想放弃了。

　　　　B：尽管他说记者的工作累，＿＿＿＿＿＿＿＿＿＿。

2. 我一直担心的事情到底还是发生了

　　这里的"到底"强调经过较长的过程后，最后出现了某种结果。相当于"终于"。例如：

　　In this case, "到底" is used to emphasize the final outcome after a long process. It is similar to "终于". For example,

　　① 我想了很久，到底明白了。

　　② 我找了一个多小时，到底找到了。

　　③ 他们试验了三年，到底成功了。

3. 我不知道到底自己来干什么

　　这里的"到底"：用在疑问句或带疑问词的句子里，表示追问语气。相当于"究竟"。例如：

　　In this case, "到底" is used in an interrogative sentence or a sentence with an interrogative word to emphasize a questioning tone. It is similar to "究竟". For example,

　　① 你到底去不去？别人都在等你呢！

　　② 你到底是怎么想的？你不说，我们怎么知道？

　　③ 我不明白这到底是为什么。

▶ 试一试：Practice

1. 用"到底"完成句子　Complete the sentences with "到底".

　（1）那本词典真不好买，我去了四家书店，＿＿＿＿＿＿＿＿＿＿。

　（2）他又慢慢地说了两遍，我＿＿＿＿＿＿＿＿＿＿ 。

　（3）那个穿红衣服的女孩儿＿＿＿＿＿＿＿＿＿＿？

　（4）你一会儿说来，一会儿说不来，＿＿＿＿＿＿＿＿＿＿？

2. 模仿例子完成对话　Complete the dialogues after the example.

例：A：你知道吗？明天到底上不上课？

　　B：没有人告诉我，我也不知道明天到底上不上课。

（1）A：_____？请你明明白白地告诉我们。

B：我还不知道参加不参加呢。

（2）A：你打电话问问他_____。

B：他说他一定来。

（3）A：不知道小王在法国_____。

B：我们上午通电话了，他说他一切都很好。

（4）A：你是怎么打算的？是继续学习，还是工作？

B：我也不知道_____。

课堂活动
In-Class Activity

两个人一组，根据所给的情境，设计对话。（任选一个情境，尽量用上"到底""尽管……但是……"）

Work in pairs. Make a dialogue with "到底" and "尽管……但是……" based on the given situation.

例：

（情境：两个人约好去看电影，可是一个人改变了主意。）

A：对不起！你还是一个人去吧，我不想去了。

B：你一会儿说去，一会儿说不去，到底去不去？

A：尽管我很喜欢那个电影，可是我还是不能去。

B：你到底为什么不去？

A：明天要交作文，我还没写呢。

B：说了这么半天，你还是不想去。算了，我也不去了。

参考情境：Possible situations：

（1）一个男的等了女朋友很长时间，女朋友却打电话来说，因为突然有事，不能见面了。

（2）你去朋友家做客迷路了，打电话问朋友怎么走。

综合练习
Comprehensive Exercises

一、选词填空　***Choose the right words to fill in the blanks.***

　　"手机"的"机"是机器的意思，还可以组成"电视机/收音机/洗衣机/照相机/飞机"等。试着选择合适的词填到括号里。

　　"机" means "machine" in "手机". It can also be found in other words like "电视机/收音机/洗衣机/照相机/飞机", etc. Choose the proper words to fill in the blanks.

1. 这个（　　　　　）很清楚，声音也很好。

2. 我明天坐（　　　　　）回国。

3. 他的（　　　　　）不但能打电话、发短信、照相、听音乐，还能上网呢。

4. 现在听（　　　　　）的人越来越少了。

5. 我不用（　　　　　），我用手洗衣服。

6. 现在的（　　　　　）不用胶卷，很方便。

二、把正面左边带有"场"的词语和右边对词语的解释连线

Draw a line to match each word on the left with its definition on the right.

1. 运动场　　　　　a. 买卖东西的地方

2. 市场　　　　　　b. 可以锻炼身体或进行体育比赛的地方

3. 会场　　　　　　c. 表演歌舞或戏剧的地方

4. 足球场　　　　　d. 开会的地方

5. 剧场　　　　　　e. 踢足球的地方

三、选择课文中学过的下列词语填空

Fill in the blanks with the given words and expressions.

　　约　之间　特意　不再　离开　感到　十分　寂寞

1. 谢谢你（　　　　　）来看我！

2. 我和他（　　　　　）只是普通朋友关系。

3. 朋友（　　　　　）我今天晚上一起吃饭，可是我去不了。

4. 我刚来的时候，没有朋友，语言不通，太（　　　　　）了。

5. 他说他已经（　　　　　）是老板了，他的公司破产了。

6. 他给了我太多的帮助，我（　　　　　）感谢他。

7. 看到学生现在这么努力，老师（　　　　　）非常高兴。

8. 明天我就（　　　　　）这里回国了。

四、根据提示完成句子　*Complete the sentences using the expressions provided.*

1. 这是_____，希望你喜欢。（特意）

2. 尽管这里人很多，可是_____。（寂寞）

3. 路上可能堵车，所以_____。（提前）

4. 我们就这么约好了，我希望你别_____。（主意）

5. _____，所以我每天给她打电话。（孤零零）

五、根据提示完成对话　*Complete the dialogues using the expressions provided.*

1. A：他考上大学了吗？我觉得他很努力。

　 B：_____。（尽管……，但还是……）

2. A：他们现在_____？（到底）

　 B：我也不知道他们现在的生活怎么样。

3. A：他现在找到工作了吗？他会三门外语呢。

　 B：_____。（尽管……，可还是……）

4. A：我太忙了，不想参加汉语水平考试了。

　 B：_____。（尽管……，不过还是……）

六、情境表达　*Expression based on the specific situation*

1. 下面的句子在什么情况下可以说？

   When do you use the following sentences?

   （1）你到底想去哪儿？

   （2）他到底还是离开了这里回国了。

   （3）我以后不再做这样的事了。

2. 下面的情境下该怎么说？

   What would you say in the following situations?

   （1）你很想找工作，可是你还是决定继续学习，你怎么说？（尽管……但是……）

   （2）你的朋友还没决定是不是和你一起去旅行，你有点儿着急，该怎么问？

   （到底）

   （3）一个学期快结束了，你觉得时间过得很快，该怎么说？（不知不觉）

七、选择合适的词语填空　*Choose the proper words to fill in the blanks.*

寂寞　尽管　长相　事情　主意　孤零零　遇见　离开　美慕　到底

　　放假以前，我就开始作旅行计划。有人对我说："还是找个人和你一起去吧，发生什么（　　　），也有人帮你出出（　　　）。一个人旅行（　　　）的，多没意思。"我说："我不想麻烦别人，也不想让别人麻烦自己。一个人自由自在多好！累了就休息，饿了就吃东西，高兴了就多走走，难过了就找个安静的地方流泪。"

（　　　　）我嘴上这么说，心里却很（　　　　　）有旅伴的人。看着别人快快乐乐的样子，就觉得自己更（　　　　）了。其实，我是在等一个人，可是（　　　　）在等谁？他是什么（　　　　）？我也说不清楚。

我还是一个人背着背包，（　　　　　）了家，我希望在旅途中（　　　　）他。

八、根据提示和课文内容回答问题

Answer the following questions according to the text using the given expressions.

1. "我"和妻子是在什么时候认识的？怎么相识的？（情人节）
2. "我"拿着鲜花是准备送给谁的？（特意　女朋友）
3. 女朋友打电话来说了什么？（不能来了　不再）
4. "我"为什么把鲜花送给了一个不认识的女孩儿？（没有垃圾箱　孤零零）
5. 一年以后的情人节发生了什么？（寂寞　不知不觉）
6. 又一年的情人节，"我"与那个坐在长椅上的女孩儿之间又发生了什么？（成了　妻子）
7. 请试着简单复述一下这个故事。

九、阅读理解　*Reading comprehension*

这到底是为什么

尽管后羿很爱自己的妻子嫦娥（Cháng'é），却不能经常回家，嫦娥每天孤零零地一个人在家。有一天，后羿回到家，把一瓶神药给了嫦娥，还特意告诉她："这是不死药，一定等我回来以后一起喝。"说完他又走了。家里只有一只小白兔陪着，嫦娥太寂寞了。"我尝尝不死药到底是什么味道，也许吃了就不寂寞了吧。"她喝了一口，又喝了一口，不知不觉把一瓶药都喝了。她觉得自己渐渐变轻了，她连忙抱起了小白兔，尽管这样，她还是飞了起来，一直飞到了月亮上。

后羿回到家，发现妻子和药都不见了，他难过极了，他不明白妻子到底为什么不等自己回来一起喝。

在月亮上，嫦娥更寂寞了。月圆的时候，我们还能看到她孤零零的身影，还有那只小白兔。

1. 判断正误　True or false

（1）后羿不想回家，他的妻子很寂寞。　　　　　　　　（　　　）
（2）后羿给了他妻子一瓶不死药，想跟她一起喝。　　　（　　　）
（3）嫦娥一个人把药都喝完了。　　　　　　　　　　　（　　　）
（4）嫦娥飞到了月亮上。　　　　　　　　　　　　　　（　　　）
（5）后羿知道为什么妻子不等自己回家就一个人喝了药。（　　　）

（6）月亮上只有嫦娥。　　　　　　　　　　　　　（　　）

2. 回答问题　Answer the following questions.

（1）嫦娥为什么一个人喝了不死药?

（2）你觉得后羿是不是真的爱自己的妻子?

十、说一说，写一写　*Speak and write*

先回答下面的问题，然后用上所给词语写一篇介绍情人节习俗的小短文，字数在80字以上。

Answer the following questions, and then write a short passage about the customs of Valentine's Day in at least 80 Chinese characters using the given words.

（1）情人节在每年的什么时间?

（2）你们国家过情人节吗?

（3）情人节的时候，情人之间一般送什么礼物?

（4）一个人怎么过这个节?

（5）你怎么过情人节?

　　　约会　鲜花　礼物　特意　寂寞　见面　约好　幸福

十一、走出课堂，拓展学习　*Extended exercises*

采访几个年轻人，问问他们找男/女朋友的标准是什么。请被采访者根据自己的标准排序，还可以补充其他内容。

Interview a few young people about their criteria for choosing a boyfriend or girlfriend. Ask the interviewees to put the following items in priority order according to their criteria. The interviewees can add more items if they like.

○ 长相漂亮/帅
○ 个子高
○ 聪明、有能力
○ 身体好
○ 性格好
○ 学历高
○ 有钱
○ 有共同的爱好
○ 善良

18 听电影
Listen to the Movie

题解
Introduction

这是一场特殊的电影，观众是30多位盲人。尽管他们看不见，但是志愿者的讲解，却让他们听到了美丽的电影画面。而那个志愿者也第一次用自己的心听到了月光的声音。

This is a special movie because the audience is composed of over 30 blind people. Even though they could not see anything, they were able to listen to the beautiful scenes in the movie through the narration of a volunteer. And the volunteer, for the first time, was able to hear the sound of moonlight from the bottom of her heart as well.

词语学习
Vocabulary

1	志愿者	zhìyuànzhě	*n.*	volunteer
2	盲人	mángrén	*n.*	blind person
3	放	fàng	*v.*	show; play; project
4	即使	jíshǐ	*conj.*	even if
5	幕布	mùbù	*n.*	cinema screen; (theater) curtain
6	花盆	huāpén	*n.*	flowerpot
7	鲜花	xiānhuā	*n.*	fresh flowers; flowers
8	左右	zuǒyòu	*n.*	(*used after a numeral*) about; around; or so
9	话筒	huàtǒng	*n.*	microphone
10	讲解员	jiǎngjiěyuán	*n.*	narrator
11	观众	guānzhòng	*n.*	audience

12	花香	huāxiāng	*n.*	fragrance of flowers
13	脚步声	jiǎobù shēng		sound of footsteps
14	讲解	jiǎngjiě	*v.*	explain; narrate
15	画面	huàmiàn	*n.*	movie frame; frame
16	山村	shāncūn	*n.*	mountain village
17	部	bù	*m.*	*used of movies, books, etc.*
18	蔬菜	shūcài	*n.*	vegetable
19	生命	shēngmìng	*n.*	life; vitality
20	似的	shìde	*part.*	*used after a noun, a pronoun, or a verb to indicate similarity*
21	点头	diǎn tóu	*v.*	nod one's head; nod
22	不时	bùshí	*adv.*	frequently; often
23	编	biān	*v.*	weave; braid
24	静	jìng	*adj.*	quiet; silent; calm; peaceful
25	亲眼	qīnyǎn	*adv.*	(see) with one's own eyes
26	老奶奶	lǎonǎinai	*n.*	*(respectful form of address for old women used by children)* grandma; granny
27	月光	yuèguāng	*n.*	moonlight
28	洒	sǎ	*v.*	sprinkle; spill; spread

走进课文
Text

听电影

　　这是一场特殊的电影，几个志愿者要给盲人朋友们放电影，即使这些观众完全看不见，也要让他们和正常人一样"看"电影。

　　小电影院里坐着30多位盲人。在他们面前，

> 1. 这几个志愿者作了一个什么尝试？为什么说这是一场特殊的电影？

有一块幕布，幕布前还放了几个花盆，屋子里飘着鲜花的香味。一位20岁左右的姑娘，手拿着话筒站在幕布前，她就是这场电影的讲解员。这一切虽然观众们都看不见，但是，他们闻到了花香，也听到了姑娘轻轻的脚步声。

电影开始了，音乐响起来了，女孩儿开始讲解电影画面："这是一个小山村，春天来了，山上的草绿了，开满[1]了鲜花……"

"姐姐，绿色是什么样子的？"一个男孩儿问。

女孩儿停了一下，尽管她已经把这部电影看了十几遍，讲解也练习了十来遍，但没想到，第一个问题就这么难。她想了想，告诉男孩儿："绿色就是小草的颜色、蔬菜的颜色，也是我们生命的颜色。"男孩儿好像听懂了似的，点了点头。

人们不时[2]地提出各种各样的问题，女孩儿耐心地回答着所有人的问题。

女孩儿继续讲解着每一个画面。

"现在，一个八九岁的小女孩儿，她的名字叫小丽，正和爷爷在草地上玩儿，草地上到处都是黄色的花儿，爷爷用鲜花编成了一个小花帽，戴在了小丽的头上……"

2. 小电影院里坐着什么人？前边摆放着什么东西？
3. 讲解员是个什么样的人？
4. 观众感觉到了什么？

5. 电影开始的画面是什么？

6. 一个男孩儿提出了一个什么问题？
7. 讲解员作过什么样的准备？
8. 讲解员是怎么解释"绿色"的？男孩儿对这个解释满意吗？

9. 你能用你的语言描述一下这个画面吗？

---

1. 开满："满"是补语，在动词后表示动作的结果。"满" is a complement used after a verb to indicate the result of an action. 例如：书架上摆满了书。/瓶子里装满了水。/屋子里坐满了人。

2. 不时：用在动词前，表示动作间隔时间不长，不断地重复发生；常常。"不时", meaning "often", is used before a verb to indicate the action is frequently repeated with short intervals in between. 例如：课堂上，老师不时要求我们回答问题。/他担心我不习惯这里的生活，不时地给我打电话问候我。

"戴着花帽的小丽太漂亮了，她高兴极了……"人们静静地听着，好像亲眼看到了似的。

"现在是晚上……"女孩儿继续讲解。

"很黑吗？是不是什么也看不见啊？"有个老奶奶有点儿不放心地问道。

女孩儿告诉她，没关系，有美丽的月光。

"可是，姐姐，月光是什么样子的？"又是那个男孩儿问。

女孩儿笑着告诉他："月光像水似的。"小男儿孩忽然高兴地说："我听到水洒在地上的声音了，真好听!"

女孩儿也笑了，她今天不但看见了月光，好像也听见了月光的声音似的。

10. 老奶奶担心什么？女孩儿怎样解释的？
11. 男孩儿又提出了一个什么问题？

12. 讲解员是怎么描述月光的？男孩儿听到了什么声音？
13. 女孩儿好像也听到了什么声音？

（选自《创新作文（初中版）》，作者：孙道荣）

综合注释
Comprehensive Notes

1. 即使这些观众完全看不见，也要让他们和正常人一样"看"电影

"即使……，也……"，"即使"后面是一种假设的情况，"也"后面表示在这种情况下，结果或结论不变。例如：

"即使" is followed by a supposition and "也" the result or conclusion which will not change under such a supposition. For example,

① 这是工作，即使你有事，也不能耽误。

② 我想去非洲旅行，即使父母不同意，我也要去。

③ 飞机是下午的，即使再晚一个小时走，也误不了。

有时前后两部分指的是同一件事，这时后面的部分就表示在前面假设的基础上作出的估计。例如：

Sometimes the elements after "即使" and "也" refer to the same thing. Then the element after "也" indidates the estimation based on the supposition. For example,

④ 这里冬天很少下雪，即使下也下不大。

⑤ 昨天音乐会的票就没多少了，今天即使有，肯定也没几张了。

▷ 试一试：根据提示完成对话

Practice: Complete the dialogues using the expressions provided.

（1）A：今年暑假，我们都不能去旅行了，你呢？

　　 B：即使你们都不去，＿＿＿＿＿＿＿＿＿＿＿＿。

（2）A：开汽车多方便，你为什么不买车呢？

　　 B：即使开汽车方便，＿＿＿＿＿＿＿＿＿＿＿＿。

（3）A：那个电影特别好，和我们一起看电影去吧。

　　 B：＿＿＿＿＿＿＿＿＿＿＿＿，我也不能去，一会儿朋友还来呢。

（4）A：我听说那家公司工资不高，你别去了。

　　 B：＿＿＿＿＿＿＿＿＿＿＿＿，我也要去，因为我喜欢那个工作。

2. 讲解也练习了十来遍

"来"，用在"十、百、千、万、亿"等数词的后面，也可以用在 "十、百、千"与"万、亿"之间，表示概数。一般指比那个数目稍大或稍小。例如：

"来" is used after numerals such as "十" (ten), "百" (hundred), "千" (thousand), "万" (ten thousand) and "亿" (hundred million) or between "十 / 百 / 千" and "万 / 亿" to indicate an approximate number which is slightly bigger or smaller than the said number. For example,

① 教室里有二十来个人。

② 他去上海玩儿了十来天。

③ 广场上有三万来人。

④ 那个城市有一千来万人口。

▷ 试一试：根据提示完成对话

Practice: Complete the dialogues using the expressions provided.

（1）A：一个多月没见了，今天你怎么有空儿来健身房？

　　 B：这些天不运动，我的体重增加了＿＿＿＿＿＿＿＿＿＿。（十来）

（2）A：他这么年轻就当老板了？

　　 B：不年轻了，也＿＿＿＿＿＿＿＿＿＿＿＿＿＿。（四十来）

（3）A：这件羽绒服多少钱？

B：＿＿＿＿＿＿＿＿＿＿＿＿＿＿＿＿＿＿＿＿。（三百来）

（4）A：从你家到地铁站要走多长时间？

B：不远，＿＿＿＿＿＿＿＿＿＿＿＿＿＿＿＿＿。（二十来）

3. 男孩儿<u>好像</u>听懂了<u>似的</u>，点了点头

"（好）像……似的"也可以说 "……似的"。有两个意思：一个是表示比喻；一个是表示情况相似：似乎是这样，但不一定真的是这样。例如：

"（好）像……似的", or "……似的", can be used in two ways: to make an analogy and to indicate seemingly similar situations. For example,

① 他跑起来像一阵风似的。

② 今年冬天太暖和了，特别是今天，像春天似的。

③ 这是真的吗？我怎么好像做梦似的？

④ 他看着我，好像没听懂似的。

▶ 试一试：根据语境，选择上面例句中合适的句子完成对话

Practice: Based on the contexts, choose the proper sentences from the examples above to complete the dialogues.

（1）A：他跑得快吗？

B：快极了，＿＿＿＿＿＿＿＿＿＿＿＿＿＿＿＿。

（2）A：祝贺你！你被我们公司录取了。

B：＿＿＿＿＿＿＿＿＿＿＿＿＿＿＿＿＿。

（3）A：这几天真暖和，一点儿也不像冬天。

B：可不是嘛，＿＿＿＿＿＿＿＿＿＿＿＿＿。

（4）A：＿＿＿＿＿＿＿＿＿＿＿＿＿＿＿。

B：那你就再说一遍。

课堂活动
In-Class Activity

根据卡片上的提示进行问答练习

Do question and answer exercises according to the information on the cards.

A	B
给B打电话，约她看电影 　　电影名字：《我的父亲母亲》 　　地点：××电影院 　　时间：星期五晚7：00 　　见面地点：××大学东门 　　见面时间：6:00左右 问B： 　　见面的时间和地点可以吗？ A同意改变见面时间和地点： 　　6:50在电影院门口见。	接A的电话 问：什么事？ 　　什么电影？ 　　什么时间开演？ 　　在哪儿见面？ 　　几点见面？ B表示有困难，原因： 　　1. 六点左右堵车 　　2. 电影院离这里有点儿远（即使…… 　　　也……，几十分钟）

综合练习
Comprehensive Exercises

一、选词填空　***Choose the right words to fill in the blanks.***

"月光"的"光"还可以组成"日光/阳光/灯光/目光"等。试着选择合适的词填到括号里。

"光"，as in "月光", can also be found in other words like "日光/阳光/灯光/目光", etc. Choose the proper words to fill in the blanks.

1.（　　　）和（　　　）是一个意思。

2. 今天是晴天，晚上的（　　　）很美，我们应该出去走走。

3. 她的（　　　）让人感到很温暖。

4. 这条路因为有（　　　），人们不用担心看不清路。

二、"讲解员"的"员",指做某种工作的人或参加某种培训学习的人。把下面左边
   带有"员"的词语和右边对词语的解释连线

   "员" in "讲解员" refers to a person who does a certain job or participates in a certain training
   program. Draw a line to match each word on the left with its definition on the right.

   1. 售货员   a. 卖票的人
   2. 售票员   b. 在公司、银行等企业做业务工作的人
   3. 服务员   c. 参加体育比赛的人
   4. 运动员   d. 在饭馆或宾馆做服务性工作的人
   5. 职员   e. 在商店卖东西的人

三、选择课文中学过的下列词语填空

   Fill in the blanks with the given words and expressions.

   蔬菜　志愿者　讲解　似的　亲眼　好像　不时

   1. 为了健康，你应该多吃（　　　　）和水果。
   2. 他们（　　　　）老朋友似的，其实他们昨天刚认识。
   3. 导游用汉语（　　　　），我一部分听得懂，一部分听不懂。
   4. 他好像听懂了（　　　　），点了点头。
   5. 因为只是听别人说，我没有（　　　　）看到，所以有点儿不相信。
   6. 他生病住院了，（　　　　）地有同学去医院看他。
   7. 那个戴红帽子的年轻人是（　　　　），我们可以请他帮助我们。

四、选择意思相近的词语填空　*Choose a suitable word for each blank.*

   1. 戴　穿
   （1）他（　　）着一个草帽。
   （2）外面下雨了，你还是（　　）上雨衣吧。

   2. 几　来
   （1）他上小学三年级，才十（　　）岁。
   （2）他已经上中学二年级了，有十（　　）岁了。

   3. 尽管　即使
   （1）（　　）他最近身体不太好，可还是每天上班。
   （2）（　　）说错了也没关系，你说吧。

   4. 完全　全部
   （1）我（　　）不理解他的想法。
   （2）我的钱（　　）放在银行里了。

五、根据解释写出词语　*Write down the corresponding words.*

1. 观看演出的人。　　　　　　　　　　　（　　　　　）

2. 走路的声音。　　　　　　　　　　　　（　　　　　）

3. 做解说工作的人。　　　　　　　　　　（　　　　　）

4. 自愿为社会和别人服务却不要钱的人。　（　　　　　）

5. 眼睛看不见的人。　　　　　　　　　　（　　　　　）

六、根据提示完成对话　*Complete the dialogues using the expressions provided.*

1. A：我跟你说话，你怎么 _____！（好像……似的）

　　B：对不起，你说什么？

2. A：好多人都觉得难，不想学了，你呢？

　　B：_____，我也要学下去。（即使……）

3. A：现在去旅行，人太多了，我们改个时间吧。

　　B：_____，也要现在去，以后就没时间了。（即使……）

4. A：从你们国家到北京，坐飞机要多长时间？

　　B：_____ 。（左右）

5. A：你的电子词典多少钱？

　　B：有点儿贵，_____钱呢。（……来块）

6. A：从北京到云南，坐火车得多长时间？

　　B：大约_____吧。（十几）

七、情境表达　*Expression based on the specific situation*

1. 下面的句子在什么情况下可以说？

　　When do you use the following sentences?

　　（1）即使再便宜，我也不买。

　　（2）是真的吗？我怎么好像做梦似的。

　　（3）是我亲眼看到的。

2. 下面的情境下该怎么说？

　　What would you say in the following situations?

　　（1）别人告诉你汽车便宜了，让你买一辆，你坚决不买，你该怎么说？

　　　　　　　　　　　　　　　　　　　　　　　　　　（即使……也……）

　　（2）你买了一件衣服，花了不到50块钱，别人问你多少钱买的，你该怎么说？

　　　　　　　　　　　　　　　　　　　　　　　　　　　　　　　　（来）

　　（3）桂林的风景很美，让你想起漂亮的山水画，你该怎么说？（像……似的）

八、根据课文内容完成对话　*Complete the dialogues according to the text.*

1. A：这场电影特殊在什么地方？

　B：看电影的观众 ＿＿＿＿＿＿＿＿＿＿＿＿。（盲人）

2. A：观众看不见，放电影录音不就可以了吗？

　B：＿＿＿＿＿＿＿＿＿＿＿＿＿＿＿＿＿。（即使……也……）

3. A：男孩儿都提出了什么问题？

　B：男孩儿提出了两个问题：一个是＿＿＿＿＿＿＿＿＿＿＿＿＿＿＿＿，另一
　个是＿＿＿＿＿＿＿＿＿＿＿＿＿。（……是什么样子）

4. A：对讲解员的解释，男孩儿满意吗？

　B：＿＿＿＿＿＿＿＿＿＿＿＿＿＿。（好像……似的）

5. A：讲解员在活动前作了哪些准备？

　B：看了＿＿＿＿＿＿＿＿＿，练习了＿＿＿＿＿＿＿。（十几　十来）

6. A：听了男孩儿的话，讲解员为什么笑了？

　B：因为她自己＿＿＿＿＿＿＿＿＿。（好像……似的）

九、阅读理解　*Reading comprehension*

助人是快乐，受助是幸福

　　一个小学生问我："一个人什么时候会感到快乐呢？"我说："帮助有困难的人，和有困难的时候被人帮助。""为什么呢？"他问。

　　"助人"为什么会快乐呢？因为你可以在帮助别人的时候发现自己是有用的，特别是由于你的帮助，解决了别人的困难，那会让你有成功的感觉。

　　我觉得受到帮助也是快乐的。如果能在生活中遇到一个好心人，难道不也是一种幸福吗？

　　有一次，我一个人提着很重的箱子坐飞机，我的脚又受过伤，拿不动箱子。我真希望有个人能帮帮我。

　　"你需要帮助吗？"一位年轻人走过来问我。

　　我感激地说："谢谢！我真的需要帮助！"

　　他帮我把箱子提到飞机上，并且放好。

　　从那时起，一想到那句"你需要帮助吗"，我的心里就感到温暖和幸福。

1. 判断正误　True or false

（1）"我"觉得只有帮助别人才是快乐的。　（　　）

（2）"我"觉得受到别人的帮助也是快乐的。　（　　）

（3）"我"拿不动箱子只是因为箱子很重。　（　　）

（4）一个女青年帮助了"我"。 （　　）

（5）那个年轻人的话让"我"觉得温暖和幸福。 （　　）

2. 回答问题　Answer the following questions.

（1）"我"为什么认为帮助别人和受人帮助都是快乐和幸福的？

（2）为什么那个年轻人说的"你需要帮助吗"让作者心里觉得温暖和幸福？

十、说一说，写一写　***Speak and write***

先根据自己的情况回答问题，然后写成90字左右的小短文。

Answer the following questions according to your own circumstances, and then write a short passage of about 90 Chinese characters.

（1）你做过志愿者吗？如果做过，现在还在做吗？如果没做过，以后准备做吗？

（2）你做过哪些社会服务工作？

（3）你有过什么帮助别人或被人帮助的经历？

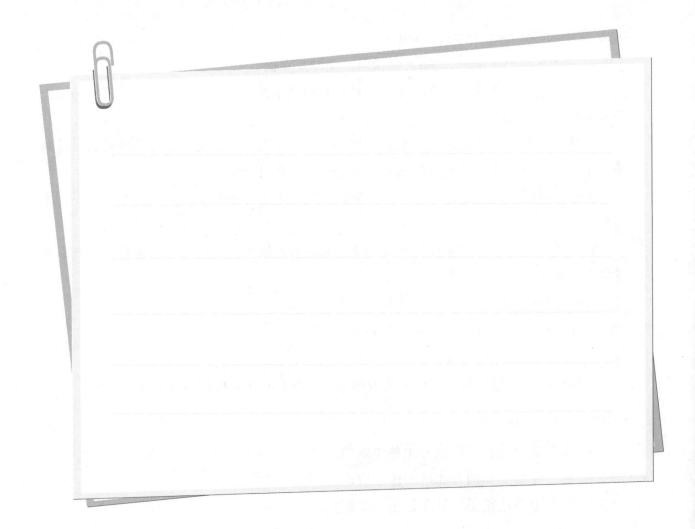

十一、走出课堂，拓展学习 *Extended exercises*

作一个在校大学生志愿服务的问卷调查，然后说一下调查结果。

Conduct a questionnaire survey on university student volunteers. Report your findings to the class.

调查问卷：Your questionnaire may include the following items:

（1）你现在几年级？_____年级

（2）你在什么时候做过志愿者？

　　　○ 高中毕业

　　　○ 大学期间

（3）你做过什么社会服务工作？（可以多选）

　　　○ 义务支教（给教育落后的地方的孩子上课）

　　　○ 照顾老人

　　　○ 帮助残疾人

（4）为什么你愿意参加志愿服务活动？（可以多选）

　　　○ 希望为社会做些事

　　　○ 想帮助有需要帮助的人

　　　○ 锻炼自己，增加社会经验

　　　○ 曾经受过别人的帮助，想回报社会

　　　○ 觉得好玩儿、新鲜

　　　○ 国家有规定，每个人都必须参加社会服务工作

（5）以下服务对象，你更愿意为谁服务？（可以多选）

　　　○ 老人

　　　○ 儿童

　　　○ 病人

　　　○ 残疾人

　　　○ 穷人

（6）通过参加志愿服务，你最大的收获是什么？（可以多选）

　　　○ 让自己更爱生活

　　　○ 锻炼了自己的能力

　　　○ 结交了很多朋友

　　　○ 增加了社会经验

19 笔友
Pen Pals

题解
Introduction

这是两个不同国家、不同母语、不同年龄、不同性别、从来没见过面的笔友的故事，这是一段平淡却温暖的友情。

This is a story about two pen pals who are of different nationalities, mother tongues, ages and genders and have never met each other. Their friendship is ordinary yet heartwarming.

词语学习
Vocabulary

1	笔友	bǐyǒu	*n.*	pen-friend; pen pal
2	说法	shuōfa	*n.*	statement; view; argument
3	只有	zhǐyǒu	*conj.*	only; alone
4	通信	tōng xìn	*v.*	communicate by letter; correspond
5	好	hǎo	*aux.*	in order to; so that
6	粉色	fěnsè	*n.*	pink
7	怦	pēng	*onom.*	pound; thump
8	情书	qíngshū	*n.*	love letter
9	地址	dìzhǐ	*n.*	address
10	陌生	mòshēng	*adj.*	strange; unfamiliar
11	母语	mǔyǔ	*n.*	mother tongue
12	优美	yōuměi	*adj.*	graceful; fine; exquisite; polished
13	流畅	liúchàng	*adj.*	(of writing) easy and smooth
14	吃力	chīlì	*adj.*	requiring effort; laborious; strenuous

15	礼貌	*lǐmào*	*adj.*	polite; civil
16	曾经	*céngjīng*	*adv.*	ever; once
17	提出	*tí chū*	*v.*	put forward
18	请求	*qǐngqiú*	*n.*	request
19	好在	*hǎozài*	*adv.*	luckily
20	保持	*bǎochí*	*v.*	keep; maintain
21	包裹	*bāoguǒ*	*n.*	parcel
22	去世	*qùshì*	*v.*	die; pass away
23	保存	*bǎocún*	*v.*	preserve; conserve; keep
24	接受	*jiēshòu*	*v.*	accept; admit; take in
25	死	*sǐ*	*v.*	die
26	张	*zhāng*	*m.*	*used of human face, mouth, etc.*
27	仍然	*réngrán*	*adv.*	still; yet; as yet

走进课文
Text

笔友

那一年我21岁，正在学习英语，当时流行一种说法：只有经常跟英语国家的笔友通信，英语才能进步。班上的同学几乎人人都有笔友了，我决定也找一个笔友，好¹快点儿提高我的英语水平。后来在一本杂志上，我选中了一位叫爱丽丝的美国女孩儿。

1. 关于学英语，"我"21岁的时候流行一种什么说法？
2. "我"为什么决定找一个笔友？
3. "我"在哪儿选中了自己的笔友爱丽丝？

---

1. 好：以便。用在后一小句，表示前一小句中动作的目的。"好", meaning "in order to", is used at the beginning of a latter clause to indicate the intent or purpose of the action in the clause preceding it. 例如：我们互相留一下电话号码吧，以后好联系。/我们买张地图吧，好在旅行的时候用。

朋友告诉我，女孩子都喜欢粉色，所以我买了很贵的粉色信纸和信封。

"亲爱的笔友……"写信时我很紧张，心怦怦地跳，像第一次写情书，又像小学生第一次参加考试。

回信很快就从美国寄来了。爱丽丝在信上说："我不知道我的地址怎么会出现在杂志上，也从来没想过找笔友。不过能收到陌生人的信，真是一件好事，我很高兴能成为你的笔友……"

那封信我看了很多遍，感到非常幸福！

英语是爱丽丝的母语，她的信写得不但优美而且流畅，可是我的信却写得很吃力，当时我的英语水平还不高。我从心里感谢她有耐心和我通信。

我和爱丽丝通了很多年信，却一直没见过面，我也不知道她的年龄，因为问女孩子的年龄是不礼貌的。我曾经提出过要一张她的照片，她却说："真对不起，我现在没照片，等照了再寄给你吧。我担心你看了我的照片会失望，一般的美国女人都比我漂亮。"可是，我等啊等[2]，却一直没收到她的照片。我有点儿后悔自己提出这样的请求，好在爱丽丝常常寄给我一些英文杂志和小礼物。

后来我工作了，有了女朋友，结了婚，有了孩子，我和爱丽丝一直保持着通信。我很想带着

4. "我"买了什么样的信纸和信封？为什么？
5. "我"写信时的心情像什么？

6. 爱丽丝也想过找笔友吗？她愿意做"我"的笔友吗？

7. "我"的信和爱丽丝的信有什么不同？"我"为什么感谢爱丽丝？

8. "我"和艾丽丝见过面吗？"我"知道爱丽丝的年龄吗？为什么？
9. "我"想要一张爱丽丝的照片，爱丽丝寄给"我"了吗？为什么？
10. 爱丽丝为什么说"担心你看了我的照片会失望"？
11. "我"后悔什么？

---

2. 等啊等："V₁啊V₁"，表示动作持续很长时间。多用于单音节动词。"V₁啊V₁" indicates that an action lasts for a long time. The verb is usually monosyllabic. 例如：我盼啊盼，终于盼来了大学的录取通知书。/他洗啊洗，怎么也洗不干净。

我的妻子和孩子，去美国和爱丽丝见面，但是却因为工作太忙，一直没有机会。

有一天，我突然收到了一个包裹，是从爱丽丝的家乡寄来的，但上面并不是她的名字。我一边开包裹一边想：寄包裹的人是谁呢？

包裹里面有几本杂志，还有一封短信："您好！我是爱丽丝的好朋友。我很难过地告诉您，她在上星期日去世了。爱丽丝经常告诉我，她很高兴收到您的信，您的每一封信她都认真地保存着。信封里有一张爱丽丝的照片，请您接受她的照片。她说只有在她死后才能寄给您。她是一位善良可爱的老人。"

那是一张美丽的脸，是一张虽然老了却仍然非常可爱的脸。

（选自网络美文，作者：[印度]佚名）

12. "我"结婚有了孩子以后想做什么？为什么没做？

13. "我"收到了什么？是从哪儿寄来的？是爱丽丝寄来的吗？
14. 包裹里都有什么？寄包裹的人是谁？

15. 爱丽丝让朋友什么时候给"我"寄她的照片？
16. 照片上的爱丽丝是什么样？

综合注释
Comprehensive Notes

1. 只有经常跟英语国家的笔友通信，英语才能进步

只有：表示唯一的条件，后面多与"才"呼应。 例如：

"只有" is used to indicate a sole condition, often with the word "才" in the latter part of the sentence. For example,

① 只有多听多说，才能提高听说能力。
② 只有在国家图书馆才能借到那本书。
③ 只有他才明白我的想法。

▶ 试一试：用"只有……才……"改写句子
Practice: Rewrite the following sentences with "只有……才……".
（1）除了他以外，谁也不能翻译这么难的文章。
　　→ _____

（2）不会两门外语，不能来我们公司工作。

　　→ _____

（3）不努力，怎么能进步呢？

　　→ _____
.

2. 因为问女孩子的年龄是不礼貌的

"是……的"，表示说话人对主语的看法、评价或说明、描述。例如：

"是……的" indicates the speaker's opinion, comment, explanation or description on the subject. For example,

① 你的看法是对的，我完全同意。

② 提前下班，老板是不会同意的。

③ 去那儿旅游是很安全的，你不用担心。

④ 我们做的是外贸工作，外语对我们来说是非常重要的。

▷ 试一试：根据语境，选择上面例句中合适的句子完成对话

Practice: Based on the contexts, choose the proper sentences from the examples above to complete the dialogues.

（1）A：我们早一点儿回家吧，今天电视里有世界杯足球赛。

　　B：_____。

（2）A：他一个人去旅行，我不放心。

　　B：_____。

（3）A：我不想学外语，太难学了。

　　B：_____。

（4）A：我不知道你赞成不赞成我的看法。

　　B：_____。

3. 好在爱丽丝常常寄给我一些英文杂志和小礼物

"好在"，副词，多用在主语前，表示在不利的情况下，还有一种有利的因素。常和"要不、不然"等配合使用。例如：

The adverb "好在" is often used before the subject of a sentence to indicate that under an overall unfavorable condition, there is still a favorable factor. It is often used with "要不" and "不然", etc. For example,

① 那天下午突然下起雨来了，好在我们带了伞。

② 今天路上堵得厉害，好在我出来得早。

③ 他昨晚发烧了，好在我们住得离医院不远，马上把他送到了医院。

④ 好在我昨天复习了，要不今天肯定考不好。

▶ 试一试：根据语境，选择上面例句中合适的句子完成对话

Practice: Based on the contexts, choose the proper sentences from the examples above to complete the dialogues.

（1）A：路上情况怎么样？没迟到吧？

　　　B：_____。

（2）A：你们去玩儿的时候，天气怎么样？

　　　B：_____。

（3）A：小李最近还好吧？

　　　B：_____。

（4）A：今天考得怎么样？

　　　B：_____。

课堂活动
In-Class Activity

两个人一组，模仿例子编对话（要求用本课学过的语言点）。任选一个参考话题。

Work in pairs to make a dialogue according to either of the given situations after the example. (Use the language points learned in this lesson.)

例：A：我下个星期可以休假吗？我这半年一直没休过假。（离合词）

　　B：你这个月的工作都做完了吗？

　　A：还没有。

　　B：只有把这个月的工作都做完了，老板才能给你假。（只有……才……）

　　A：你的意思是我只要做完了这个月的工作，就可以休假了吗？

　　B：对，做完工作，再谈休假的事吧。（再）

　　A：没办法，不过，好在快做完了。（好在）

参考话题：Topics for reference:

（1）两个网友商量什么时候见面。

（2）两个人商量什么时候去旅行。

综合练习
Comprehensive Exercises

一、选词填空 *Choose the right words to fill in the blanks.*

"笔友"的"友"是朋友的意思。还可以组成 "网友/球友/校友/老朋友"等。试着选择合适的词填到括号里。

"友" means "friend" in "笔友". It can also be found in other words like "网友/球友/校友/老朋友", etc. Choose the proper words to fill in the blanks.

1. 他经常和（　　　　）一起打球。

2. 那个人只是我在网上认识的（　　　　）。

3. 他虽然比我大10岁，可是我们却是（　　　　），我们是同一个母校。

4. 我们已经认识很多年了，是（　　　　）了。

5. 我想找一个中国（　　　　），我想用汉语和他通信。

二、选择课文中学过的下列词语填空

Fill in the blanks with the given words and expressions.

流畅　接受　耐心　陌生　礼貌　曾经　仍然　善良

1. 她的作文写得又优美又（　　　　）。

2. 老师（　　　　）地给我讲了好几遍，我终于明白了。

3. 他是一个（　　　　）的人，经常帮助有困难的人。

4. 我迷路了，一个（　　　　）人把我送到了学校。

5. 问女孩子的年龄不（　　　　）。

6. 两年前我（　　　　）去过那个地方，我想再去看看。

7. 他毕业很多年了，（　　　　）坚持每天学习汉语。

8. 这个小礼物，希望您能（　　　　）并且喜欢。

三、选择意思相近的词语填空 *Choose a suitable word for each blank.*

1. 为了　好

（1）带着词典吧，不会说的时候（　　　　）查一查。

（2）（　　　　）参加足球比赛，他们天天练习。

2. 地址　地点

（1）请给我你的电子邮件（　　　　）。

（2）考试（　　　　）在哪儿?

3. 曾经　已经

　　（1）以前，我（　　　　）喜欢过他。

　　（2）他不住在这儿了，（　　　　）搬走了。

4. 吃力　累

　　（1）他工作了一天，现在（　　　　）极了。

　　（2）他（　　　　）地拿着那个大箱子。

5. 死　去世

　　（1）那家工厂发生了火灾，（　　　　）了三个人。

　　（2）九年前，那个作家（　　　　）了。

四、模仿例子，用所给的词语和格式造句

Make sentences with the given words and patterns after the example.

　　例：冬天　下雪　只有……才……

　　　　→这个地方只有到了冬天才下雪。

　　1. 亲自去看一看　　　会知道事情的真假　　　只有……才……

　　　→_____

　　2. 一大早去医院　　　挂号　　　　　　　　　　只有……才……

　　　→_____

　　3. 放了假　　　　　　去旅行　　　　　　　　　只要……就……

　　　→_____

　　4. 会电脑　　　　　　到我们公司工作　　　　　只要……就……

　　　→_____

　　5. 不下雨　　　　　　开运动会　　　　　　　　如果……就……

　　　→_____

　　6. 你喜欢　　　　　　买　　　　　　　　　　　如果……就……

　　　→_____

五、用指定词语完成对话

Complete the following dialogues with the given words and expressions.

　　1. A：_____。（流行）

　　　B：是啊，街上很多人穿粉色的衣服。

　　2. A：_____。（流畅）

　　　B：那当然了，英语是他的母语呀！

3. A：＿＿＿＿＿＿＿＿＿＿＿＿＿＿。（曾经）

　　B：这么说，你对那里并不陌生。

4. A：她会参加我们的晚会吗？

　　B：＿＿＿＿＿＿＿＿＿＿＿＿＿＿。（接受）

5. A：你们见过面吗？

　　B：＿＿＿＿＿＿＿＿＿＿＿＿＿＿。（三次　见面）

6. A：昨天去卡拉OK厅，你唱的什么歌？

　　B：＿＿＿＿＿＿＿＿＿＿＿＿＿＿。（两首　中文歌）

六、情境表达　*Expression based on the specific situation*

1. 下面的句子在什么情况下可以说？

When do you use the following sentences?

（1）我很高兴成为你的朋友。

（2）我不知道他怎么会知道我的地址。

（3）请接受我的礼物。

2. 下面的情境下该怎么说？

What would you say in the following situations?

（1）你帮助了别人，别人感谢你，你觉得你应该这么做，你该怎么说？（是……的）

（2）下雨了，你带了伞，不用担心，你该怎么说？（好在）

（3）别人问你什么时候回家，你说要做完工作以后回家，你该怎么说？（再）

七、选择合适的词语填空　*Choose the proper words to fill in the blanks.*

笔友　包裹　地址　写信

　　小赵高中毕业，当上了邮递员（yóudìyuán, postman），每天骑着自行车，按（　　　）给人送信、送报、送（　　　）。他没想到这个工作又累又麻烦，于是想换一份工作。

　　一个老邮递员告诉他："邮递员的工作很重要，一封信连着两颗心！"小赵上中学时有一个（　　　），他们每周都通信。他天天都盼啊盼，信怎么还不来啊？怎么还不来啊？心里特别着急。想想自己那时的心情，小赵理解了老邮递员说过的话。

　　他渐渐开始喜欢上了自己的工作，每次看到收信人的笑脸，他都觉得自己的工作很有意义。小赵说："因为现在都用网络了，（　　　）的人少了，信就变得更宝贵了。"

八、根据提示和对课文内容的理解完成对话

Complete the dialogues according to the text using the expressions provided.

1. A："我"为什么要找笔友呢？

   B：_____。

   （流行　只有……才……　几乎）

2. A："我"写信前作了什么准备？写第一封信的时候，"我"是什么心情？

   B：_____。

   （因为……所以……　好像……似的）

3. A：爱丽丝并没想过找笔友，为什么同意做"我"的笔友？

   B：_____。

   （虽然……但是……　陌生人　很高兴成为）

4. A："我"为什么向爱丽丝要照片？爱丽丝为什么没有马上寄给"我"？

   B：_____。

   （等……再……　担心　失望）

5. A：那个寄包裹的陌生人的信里写了什么？（请简单复述一下）

   B：_____。

   （难过　去世　保存　照片　接受　善良）

九、阅读理解　***Reading comprehension***

伞

　　五月的天，变得太快，刚才还是晴天呢，突然就下起大雨来了。我没带伞，全身都湿了，心情也变得很糟糕。

　　我赶紧往家跑，这时一辆蓝色的汽车开过去，虽然开得并不快，但还是把地上的水弄到了我身上，我气得大叫："开车有什么了不起！讨厌！"

　　突然，那辆车停住了，从车里下来一个年轻人，手里拿着一把伞，向我跑过来。"是不是弄到您身上水了？真对不起！我急着去开会，不能送你。这把伞你用吧。"

　　我接过那把伞，连"谢谢"还没说呢，车就开走了。我后悔自己骂了一个善良的人。

　　从那以后，我就一直带着那把伞，只要有时间我就去曾经遇到他的地方等。我非常想再见到那个人，好把伞还给他，并且好好儿谢谢他，可是我再也没有见到他。

1. 判断正误　True or false

（1）"我"没想到会下雨，所以没带伞。　　　　　（　　）

（2）"我"觉得开车了不起。　　　　　　　　　　（　　）

（3）那个人想开车送"我"，但是不能，因为急着去开会。（　　）

（4）"我"不想说"谢谢"。　　　　　　　　　　　（　　）

（5）"我"再也没见到那个善良的人。　　　　　　（　　）

2. 回答问题　Answer the following questions.

（1）"我"为什么没带伞？

（2）"我"为什么骂那个开车的人？为什么又后悔了？

（3）"我"为什么经常去借伞的地方等？

十、说一说，写一写　　*Speak and write*

下面是一个女孩子在网上发的一个帖子：

This is a web message posted by a girl.

我很怀念以前没有网络、不用电子邮件和手机短信的时代，因为那时有什么事情都可以通过写信来交流。

等待回信的心情，朋友们各种各样的字体，漂亮的邮票，读信时闻到的信纸香味，那种感觉多么美好……我喜欢写信、收信、保存信，那是一种幸福。

每次打开门前的信箱，里面都是空的，互联网让人感到更寂寞。有没有人愿意给我写封信呢？

回答问题　Answer the following questions.

（1）这个女孩子怀念什么？为什么？

（2）她觉得什么很美好？

（3）她喜欢什么？

（4）她现在的心情怎么样？为什么？

（5）她发帖的目的是什么？

（6）你愿意给她写一封信吗？

请给这个女孩子写一封90字左右的短信，内容不限。

Please write a short letter to this girl in about 90 Chinese characters. You may write whatever you like.

十一、走出课堂，拓展学习　*Extended exercises*

就笔友和网友的问题采访几个同学或朋友，然后课上说说采访结果。

Interview several classmates or friends about their opinions on pen pals and net friends. Then talk about your findings in class.

1. 采访提纲：A possible outline for your interview:

（1）你有没有笔友？有没有网友？

（2）如果还没有，你想找吗？

（3）如果有，你的笔友或网友是哪国人？

（4）你找笔友或网友的目的是什么？

（5）你和笔友或网友经常说什么话题？

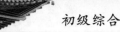

（6）你和笔友或网友见过面吗？

（7）你对找笔友或网友有什么看法？

2. 采访结果：Your findings:

（1）找笔友或网友的人普遍吗？（   ％）

（2）一般人对笔友或网友的母语或国家有要求吗？

（3）一般人找笔友和网友的目的是什么？

（4）和笔友或网友见面的人多吗？（   ％）

20 第一人格
The Highest Human Dignity

题解
Introduction

女主人不但给了乞丐20元钱，还给了他应该得到的尊敬——"靠劳动吃饭，永远是人的第一人格"。

The woman gave the beggar not only 20 dollars, but also the respect he deserved. She said, "living by one's own hands is the highest human dignity."

词语学习
Vocabulary

01

1	人格	réngé	*n.*	human dignity; personality
2	乞丐	qǐgài	*n.*	beggar
3	可怜	kělián	*adj.*	poor; pitiable
4	只	zhī	*m.*	*used for one of certain paired things*
5	女主人	nǚzhǔrén	*n.*	hostess
6	砖	zhuān	*n.*	brick
7	情愿	qíngyuàn	*v.*	be willing to
8	整整	zhěngzhěng	*adv.*	full; solid; whole
9	全部	quánbù	*n.*	whole; all
10	毛巾	máojīn	*n.*	towel
11	亲手	qīnshǒu	*adv.*	with one's own hands; personally
12	汗水	hànshuǐ	*n.*	sweat
13	擦	cā	*v.*	towel; wipe with rags
14	了不起	liǎobuqǐ	*adj.*	amazing

15	感激	gǎnjī	v.	be grateful
16	尊敬	zūnjìng	n.	respect
17	夫人	fūren	n.	madame
18	纪念	jìniàn	n.	memento
19	健全	jiànquán	adj.	sound; healthy
20	理解	lǐjiě	v.	understand
21	靠	kào	v.	depend on; rely on
22	劳动	láodòng	n./v.	labor; work
23	永远	yǒngyuǎn	adv.	always; forever
24	老板	lǎobǎn	n.	boss
25	千万	qiānwàn	adv.	must; be sure to
26	建	jiàn	v.	build
27	座	zuò	m.	used for buildings or mountains and other similar large and immovable objects

走进课文
Text

第一人格

　　一个乞丐来到一家门前要钱，这个可怜的人只有一只手。

　　女主人指着门前的一堆砖对他说："请您帮我把这些砖搬到屋子后面去，我给您20元钱。"那人生气地说："我只有一只手啊，怎么能干这种活儿呢？"女主人用一只手搬起了两块砖："您看，一只手也能干活儿。我能，您为什么不能呢？"

　　他很吃惊，然后不太情愿地用一只手搬起砖

1. 为什么说这个乞丐是个可怜的人？
2. 女主人让他做什么？他怎么回答的？
3. 女主人为什么用一只手搬砖？

来。他一次只能搬两块，整整[1]搬了两个多小时，终于把那堆砖全部搬到屋子后面去了。女主人不但给了他20元钱，还拿出一条白毛巾，亲手帮他把脸上的汗擦了擦，笑着对他说："您真了不起！"那人感激地说："谢谢您！"

女主人说："不用谢我，这些钱和尊敬是您用自己的汗水换来的。"

乞丐问："夫人，您能把这条毛巾也留给我作纪念吗？"

过了几天，又有一个乞丐来到那家要钱，他是个健全的人。女主人把他领到屋子后面，指着那堆砖对他说："如果您帮我把砖搬到屋子前面去，我就给您20元钱。"那人说："我要是干得了这么累的活儿，能做乞丐吗？"说完就生气地走了。

有人不理解地问她："上次您让那个人把砖从屋子前面搬到后面，这次您又让这个人把砖从屋子后面搬到前面。您到底是想把砖放在哪儿呢？"

她说："把砖放在屋子前面和后面，对我来说都一样。可是搬不搬对乞丐来说，可就不一样了。靠劳动吃饭，永远是人的第一人格。"

很多年以后，一个看上去[2]很有钱的人来到那

4. 乞丐怎么做的？
5. 女主人给了乞丐什么？乞丐为什么感谢她？
6. 乞丐要毛巾做什么？

7. 第二个乞丐是个什么样的人？
8. 女主人让他做什么？他怎么回答的？

9. 为什么有人对女主人的做法感到不理解？

---

1. 整整：副词，达到一个整数。可以用在动词前，也可以用在数量词前。The adverb "整整" means a round/whole number is reached. It can be used before a verb or a quantifier. 例如：我整整等了他三个小时。/他的书装了整整五个大箱子。

2. 看上去：从外观上估计。多在句子中充当插入成分。"看上去" means making an estimate or observation based on the exterior appearance. It is usually used within a sentence as a parenthesis. 例如：看上去，他今天有点儿累。/你今天看上去心情不错嘛！

家，他只有一只手。他对女主人说："从那天起，我一直记着您的话'我能，你为什么不能呢？'谢谢您把一个乞丐变成了老板！"

女主人笑着说："您可千万别谢我，这是您自己努力的结果。"

"夫人，为了感谢您，我决定给您建一座新房子。"

女主人说："谢谢您！我不需要，您还是去帮那些没有手的人吧。"

（选自小学语文教学网，作者：佚名）

10. 很多年以后，来找女主人的那个有钱人是谁？他来干什么？

11. 那个人想用什么方式感谢女主人？女主人接受了吗？她怎么说的？

综合注释
Comprehensive Notes

1. （女主人）亲手帮他把脸上的汗擦了擦

"把+O+V（一/了）V/V一下"，表示对宾语作短暂处置。例如：

"把+O+V（一/了）V/V一下" indicates a short-term action upon an object. For example,

……	把	O	V（一）V/V了V	一下
你	把	房间	打扫打扫。	
你（去修理部）	把	电脑	修（一）修。	
他	把	院子	扫了扫。	
你（好好儿）	把	桌子	擦	一下

▶ 试一试：根据提示，用"把+O+V（一/了）V/V一下"完成对话

Practice: Complete the following dialogues with the given verbs and the pattern "把+O+V（一/了）V/V一下".

（1）A：我们下星期有汉语语法考试。

　　　B：那你应该把＿＿＿＿＿＿＿＿＿＿＿＿＿＿＿。（复习）

（2）A：你帮我把＿＿＿＿＿＿＿＿＿＿＿＿＿＿＿。（打扫）

B：房间不是昨天刚打扫过吗？

（3）A：你把_____，看完后谈谈感想。（看）

B：好的，我把这本书拿回去好好儿看看。

（4）A：我昨天去修理部把_____。（修）

B：现在电脑好用了吧？

2. 从那天起，我一直记着您的话

从……起：从……开始。例如：

从……起: from ... onwards; since. For example,

① 从2008年起，他开始学习汉语。

② 从那时起，我们就是最好的朋友了。

③ 从走出校门的那天起，他就在这家公司工作。

▶ 试一试：用"从……起"完成对话

Practice: Complete the dialogues with "从……起".

（1）A：你们什么时候开始成为同屋的？

B：一年多了，_____。

（2）A：不吃早饭对身体很不好。

B：好吧，_____。

（3）A：你哪天开始跑步啊？

B：_____。

（4）A：_____。

B：为什么不从今天就开始呢？

3. 您可千万别谢我

"千万"，副词，一定。只用于祈使句。多用在否定句中。在否定句里常跟"别、不要、不能"等连用；在肯定句中，常跟"要"连用。例如：

The adverb "千万" means "must". It is only used in an imperative sentence and often in a negative one. In a negative sentence, it is often used with "别", "不要" or "不能", etc.; while in a positive sentence, it is often used with "要". For example,

① 这个秘密只有你和我知道，你可千万别说出去！

② 这件事你可千万不要忘了。

③ 你千万不能酒后开车！

④ 我的话你可千万要记住！

▶ 试一试：根据语境，选择上面例句中合适的句子完成对话

Practice: Based on the contexts, choose the proper sentences from the examples above to complete the dialogues.

（1）A：＿＿＿＿＿＿＿＿＿＿＿＿＿＿＿＿＿

　　　B：什么事啊？

　　　A：怎么我刚说完你就忘了？

（2）A：＿＿＿＿＿＿＿＿＿＿＿＿＿＿＿＿＿

　　　B：少喝点儿酒没关系，我开车技术好。

（3）A：＿＿＿＿＿＿＿＿＿＿＿＿＿＿＿＿＿

　　　B：你的话，我怎么能忘呢？

（4）A：＿＿＿＿＿＿＿＿＿＿＿＿＿＿＿＿＿

　　　B：我一定不会让第三个人知道。

课堂活动
In-Class Activity

讨论　***Have a discussion.***

（1）如果你是课文中的女主人，你会怎么做？

　　　What would you do if you were the woman in the text？

（2）有没有其他方法可以帮助第一个乞丐？

　　　Is there any other way to help the first beggar？

（3）你对女主人的做法怎么看？

　　　What do you think of what the woman did？

综合练习
Comprehensive Exercises

一、选词填空　***Choose the right words to fill in the blanks.***

　　　"亲手"的"亲"还可以组成"亲眼/亲口/亲耳/亲身/亲笔/亲自"等。试着选择合适的词填到括号里。

　　　"亲"，as in "亲手"，can also be found in other words like "亲眼 / 亲口 / 亲耳 / 亲身 /

亲笔 / 亲自 ", etc. Choose the proper words to fill in the blanks.

1. 他（　　　　）告诉我的，明天不上课。

2. 我（　　　　）看到了他的表演，太好了！

3. 是你（　　　　）听到的吗？

4. 这是女主人（　　　　）给我做的衣服。

5. 我收到了他的（　　　　）信。

6. 他（　　　　）经历了那件事。

7. 还是你（　　　　）去解决这个问题。

二、选择课文中学过的下列词语填空

Fill in the blanks with the given words and expressions.

可怜　理解　全部　亲手　擦　了不起　感激　尊敬　纪念

1. 成龙是个（　　　　）的功夫明星，很受（　　　　）。

2. 旅行时他照了很多照片作（　　　　）。

3. 有人不（　　　　）女主人为什么这样做。

4. 他把这个月的工作（　　　　）做完了。

5. 那个孩子从小就没了妈妈，真（　　　　）。

6. 那棵树是我（　　　　）种的，我还经常给它浇水。

7. 教室里的桌子、椅子、黑板都（　　　　）得干干净净。

8. 我很（　　　　）您对我的帮助。

三、选择意思相近的词语填空　　*Choose a suitable word for each blank.*

1. 健康　健全

（1）他最近看起来身体不太（　　　　），脸色不好。

（2）他虽然只有一只手，却和双手（　　　　）的人一样劳动。

2. 理解　了解

（1）他来很长时间了，比较（　　　　）这里的情况。

（2）没有人（　　　　）他为什么这么做。

3. 劳动　工作

（1）他现在在一家电脑公司（　　　　）。

（2）（　　　　）分脑力（　　　　）和体力（　　　　）。

4. 纪念　怀念

（1）离开北京以后，我很（　　　　）那里的一切。

（2）他不但在那儿照了很多照片，还买了不少（　　　　）品。

四、用指定词语改写句子

Rewrite the following sentences with the given words and expressions.

1. 你说的话是什么意思？我听不懂。（到底）

　→_____

2. 你怎么才来？大家等了你一个小时。（整整）

　→_____

3. 我觉得他真是个伟大的人！（了不起）

　→_____

4. 在中国留学的时候，她给了我很多帮助，我很感谢她。（感激）

　→_____

5. 从现在开始，我再也不迟到了。（从……起）

　→_____

6. 他看起来很年轻，身体也很好，为什么不工作？（看上去）

　→_____

五、模仿例子造"把"字句　***Make "把"-sentences after the example.***

例：贴　邮票　信封

　→他把邮票贴在信封上。

1. 放　书　桌子

　→_____

2. 寄　信　英国

　→_____

3. 交　作业　老师

　→_____

4. 修理　汽车　一下

　→_____

5. 擦　地板　干净

　→_____

六、根据提示完成对话 *Complete the dialogues using the expressions provided.*

1. A：你打网球几年了？

   B：＿＿＿＿＿＿＿＿＿＿＿＿＿＿＿＿＿＿了，可是水平还不太高。（整整）

2. A：你从什么时候开始工作的？

   B：＿＿＿＿＿＿＿＿＿＿＿＿＿＿＿，已经三年多了。（从……起）

3. A：毕业以后，你想做什么工作？

   B：到底做什么工作，我＿＿＿＿＿＿＿＿＿＿＿＿＿＿＿。（决定）

4. A：他一个人骑自行车，围着地球走了一圈。

   B：真的吗？＿＿＿＿＿＿＿＿＿＿＿＿＿＿＿！（了不起）

5. A：我明天就要一个人去旅行了。

   B：真的吗？＿＿＿＿＿＿＿＿＿＿＿＿＿＿＿！（千万）

七、情境表达 *Expression based on the specific situation*

1. 下面的句子在什么情况下可以说？

   When do you use the following sentences?

   （1）我能干，你为什么不能干呢？

   （2）你这不是做得很好吗？

   （3）你可千万别谢我，这都是你自己努力的结果。

2. 下面的情境下该怎么说？

   What would you say in the following situations?

   （1）你担心别人忘了带手机，你该怎么说？（千万）

   （2）你等了朋友一个小时，他才来，你有点儿不满，你该怎么说？（整整）

   （3）你的父母要来看你，你想打扫一下房间，你该怎么说？（把）

八、根据课文内容和提示回答问题

Answer the following questions according to the text using the expressions provided.

1. A：女主人用一只手搬砖后，对乞丐说了什么？

   B：＿＿＿＿＿＿＿＿＿＿＿＿＿＿＿＿＿。

   （您看　我能……　您为什么……）

2. A：当一只手的乞丐搬完砖以后，女主人怎样表示了对他的尊敬？

   B：＿＿＿＿＿＿＿＿＿＿＿＿＿＿＿＿＿。

   （不但……还……　亲手　了不起）

3. A：当有人对女主人的做法表示不理解时，她怎么回答的？

　　B：_____。

（对……来说　记住　靠）

4. A：女主人让一只手乞丐的人生发生了怎样的变化？后来他想用什么方式对女主人表示感谢？

　　B：_____。

（把……变成　决定　建）

5. A：女主人怎样回答乞丐的谢意？

　　B：_____。

（是……的结果　需要　还是）

九、阅读理解　*Reading comprehension*

　　阿里和他的两个朋友加伯、马沙一起去旅行。登山的时候，马沙差点儿从山上掉下去，加伯救了他。马沙很感激加伯，就把几个字刻在了石头上："×年×月×日，加伯救了马沙。"

　　后来三个人来到海边，因为太累了，都觉得心情不好。加伯和马沙为了一点儿小事吵了起来。加伯很生气，打了马沙一个耳光。马沙也很生气，他就把几个字写在了沙滩（shātān, sand beach）上："×年×月×日，加伯打了马沙。"

　　阿里问马沙："你为什么把加伯救你的事刻在石头上，却把加伯打你的事写在沙滩上呢？"

　　马沙说："为了把加伯救我的事永远记住，我把它刻在石头上；为了把加伯打我的事忘掉，我把它写在沙滩上，希望风把它吹到天上，水把它冲进海里，然后沙滩就又和以前一样了。"

1. 判断正误　True or false

　（1）登山的时候，马沙救了加伯。　　　　　　　　　　　（　　）

　（2）马沙把加伯救他的事刻在了石头上。　　　　　　　　（　　）

　（3）因为心情不好，加伯和马沙吵架了，马沙打了加伯。　（　　）

　（4）加伯把马沙打他的事写在了沙滩上。　　　　　　　　（　　）

　（5）马沙说他想记住加伯救自己的事，忘掉加伯打自己的事。（　　）

2. 回答问题　Answer the following questions.

　（1）马沙为什么把加伯救自己的事刻在石头上？

　（2）马沙为什么把加伯打自己的事写在沙滩上？

　（3）这个小故事告诉我们什么道理？

十、说一说，写一写 *Speak and write*

先根据自己国家的情况回答问题，然后根据问题和回答，写一段对话。

Answer the following questions according to your own circumstances, and then write a dialogue based on the questions and answers.

（1）你的国家有乞丐吗？

（2）乞丐一般是什么样的人？

（3）他们一般用什么方法乞讨？

（4）你常常给乞丐钱吗？一般给什么样的乞丐钱？为什么？

（5）你怎么理解"靠劳动吃饭，永远是人的第一人格"？

十一、走出课堂，拓展学习 *Extended exercises*

下面是一份关于乞丐问题的调查问卷。请调查几个不同年龄、不同身份的人对这些问题的看法，然后在课堂上说一下调查结果。

This is a questionnaire about beggars. Interview people of different ages and backgrounds about their opinions on this issue. Report your findings to the class.

问　题	接受调查人数（人）	百分比（%）
问题 1 你是不是经常看到乞丐？（单选）		
A. 是		
B. 不是		
问题 2 你对乞丐的态度是什么？（单选）		
A. 同情		
B. 讨厌		
C. 没什么感觉		
问题 3 遇到乞丐向你要钱，你一般会怎样做呢？（单选）		
A. 让他走开		
B. 给他钱		
C. 表示讨厌		
问题 4 你会为乞丐问题感到担心吗？（单选）		
A. 会		
B. 不会		
问题 5 你觉得乞丐问题是什么原因造成的？（多选）		
A. 经济发展不好		
B. 政府帮助不够		
C. 同情的人太多		
D. 乞丐不想劳动		
问题 6 你觉得人们应该怎么帮助乞丐？（单选）		
A. 送他们去救助站		
B. 给他们食物		
C. 给他们钱		
D. 用与A、B、C不同的方式		

语言点小结（四）
Summary of the Grammar Points (IV)

"把"字句　The "把" -sentence

请你把黑板擦了。

他把我的车开走了。

她没把辣椒卖出去。

请把报纸递给我。

玛丽能把课文翻译成英语。

你把这台电脑修（一）修。

大家把生词复习一下。

我把画儿挂在了墙上。

21 愚公移山
Yu Gong Removed the Mountains

题解
Introduction

愚公家门前有两座大山，全家人出入很不方便。愚公带领全家人每天不停地挖山，想把这两座大山搬走。愚公这种不怕困难、坚持到底的精神感动了玉帝。对愚公的做法，你怎么看？

In front of Yu Gong (Foolish Old Man)'s house, there were two large mountains which caused much inconvenience to his whole family. Every day Yu Gong led his family in digging dirt out of the mountains in the hope of moving them away. Yu Gong's persistence and his spirit of being not afraid of difficulties impressed the Jade Emperor.

What do you think of what Yu Gong did?

词语学习
Vocabulary

01

1	愚公移山	Yúgōng yí shān	*idm.*	Foolish Old Man who removed the mountains—spirit of perseverance
2	移	yí	*v.*	remove
3	挡	dǎng	*v.*	get in the way; block the way
4	不管	bùguǎn	*conj.*	no matter (what, how, etc.)
5	翻	fān	*v.*	cross; climb over
6	方便	fāngbiàn	*adj.*	convenient; handy
7	带领	dàilǐng	*v.*	guide; lead
8	孙子	sūnzi	*n.*	grandson; son's son
9	赞成	zànchéng	*v.*	agree with; approve of
10	同意	tóngyì	*v.*	agree; consent; approve

11	年纪	niánjì	*n.*	age
12	再说	zàishuō	*conj.*	besides; what's more
13	土	tǔ	*n.*	soil
14	石头	shítou	*n.*	stone; rock
15	商量	shāngliang	*v.*	discuss; talk over
16	半天	bàntiān	*n.*	long time; quite a while
17	运	yùn	*v.*	carry
18	挖	wā	*v.*	dig
19	帮忙	bāng máng	*v.*	help; give (or lend) a hand
20	往返	wǎngfǎn	*v.*	travel to and fro
21	春夏秋冬	chūn xià qiū dōng		spring, summer, fall and winter
22	子孙	zǐsūn	*n.*	posterity
23	延续	yánxù	*v.*	continue; last
24	神仙	shénxiān	*n.*	supernatural being; immortal
25	精神	jīngshén	*n.*	spirit; mind
26	感动	gǎndòng	*v.*	move; touch; impress
27	派	pài	*v.*	send; dispatch
28	背	bēi	*v.*	carry on one's back
29	毅力	yìlì	*n.*	willpower
30	到底	dàodǐ	*v.*	till the end; to the end

专名 Proper Names

1	太行山	Tàiháng Shān	Mount Taihang
2	王屋山	Wángwū Shān	Mount Wangwu
3	玉帝	Yùdì	Jade Emperor (the Supreme Deity of Taoism)

走进课文
Text

 02

愚公移山

很久很久以前，有一个叫愚公的老人，他家的门前有两座大山，一座叫太行山，一座叫王屋山。这两座大山挡住了他家的路，不管去哪儿，他们都得翻过这两座大山，出门很不方便。

于是，愚公决定带领全家搬走这两座大山。那一年愚公已经90多岁了。儿子、孙子都表示赞成，只有愚公的妻子不同意，她说："你都这么大年纪了，连石头都搬不动，怎么可能搬走那么大的两座山呢？再说，那么多的土和石头放到哪儿去呢？"是啊，这真是个大问题。大家商量了半天，决定把土和石头运到东边的大海里去。

第二天，愚公就带着全家人开始挖山了，不管是男人还是女人，都去挖土搬石，连七八岁的小孩子也去帮忙。他们把土和石头运到大海，往返一次，就要一年的时间。即使这样，他们还是不停地挖呀运呀。不管春夏秋冬，全家人一天也没休息过。

有一个聪明的老人，觉得他们太可笑了，就对愚公说："您可太笨了，您这么大年纪了，连山上的树都挖不动，怎么可能搬走两座大山呢？"愚公说："我死了，还有儿子；儿子死了，还有孙子，子子孙孙会永远延续下去。山虽然高，却不能再长高了，挖一点儿就会少一点儿，为什么搬不走呢？"

1. 愚公家为什么出门不方便？

2. 愚公决定做什么？
3. 谁不同意搬山？为什么？
4. 他们决定把石头运到哪里去？

5. 都有谁和愚公一起搬山？
6. 他们运石头往返一次要多长时间？他们是怎么努力挖山的？

7. 那个聪明老头儿是怎么笑话愚公的？
8. 愚公又是怎么回答那个聪明老头儿的？

愚公一家人不停地挖山。两座大山的神仙害怕极了，他们把这件事告诉了玉帝。玉帝被愚公一家人不怕困难的精神感动了，就派两个神仙把两座大山背走了。

愚公移山的故事告诉我们：不管多么困难的事，只要有毅力，坚持到底，就能成功。

9. 两座大山的神仙为什么把愚公移山的事告诉了玉帝？玉帝为什么派两个神仙背走了两座大山？
10. 愚公移山的故事告诉人们什么道理？

综合注释
Comprehensive Notes

1. 不管去哪儿，他们都得翻过这两座大山

"不管……都/也……"，表示在任何条件下，结果或结论都不会改变。例如：

"不管……都/也……" indicates that under any circumstances, the result or conclusion would not change. For example,

① 不管你同意不同意，我都要去。

② 不管事情多难办，我们也得办。

③ 不管有什么理由，这次考试你都必须参加。

▶ 试一试：根据语境，选择上面例句中合适的句子完成对话

Practice: Based on the contexts, choose the proper sentences from the examples above to complete the dialogues.

（1）A：老师，我可以不参加考试吗？我明天有事。

B：_____。

（2）A：这事可不好办，我看还是别办了。

B：_____。

（3）A：我不同意你去。

B：_____。

2. ……，再说，那么多的土和石头放到哪儿去呢

"……，再说……"，表示在已经有的理由之外，补充新的理由。例如：

"……，再说……" is used to add an additional reason or excuse besides the existing ones. For example,

①A：你明天能参加我们的晚会吗？

B：对不起！我明天和朋友有约会，再说，我后天还有个考试。

②A：妈妈，这个手机我可以买吗？

B：行。你的手机已经坏了，再说，这个手机也不贵。

③A：我们到学校外面去住吧。

B：我还是想住在校内，因为校内有食堂，再说，上课也近。

④A：我们明天去爬山吧。

B：对不起！我太忙了，再说，最近我也有点儿不舒服。

▷ 试一试：用所给的理由和"再说"完成对话

Practice: Complete the dialogues with the given reasons and "再说".

（1）A：暑假我们一起去云南，好吗？

B：我想去，可是去不了。因为＿＿＿＿＿＿＿，再说，＿＿＿＿＿＿＿。

（得打工　我前年去过了）

（2）A：我们买辆汽车吧，出去玩儿的时候就方便了。

B：我不赞成。＿＿＿＿＿＿＿，再说，＿＿＿＿＿＿＿。

（贵　对环境也不好）

（3）A：我和小李下个月结婚。

B：好啊！＿＿＿＿＿＿＿，再说，＿＿＿＿＿＿＿。

（好姑娘　都不小了）

（4）A：我们坐地铁去，好吗？

B：好。＿＿＿＿＿＿＿，再说，＿＿＿＿＿＿＿。（便宜　不堵车）

3. 坚持到底，就能成功

"V+到底"，表示到最后，到终点。例如：

"V+到底" means to persist in doing something till the end. For example,

① 不管结果怎么样，这件事必须做到底，不能放弃。

② 如果你觉得自己是对的，就坚持到底吧。

③ 这条路一直走到底，就是你要找的地方。

▷ 试一试：根据语境，选择上面例句中合适的句子完成对话

Practice: Based on the contexts, choose the proper sentences from the examples above to complete the dialogues.

（1）A：去语言大学怎么走？

B：＿＿＿＿＿＿＿＿＿＿。

（2）A：我觉得不应该那么做，可是别人都不同意我的看法。

　　　B：＿＿＿＿＿＿＿＿＿＿＿＿＿＿＿＿。

（3）A：我看还是别做了，这件事肯定不能成功。

　　　B：＿＿＿＿＿＿＿＿＿＿＿＿＿＿＿＿。

课堂活动
In-Class Activity

模仿例子，根据所给的情境分角色进行对话（用上"不管……都……"和"再说……"）

Based on the contexts, make a dialogue after the example. (Use "不管……都……" and "再说……".)

例：（情境：夫妻两人商量买房子）

妻子：我们买房子吧。

丈夫：不行，现在房子太贵了，再说，我们刚买完车，哪儿有那么多钱？

妻子：可以向银行借嘛，再说，现在不买，以后可能更贵呢。

丈夫：不管以后怎么样，我们现在都不能买。

妻子：我和儿子都想买。

丈夫：不管谁想买，我都不同意。

参考情境（可任选一个）：Choose one context:

（1）一名大学生想退学，父亲不同意。

（2）一名员工想请假，老板不同意。

综合练习
Comprehensive Exercises

一、选词填空 *Choose the right words to fill in the blanks.*

　　"名山"的"名"，是有名的意思，可以组成"名人/名牌/名茶/名曲/名画/名著"等。试着选择合适的词填到括号里。

　　"名" means "famous" in "名山". It can also be found in other words like "名人 / 名牌 / 名茶 / 名曲 / 名画 / 名著", etc. Choose the proper words to fill in the blanks.

1. 龙井茶是中国的（　　　　）。

2. 什么东西他都要买（　　　　）的，不管多贵都想买。

3. 他虽然不是学艺术的，但是，听（　　　　）、看（　　　　）却是他的爱好。

4. 成龙是个（　　　　），全世界都有他的影迷。

5. 已经上大学了，少看看漫画，你还是多看看世界（　　　　）吧。

二、"石头"的"头"是名词后缀。你还学过哪些带"头"的词语，请试着写在下面的横线上

"头" in "石头" is a noun suffix. Fill in the blanks with some other words you have learned that contain "头".

_____　　　_____　　　_____

_____　　　_____　　　_____

三、选择课文中学过的下列词语填空（有的可以选两次）

Fill in the blanks with the given words and expressions. (Some words can be used more than once.)

带领　运　商量　决定　往返　感动　故事　毅力　背

1. 我想买（　　　　）的飞机票，不买单程的。

2. 他讲的（　　　　）深深地（　　　　）了我。

3. 他太有（　　　　）了，30年中每天游泳，冬天也坚持。

4. 我还没（　　　　）是继续学习还是找工作。

5. 他总是一个人决定做什么，从来不和别人（　　　　）。

6. 我的行李已经（　　　　）回国了，只（　　　　）一个背包上飞机。

7. 有人（　　　　），我们就跟着走；没人（　　　　）我们就看着地图吧。

四、选择意思相近的词语填空　*Choose a suitable word for each blank.*

1. 成功　胜利

（1）我们国家的球队（　　　　）了！

（2）祝贺你入学考试（　　　　）！

2. 帮忙　帮助

（1）他总是（　　　　）别人。

（2）你现在如果有时间，就来（　　　　）吧。

3. 派　让

　　（1）公司（　　　　）我去广州。

　　（2）老板（　　　　）我们休息。

4. 年纪　岁

　　（1）你几（　　　　）了？

　　（2）您多大（　　　　）了？

五、模仿例句，用所给的条件和结果构成"不管……都……"句式

Use the conditions and consequences given below to make sentences with "不管……都……" after the example.

例：（条件）　　　　　　（结果）

　　难不难　　　　　　　学习

　　→ 不管汉语难不难，我都想学下去。

1. 喜欢不喜欢　　　　　参加

　　→ _____

2. 刮风还是下雨　　　　锻炼

　　→ _____

3. 什么人　　　　　　　遵守规定

　　→ _____

4. 多么忙　　　　　　　吃早饭

　　→ _____

六、根据语境，用"再说"完成复句

Based on the contexts, complete the following complex sentences with "再说".

1. 我明天有课，再说，_____，我不能去。

2. 这本书太难了，再说，_____，我翻译不了。

3. 今天天气这么好，再说，_____，我们一起去长城吧。

4. 放假了，再说，_____，别看书了，出去玩儿玩儿吧。

七、选择合适的词语填空　**Choose the proper words to fill in the blanks.**

　　故事　毅力　感动　精神　坚持　到底

铁棒磨成针

（tiěbàng mó chéng zhēn, an iron pestle can be ground down to a needle）

李白（Lǐ Bái, Li Bai, a poet in the Tang Dynasty）小时候很不喜欢读书。有一天，他

偷偷离开教室，跑到河边去玩儿。河边有一个老奶奶正在石头上磨一根铁棒。李白觉得很奇怪，就问老奶奶："老奶奶，您在干什么呢？""我在磨针呢。"李白吃惊地问："这么粗的铁棒，怎么能磨成针呢？"老奶奶说："天天（　　　）磨，就一定能磨成针。"老奶奶的（　　　）让李白很（　　　）。从那天起，他决心用"铁棒磨成针"的（　　　）努力学习。后来他成了中国历史上最有名的诗人之一。这个（　　　）告诉我们，做事情要有毅力，坚持（　　　）就能成功。

八、根据课文内容，用所给词语回答问题

Answer the following questions using the given words and expressions according to the text.

1. 愚公为什么要移山？（不管……都……　必须　不方便）

2. 愚公的家人对他的决定有什么看法？（赞成　不同意　再说）

3. 愚公一家人怎么努力地移山？（不管……都……　连……都……）

4. 对聪明老头儿和愚公的问答，你能复述一下吗？（笨　连……都……　子子孙孙　为什么……呢）

5. 愚公一家的什么精神感动了玉帝？玉帝作出了什么决定？（不怕困难）

6. 请解释一下什么是愚公移山精神。

九、阅读理解　***Reading comprehension***

很久很久以前，有一个老人，我们就叫他塞翁（Sàiwēng）吧。有一天，他家丢了一匹（pǐ）马，大家都很着急，到处找。可是不管别人怎么急，他都不急，还说："别找了，找也找不到，再说，这也许并不是坏事。"

几个月后，那匹马回来了，还带回来一匹好马。家里人都很高兴，可是他却说："这也许并不是好事。"

塞翁的儿子很喜欢那匹好马，一有空儿就骑，结果，他从马背上摔下来，腿摔断了。全家人都很难过，可是塞翁却说："事情已经发生了，难过也没用，再说，这也许并不一定是坏事。"

不久，发生了战争，村里的年轻人都得去当兵，塞翁的儿子因为腿不好，不能当兵（bīng, soldier）。结果，很多年轻人参加战争死了，塞翁的儿子却活到了90多岁。

后来，人们用"塞翁失（shī, lose）马"这个成语来表示坏事有可能变成好事。

1. 判断正误　True or false

（1）塞翁家的马丢了，他却不着急。　　　　　　　　　（　　　）

（2）塞翁说马丢了肯定是好事。　　　　　　　　　　　（　　　）

（3）塞翁的儿子骑马的时候摔断了腿。　　　　　　　　（　　　）

（4）塞翁说摔断了腿一定不是坏事。 　　　　　　　（　　）

（5）塞翁的儿子没有去当兵，因为腿不好。 　　　　　（　　）

（6）"塞翁失马"的意思是"坏事也许能变成好事"。 　　（　　）

2.回答问题 Answer the following questions.

（1）马丢了，塞翁为什么不着急？

（2）塞翁家多了一匹好马，他为什么不高兴？

（3）儿子的腿断了，塞翁为什么还劝家人别难过？

（4）你怎么理解"塞翁失马"这个故事？

十、说一说，写一写 *Speak and write*

先讲一个你们国家的有意思的小故事，并且说明一下故事里面的道理，然后把它写成100字左右的小短文。

Tell an interesting story in your country, explain what the story tells people and then write a short passage about the story in about 100 Chinese characters.

十一、走出课堂，拓展学习　***Extended exercises***

　　完成下面的任务：Complete the tasks below.

　　　　（1）找一个中国人给你讲一个中国的成语故事 。

　　　　（2）在课堂上讲一下听到的故事。

　　　　（3）说明故事有什么教育意义。

　　　　（4）用这个成语说一句话。

22 卡
Cards

题解
Introduction

卡在我们的生活中变得越来越重要，卡已经改变了我们的生活。卡在给我们带来方便的同时，有时也给我们带来很多麻烦。

Cards become more and more important in our daily life, and they have changed our lives. While cards provide a lot of convenience for us, they sometimes bring us many problems, too.

词语学习
Vocabulary

01

1	现金	xiànjīn	*n.*	ready money; cash
2	不必	búbì	*adv.*	need not; not have to
3	只要	zhǐyào	*conj.*	so long as
4	插	chā	*v.*	insert
5	自动取款机	zìdòng qǔkuǎnjī		ATM (Automated Teller Machine)
6	如今	rújīn	*n.*	today; now
7	百分之……	bǎifēnzhī		percent, shown by the symbol %
8	旅馆	lǚguǎn	*n.*	inn; hotel
9	钥匙	yàoshi	*n.*	key
10	安全	ānquán	*adj.*	safe
11	危险	wēixiǎn	*adj.*	dangerous
12	名片	míngpiàn	*n.*	name card
13	将来	jiānglái	*n.*	future; aftertime
14	解决	jiějué	*v.*	solve; settle

15	代替	dàitì	*v.*	substitute for; replace
16	机器	jīqì	*n.*	machine
17	毛病	máobìng	*n.*	problem; fault; something wrong
18	计划	jìhuà	*n.*	plan; project
19	可怕	kěpà	*adj.*	terrible; horrible
20	欠	qiàn	*v.*	owe; be in debt
21	债	zhài	*n.*	debt
22	成为	chéngwéi	*v.*	become
23	卡奴	kǎnú	*n.*	card slave
24	时代	shídài	*n.*	times; age; era
25	通行证	tōngxíngzhèng	*n.*	pass; permit
26	既然	jìrán	*conj.*	since; as
27	订	dìng	*v.*	draw up; work out
28	享受	xiǎngshòu	*v.*	enjoy
29	密码	mìmǎ	*n.*	password

走进课文
Text

卡

　　如今，我们的钱包里现金越来越少，各种各样的卡却越来越多了。买东西的时候，即使你一分钱都没有，也不必担心。只要你的卡里有钱，就可以买任何你想要的东西。如果需要现金，只要把卡插进银行的自动取款机里，钱就出来了，多方便啊！

　　如今，人们的钱包里百分之百都有卡。打电

1. 现代人的钱包有什么变化？

2. 为什么说用卡方便？

3. 卡都可以做什么？我们的生活和卡的关系是什么样的？

话用卡，坐车用卡，到食堂吃饭用卡，到图书馆
借书用卡，在旅馆里开门，不用钥匙，也用卡。
我们的生活已经离不开卡了。

卡使我们的生活变得更安全、更方便了。旅
行的时候，要是带着现金，那多危险啊！可是如
果带着卡，那可就安全多了，丢了也没关系，马
上给银行打个电话，就不用担心卡里的钱被别人
取走。另外，卡只有名片那么大，又轻又小。卡
的好处真不少。

有人说，将来也许有一天，我们就完全不需
要现金了，只要有卡，就什么事都能解决了。但
是也有人说，卡永远也不可能完全代替现金，因
为用卡就必
须用机器，
要是机器出
了毛病，卡
就不如现金
方便了。

卡还有
另外一个问
题，那就是用卡买东西的人，常常不清楚卡里还
有多少钱，所以就放心地买，有时可能比计划多
花好多钱。不但浪费，更可怕的是，还可能欠银
行的债，成为"卡奴[1]"呢。所以，用卡买东西一
定得有计划，需要的买，不需要的就不买。

4. 卡有什么好处？请举
例说明。

5. 为什么卡不能完全代
替现金？

6. 用卡还有一个什么问
题？为什么有的人会
成为"卡奴"？
7. 你认为卡对现代人的
要求是什么？

---

1. 卡奴：使用信用卡之后，连续三个月不能还钱给银行的人就是"卡奴"。这个词最早出现在台湾。
卡奴：card slave. It refers to a person who cannot pay the balance on his/her credit card debt for three consecutive
months. This term was originally coined in Taiwan.

你的钱包里有几张卡？都是什么卡？你的生活被它改变了吗？你觉得用卡真的比用现金方便吗？用现金买东西的时候，你能清清楚楚地看着钱从钱包里拿出来，变成了你想要的东西。当钱包变轻了，你就知道该省着点儿花了。用卡就没那么清楚了。可是现在，你和我都已经不能没有卡了，因为卡是电脑和网络时代的通行证。既然我们已经离不开卡了，那我们就给自己订个计划，然后好好儿地享受它带给我们的方便吧。不过，你可千万别忘了密码！

8. 用现金有什么好处？

9. 现在我们为什么不能没有卡？

综合注释
Comprehensive Notes

1. 即使你一分钱都没有，也不必担心

"不必"，副词，用在动词或形容词前，表示不需要。例如：

The adverb "不必" means "unnecessary". It is used in front of a verb or adjective. For example,

① 我知道怎么走，你不必担心。

② 这件事不必商量了，我们都同意。

③ 上网一查就知道了，不必问别人。

▶ 试一试：根据语境，选择上面例句中合适的句子完成对话

Practice: Based on the contexts, choose the proper sentences from the examples above to complete the dialogues.

（1）A：我们找人问问吧。

　　　B：_____

（2）A：我们商量商量再决定。

　　　B：_____

（3）A：我们不会迷路吧？

　　　B：_____

2. 只要你的卡里有钱，就可以买任何你想要的东西

　　"只要……就……"，"只要"表示必要条件，"就"后面是结果。有时，结果也可以为反问句，"只要"也可以用在后一小句。例如：

　　"只要……就……": If only... then.... "只要" indicates a necessary condition for the result that follows "就". Sometimes, the result is expressed via a rhetorical question, and "只要" can also be placed in the latter clause. For example,

　　① 只要有时间，我就上网。

　　② 只要下功夫，有什么学不会的？（后一小句为反问句）

　　③ 他会同意的，只要你的理由充足。（"只要"用在后一小句）

▶ 试一试：根据提示，用"只要"完成对话

Practice: Complete the dialogues using the expressions provided and "只要".

　　（1）A：这个工作难做吗？

　　　　 B：不难，＿＿＿＿＿＿＿＿＿＿＿＿＿＿＿，肯定能做好。（认真）

　　（2）A：你喜欢看电影吗？

　　　　 B：当然，我最喜欢看电影，＿＿＿＿＿＿＿＿＿＿＿就去看。（有时间）

　　（3）A：这种颜色的衣服你不喜欢吧？

　　　　 B：＿＿＿＿＿＿＿＿＿＿＿就可以了。（你喜欢）

　　（4）A：我没带现金怎么办呢？

　　　　 B：没关系，＿＿＿＿＿＿＿＿＿＿＿。（卡）

3. 既然我们已经离不开卡了，那我们就给自己订个计划

　　"既然……，就……"，"既然"提出已经成为事实的或已经肯定的前提，后一小句是根据这个前提得出的结论。例如：

　　"既然……，就……": since; now that. "既然" raises a true or definite prerequisite, and the clause after is the conclusion drawn from the previous prerequisite. For example,

　　① 既然我们是朋友，就应该互相信任。

　　② 既然你已经决定了，我也就不反对了。

　　③ 既然大家都同意了，我们就开始干吧。

　　④ 既然你身体不舒服，就别去上课了。

▶ 试一试：根据提示完成对话

Practice: Complete the dialogues using the expressions provided.

　　（1）A：我很想去中国留学。

　　　　 B：＿＿＿＿＿＿＿＿＿＿＿，就去吧。

（2）A：你拍的这张照片，我太喜欢了！

　　　B：＿＿＿＿＿＿＿＿＿＿＿＿＿＿＿＿，那就给你吧。

（3）A：那个电影没有意思，我看过了。

　　　B：既然你已经看过了，＿＿＿＿＿＿＿＿＿＿＿＿＿＿。

（4）A：云南风景美丽，文化也多样，是个好地方。

　　　B：既然云南那么好，＿＿＿＿＿＿＿＿＿＿＿＿＿＿。

课堂活动
In-Class Activity

请介绍你自己的卡：你有什么卡？这种卡有什么用？比如：银行卡、会员卡、信用卡、电话卡，等等（每人至少介绍两种卡）。

Make an introduction to your own cards. What cards do you have? What is the usage of each card? You may talk about bank cards, membership cards, credit cards and phone cards, etc. (Each person should introduce at least two types of cards.)

综合练习
Comprehensive Exercises

一、选词填空　*Choose the right words to fill in the blanks.*

　　"卡"还可以组成"信用卡/银行卡/交通卡/借书卡/电话卡"等。试着选择合适的词填到括号里。

　　"卡" can be used as a component of such words as "信用卡 / 银行卡 / 交通卡 / 借书卡 / 电话卡", etc. Choose the proper words to fill in the blanks.

1.（　　　　）可以在自动取款机上取钱，也可以在买东西的时候用来付款。

2. 用（　　　　）坐车又便宜又方便。

3. 我没有（　　　　），不能在图书馆借书。

4. 我想换一个能打国际长途的（　　　　）。

5. 用（　　　　）可要小心，千万别成了"卡奴"。

二、把下面左边带有"可"的词语和右边对词语的解释连线

Draw a line to match each word on the left with its definition on the right.

1. 可怕	a. 让人喜欢
2. 可爱	b. 让人害怕
3. 可怜	c. 让人恨
4. 可恨	d. 让人同情
5. 可惜	e. 让人觉得有意思而发笑或觉得不正常
6. 可笑	f. 让人惋惜

三、选择课文中学过的下列词语填空

Fill in the blanks with the given words and expressions.

将来　解决　代替　毛病　计划　可怕　成为　订　密码

1. 他现在已经（　　　　）我们的领导了。

2. 只要大家一起想办法，问题一定能（　　　　）。

3. 我的电脑出（　　　　）了，最近越来越慢。

4. 做错了事情也不（　　　　），改了就好。

5. 我们在去旅行之前，（　　　　）个（　　　　）吧。

6. 我忘了（　　　　），取不出钱来了，怎么办？

7. 你来（　　　　）我做这件事吧，我太忙了。

8. 如果你现在不努力工作，（　　　　）就得努力找工作。

四、选择意思相近的词语填空　***Choose a suitable word for each blank.***

1. 我在北京的时候，您给了我很多帮助，非常（　　　　）！（感谢　谢谢）

2. 他（　　　　）地在路上走着。（渐渐　慢慢）

3. 我不（　　　　）早睡早起。（习惯　适应）

4. 我来这儿，不是（　　　　）找工作，而是（　　　　）学习。（因为　为了）

五、在相关的条件和结果之间连线

Match the conditions with the corresponding consequences.

条件　Conditions	结果　Consequences
1. 你喜欢	a. 病就能好
2. 能听懂广播	b. 我就满足了
3. 吃了药	c. 运动会就能开
4. 认真学	d. 给你
5. 不下雨	e. 没有学不会的

六、把练习（五）中的条件、结果关系改写为带"只要……就……"结构的句子

Rewrite the sentences in Exercise Five into sentences with the pattern "只要……就……".

1. _____

2. _____

3. _____

4. _____

5. _____

七、根据提示完成对话　*Complete the dialogues using the expressions provided.*

1. A：_____？（方便）

　　B：不太方便，离车站太远了，每天要走半个小时呢。

2. A：要是你没有时间，让别人_____。（代替）

　　B：不行。这件事必须我做，因为别人不知道怎么做。

3. A：别买手机了，房间里有电话就可以了。

　　B：_____。（离不开）

4. A：_____？（危险）

　　B：那里很安全，别担心。

5. A：_____。（好处）

　　B：我觉得开汽车对环境只有坏处，没什么好处。

6. A：_____？（计划）

　　B：我的工作计划还没订出来呢。

八、根据课文内容和提示回答问题

Answer the following questions according to the text using the expressions provided.

1. 卡怎样改变了我们的生活？

　　（打电话　坐车　到食堂吃饭　到图书馆借书　在旅馆里开门　离不开）

2. 卡有什么好处？

　　（更安全　更方便　又轻又小）

3. 用卡有什么问题？

　　（机器　毛病　多花钱　卡奴）

4. 为什么说现代人已经离不开卡了？

　　（电脑和网络时代的通行证）

5. 怎样用卡才不会成为"卡奴"？

　　（有计划　需要）

九、阅读理解 *Reading comprehension*

卡

我特别喜欢用卡，只要可以用卡办的事，我就不用别的。

星期六上午，我用卡付了水费、电费。

中午我请朋友吃饭，用卡付了钱。

下午，我想用信用卡给妻子买一件3800元的上衣。售货员说："对不起，先生，您这卡上只有1800元，请您再交2000元现金。"我一分钱也没带，就到自动取款机去取钱，想不到机器出了毛病。我又去了附近的银行，输入密码的时候，几次都不对。银行的人像看坏人似的看着我：

"这张卡是您的吗?"

"当然是我的。"

"能看一下身份证吗?"

"我没带。"

"您的卡被银行收回了，请您拿身份证来取。"

我只好打的回家拿身份证，到门口，我让司机等着我。插进门卡，却忘了密码，试了几次都不对，气得我拿起一根木棒就砸门，门铃突然大声响了起来："抓坏人! 抓坏人! "我吓得往楼下跑。司机正在等着拿钱，看我拿着棒子出来，吓得他钱也不要了，开车就跑了。

（根据刘建超同名短文改写）

1. **判断正误** True or false

（1）"我"很喜欢用卡。　　　　　　　　　　　　　（　　）

（2）星期六这天"我"用了很多次卡。　　　　　　　（　　）

（3）"我"的信用卡里的钱很多。　　　　　　　　　（　　）

（4）"我"在取款机和银行都没取出钱来。　　　　　（　　）

（5）"我"的银行卡被银行收回了，因为没有钱了。　（　　）

（6）"我"进不了家门，因为没有卡。　　　　　　　（　　）

（7）"出"租车司机没要钱。　　　　　　　　　　　（　　）

2. **回答问题** Answer the following questions.

（1）"我"用信用卡的时候碰到了什么问题?

（2）"我"用门卡的时候碰到了什么问题?

十、说一说，写一写   *Speak and write*

先根据自己的情况回答问题，然后写一篇100字左右的小短文。

Answer the following questions according to your own circumstances, and then write a short passage of about 100 Chinese characters.

（1）你都有什么卡?

（2）你觉得用卡有什么好处?

（3）你担心成为"卡奴"吗?

（4）你用卡时遇到过什么麻烦事或有意思的事吗?

十一、走出课堂，拓展学习   *Extended exercises*

作一个信用卡使用情况的调查，对象不限。上课时报告调查结果。

Conduct a survey about the use of credit cards. Report your findings to the class.

调查提纲：A possible outline for your survey:

（1）您是否在使用信用卡?

　　　○是　　　　　　　　　○否

（2）您不使用信用卡的原因是什么？（可多选）

　　○ 不需要

　　○ 习惯使用现金

　　○ 担心使用信用卡花钱太多

　　○ 担心不安全

　　○ 对信用卡不了解

　　○ 手续费太高

　　○ 其他

（3）请问您平均每月刷卡消费（不包括取现金）多少钱？

（4）办了信用卡以后，您每月花钱增加了吗？

（5）您经常在哪些方面刷卡消费？（可多选）

　　○ 购物

　　○ 餐饮

　　○ 旅游

　　○ 网上付钱

（6）您使用信用卡有过不愉快的经历吗？

　　○ 有过　　　　　　○ 没有过

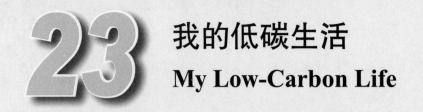

23 我的低碳生活
My Low-Carbon Life

题解
Introduction

　　什么是"低碳生活"？"我"过去因为"小气"被别人笑话，现在却因为"小气"变成了受人尊敬的人。

　　What is a low-carbon life? I was laughed at by others for being "stingy", but now I am respected for the same reason.

词语学习
Vocabulary

1	低碳	dītàn	*adj.*	low-carbon
2	铅笔	qiānbǐ	*n.*	pencil
3	省	shěng	*v.*	save; economize; be frugal
4	节约	jiéyuē	*v.*	economize; save
5	小气	xiǎoqì	*adj.*	petty; stingy
6	公交车	gōngjiāochē	*n.*	public transport vehicle; bus
7	节能灯	jiénéngdēng	*n.*	energy-saving light
8	用电量	yòngdiàn liàng		electricity consumption
9	使用	shǐyòng	*v.*	use
10	寿命	shòumìng	*n.*	life-span; life
11	倍	bèi	*m.*	times; -fold
12	电器	diànqì	*n.*	electrical appliance
13	不仅	bùjǐn	*conj.*	not only
14	拔	bá	*v.*	pull out; pull up
15	电源	diànyuán	*n.*	power supply; power source

16	自来水	zìláishuǐ	*n.*	running water; tap water
17	瓶装水	píngzhuāng shuǐ		bottled water
18	用来	yònglái	*v.*	be used for
19	浇	jiāo	*v.*	water; irrigate
20	水缸	shuǐgāng	*n.*	water vat
21	接	jiē	*v.*	collect; catch; take hold of
22	小看	xiǎokàn	*v.*	look down upon
23	宝贵	bǎoguì	*adj.*	valuable; precious
24	电梯	diàntī	*n.*	lift; elevator
25	一次性	yícìxìng	*adj.*	disposable; throwaway
26	通风	tōng fēng		ventilate
27	管	guǎn	*v.*	concern oneself with; bother about
28	闲事	xiánshì	*n.*	other people's business
29	连	lián	*adv.*	even
30	笑话	xiàohua	*v.*	laugh at; ridicule

走进课文
Text

我的低碳生活

　　小时候，因为家里穷，作业本的背面也要写字；铅笔用到短得都快拿不住了，虽然写起来不太舒服，但是却能给家里省一点儿钱。现在生活好了，可是我节约的习惯却怎么也改不了，就是因为太节约了，大家说我太"小气"。

　　邻居家都买了汽车，我们家却是一人一辆自

1. 小时候，"我"怎么用作业本？怎么用铅笔？为什么？

2. 现在"我"的什么变了？什么没变？

3. 为什么大家说"我"小气？

行车，能骑车就不坐公交车[1]，能坐公交车就不坐出租车。

我家的灯都是节能灯，节能灯的好处真不少，用电量是普通灯的五分之一，使用寿命却是普通灯的5-6倍。不用的电器，不仅要关机，还要拔下电源。衣服脏了，我都是用手洗，从来不用洗衣机洗。

家里人只喝自来水，不喝瓶装水。洗菜的水用来[2]浇花，洗衣服的水擦地、洗厕所。我家院子里放着一口大水缸，接雨水用来浇花。可别小看这口大缸，就是因为有了它，省了不少水。水是宝贵的，能省就省[3]。

在公司里我也同样"小气"。打印文件的时候，纸都是两面用；上下楼很少坐电梯；从来不用一次性筷子和纸杯；天气热了，就打开窗户通通风，少用空调。

我不但"小气"，还好"管闲事"。别人空调开得太低，我管；别人不关灯，我管；连别人洗手时水开得太大，我也管……

过去很多人怎么也不能理解我的做法，觉得我不会生活。现在那些原来笑话过我的人，也开始向我学习节约的方法了。

4. "我"的家人怎么出行？。
5. "我"家是怎么节约用电的？

6. "我"是怎么节约用水的？
7. 这里的"小气"为什么用了引号？
8. 在公司里"我"是怎么节约的？

9. "管闲事"为什么用了引号？
10. "我"都管什么"闲事"？
11. 本段最后为什么用了省略号？

12. 现在别人对"我"的看法和态度有什么改变？

---

1. 能骑车就不坐公交车："能V₁就不V₂"，意思是如果V₁是可能的，就不选择V₂。能V₁就不V₂: If V₁ is possible, then V₂ is not an option. 例如：我们能自己做，就不麻烦别人。/我们能坐火车，就不坐飞机。

2. 用来：说明某种事物的用途。"用来" is used to introduce the usage or function of a certain object. 例如：这种纸可以用来写毛笔字。/ 这些垃圾能用来发电。

3. 能省就省："能V就V"，意思是如果V是可能的，就尽量V。能V就V: If V is possible, then it should be done to the fullest extent. 例如：你还年轻，能学就学吧，别浪费时间。/ 我们的钱不多，能节约就节约吧。

综合注释
Comprehensive Notes

1. 写起来不太舒服

"V＋起来+评价"，从某种角度对人或事物加以评价。例如：

"V+起来+评价" means to assess a person or a thing from a particular point of view. For example,

人或事物	角度	评价
那件衣服	穿起来	很舒服。
那件事	说起来	容易，
	做起来	难。
汉字	学起来	很有意思。

有时，也可以把"V+起来"放到前面。例如：

Sometimes, "V+起来" can be placed in the beginning of a sentence. For example,

角度	人或事物	评价
看起来	这个菜	不太好吃。
听起来	这个主意	不错。

▶ 试一试：用合适的动词完成句子

Practice: Complete the following sentences with proper verbs.

（1）这种水果红红的，＿＿＿＿＿＿起来不错，可是＿＿＿＿＿＿起来并不甜。

（2）那件衣服挂在那儿挺好看，＿＿＿＿＿＿＿＿＿＿＿起来有点儿不舒服。

（3）他刚才说了他的计划，＿＿＿＿＿＿＿＿＿＿起来不错。

（4）那件事＿＿＿＿＿＿＿＿起来挺难，其实，＿＿＿＿＿＿起来并不难。

2. 我节约的习惯却怎么也改不了

"怎么也/都+V+不+结果"表示没有办法达到希望实现的结果。例如：

"怎么也/都+V+不+result" indicates that there is no way to achieve the desired result. For example,

① 我怎么也洗不掉衣服上的脏东西。

② 那本书我怎么也看不懂。

③ 这双鞋太小，我怎么都穿不进去。

▶ 试一试：模仿例子改写句子

Practice: Rewrite the sentences after the example.

例：他做得很认真，可就是做不好。

　　→ 他做得很认真，可怎么也做不好。

（1）我们努力地听，可就是听不懂。

　　→ ＿＿＿＿＿＿＿＿＿＿＿＿＿＿＿＿＿＿＿＿＿＿＿

（2）我看了，可就是看不见。

　　→ ＿＿＿＿＿＿＿＿＿＿＿＿＿＿＿＿＿＿＿＿＿＿＿

（3）他使劲儿跑，可就是跑不快。

　　→ ＿＿＿＿＿＿＿＿＿＿＿＿＿＿＿＿＿＿＿＿＿＿＿

（4）我的钥匙没了，我到处找，可就是找不到。

　　→ ＿＿＿＿＿＿＿＿＿＿＿＿＿＿＿＿＿＿＿＿＿＿＿

3. 分数和倍数的表达　*Fractions and multiples*

（1）分数　Fractions

　　　　　　　　　1/3　　　　2/5　　　　1/30　　　　3/45……

　　读做 Read as　三分之一　五分之二　三十分之一　四十五分之三……

（2）百分数　Percentages

　　　　　　　　　1%　　　　50%　　　　100%　　　　200%……

　　读做 Read as　百分之一　百分之五十　百分之百　百分之二百……

（3）倍数　Multiples

倍数有下列两种常用说法：There are two ways to express a multiple：

（1）A是B的~倍。例如：A is ~ times B. For example,

　　① 6是3的两倍。

　　② 50是5的十倍。

　　③ 4是2的两倍。

（2）A比B 多/大 ~倍。例如： A is ~ times more/bigger than B is. For example,

　　④ 10比5大/多一倍。

　　⑤ 9比3大/多两倍。

▶ 试一试：在括号里填上正确的数字

Practice: Fill in the blanks with the correct numbers.

（1）我们大学的外语系，男生25人，女生125人，女生是男生的（　　）倍。

（2）苹果的价格是每斤2元，葡萄的价格是每斤4元，苹果的价格是葡萄价格的（　　）分之（　　）。

（3）一所中学，40%是初中生，60%是高中生。全校一共有200名学生，初中生有
（　　）名，高中生有（　　）名。

4. 连别人洗手时水开得太大，我也管

"连……也/都……"表示强调。"连"后面往往是被强调的部分。例如：

"连……也/都……" is used for emphasis. The emphasized part is usually placed after "连". For example,

① 早上，我连饭也没吃就来上课了。

② 这么简单的问题，连小孩子都懂。

③ 连这么简单的汉字你都不认识？

试一试：用"连……都/也……"完成句子

Practice: Complete the sentences with "连……都/也……".

（1）这本书太难了，＿＿＿＿＿＿＿＿＿＿＿＿＿＿＿＿＿。

（2）我的家乡到处是果树，＿＿＿＿＿＿＿＿＿＿＿＿＿＿＿。

（3）他每天忙得＿＿＿＿＿＿＿＿＿＿＿＿＿＿＿＿。

（4）他说的是上海话，别说外国人了，＿＿＿＿＿＿＿＿＿＿＿＿＿。

课堂活动
In-Class Activity

两个人一组，模仿例子，根据提示的情境进行会话练习。

Work in pairs. Based on the given contexts, make dialogues after the example.

情境：在餐厅点菜　Context: Ordering food in a restaurant

例：A：我们吃什么？

B：这个菜看起来不错。

A：你吃过吗？

B：我连叫什么都不知道，哪儿吃过啊？

A：这个是菜名。

B：这几个汉字我好像学过，可是怎么想也想不起来了。

1. 情境：在教室里谈论提高听力的方法

Context: Discussing in the classroom about how to improve listening ability

A：我买了一个收音机，用来听中文广播。

B：＿＿＿＿＿＿＿＿＿＿＿＿＿＿＿怎么样？

A：不错。你也听中文广播吗?

B：我连_____没听过,我怕听不懂。

A：没关系,开始的时候,我怎么也_____,现在差不多能听懂百分之六七十了。

B：你的听力进步得真快,看起来听广播还真有好处。

2. 情境：A到B的宿舍找B

Context: A goes to see B in his/her dormitory

A：你去哪儿了? 我到处找你,怎么也_____。

B：对不起! 我去云南了。

A：这是你第三次去云南了吧? 我连一次_____过呢。云南怎么样?

B：太美了! 山好,水好,人也好。

A：听起来_____,放假以后,我也要去。

B：对了,你找我有什么事?

A：你连考试都忘了吗? 明天有HSK考试啊。

B：这么大的事,我怎么也不能_____啊,你看我今天不是回来了吗?

综合练习
Comprehensive Exercises

一、选词填空 *Choose the right words to fill in the blanks.*

"汽车"的"车"还可以组成"火车/公交车/自行车/出租车/私家车"等。试着选择合适的词填到括号里。

"车", as in "汽车", can also be found in other words like "火车 / 公交车 / 自行车 / 出租车 / 私家车", etc. Choose the proper words to fill in the blanks.

1. 坐(   )上班比开(   )好,又省钱又环保。

2. 我每天骑(   )去上学。

3. 从上海来的(   )晚点了。

4. 坐(   )太贵了,我们还是坐公交车吧。

二、把下面左边带有"笔"的词语和右边对词语的解释连线

Draw a line to match each word on the left with its definition on the right.

1. 笔试   a. 用写字的形式谈话

2. 毛笔   b. 用动物的毛做笔头的笔

3. 粉笔   c. 在黑板上写字的笔

4. 笔谈   d. 书面考试

三、选择课文中学过的下列词语填空

Fill in the blanks with the given words and expressions.

节约　好处　使用　不仅　用来　管　理解　笑话

1. 用节能灯有什么（　　　　）?

2. （　　　　）和"省"的意思差不多。

3. 我不知道这种电器的（　　　　）方法。

4. 我怎么也不能（　　　　）他的做法。

5. 他经常（　　　　）别人的发音不好，可是他自己发音也不太好。

6. 孩子不学习，玩儿电脑游戏，应该有人（　　　　）。

7. 他（　　　　）会汉语，还会日语。

8. 字典和词典不太一样，字典主要是（　　　　）查字的，词典主要是（　　　　）查词的。

四、选择意思相近的词语填空　*Choose a suitable word for each blank.*

1. 节约　省

（1）他是一个（　　　　）的人。

（2）用这种方法（　　　　）力又省油。

2. 使用　用来

（1）这些钱是（　　　　）买电脑的。

（2）奶奶不会（　　　　）电脑。

3. 改　变

（1）这个字写错了，请（　　　　）过来。

（2）来中国以后，我的很多方面都（　　　　）了。

4. 理解　懂

（1）他的话，我听不（　　　　）。

（2）谁也不能（　　　　）他的做法。

五、用指定词语改写句子

Rewrite the following sentences with the given words and expressions.

1.他说了参加考试，就一定会来。（不会不）

　　→ _____

2.应该说对不起的是我，不是你。（不是……，而是……）

　　→ _____

3.老师正在开会呢，别给他打电话了。（着）

　　→ _____

4.我们不得不说再见了，火车要开了。（该……了）

　　→ _____

六、用所给的词语和格式造句　　*Make sentences with the given words and patterns.*

例：看　懂　（怎么也V不……）

　　→ 那本书是外文的，我怎么也看不懂。

1. 说　　　清楚　（怎么也V不……）

　　→ _____

2. 洗　　　干净　（怎么都V不……）

　　→ _____

3. 一个字　　看　（连……也……）

　　→ _____

4. 新年　　　不休息　（连……都……）

　　→ _____

5. 听　　容易　　写　　太难　（V+起来）

　　→ _____

七、完成对话　　*Complete the dialogue.*

A：我们去吃北京烤鸭怎么样?

B：_____起来，这个主意不错。

A：菜上来了，_____起来很好吃。

B：不知道_____起来怎么样?

A：我听说，北京烤鸭_____起来很不容易。

B：你看到过现场做北京烤鸭吗?

A：有这种机会吗? 我连听都没_____过。

B：你看这个师傅切得多快，_____起来并不难。

A：很多事情都是_____起来容易，_____起来难。
起来难 。

八、根据课文内容完成对话　*Complete the dialogue according to the text.*

A：小时候，因为_____，我用作业本和铅笔都很省。

B：现在呢？

A：现在虽然生活好了，可是节约的习惯怎么也_____，就因为太节约
了，别人说我_____。

B：你都是怎么节约的？

A：我们家的人，如果能骑自行车，就不_____；能坐公交车，就
不_____。我家用的是节能灯；不用洗衣机洗衣服；喝自来水，不
喝_____；用洗菜水和雨水_____，用洗衣服的水擦地。

B：那你们家太省钱了。

A：我这样做不是为了省钱，而是为了节约能源，保护环境。我不仅在家里_____
_____，在公司里也很_____。

B：你在公司里怎么节约的？

A：打印纸_____，少坐电梯，不用_____筷子和纸杯，天
热了就开窗通通风，少用_____。

B：只有你一个人节约也没用。

A：所以我喜欢管_____，别人把空调_____，我管；别人
不关_____，我管；连别人洗手时_____，我也管。

B：这就是"低碳生活"啊！

九、阅读理解　*Reading comprehension*

对于我们普通人来说，低碳生活（low-carbon living）就是良好的生活习惯。下面的好
习惯你有吗？如果有，请打√；如果没有，请打×，看看你的生活是不是"低碳生活"。

（　　）（1）用手绢（shǒujuàn, handkerchief），少用纸巾；

（　　）（2）每张纸都要双面打印；

（　　）（3）随手关灯，电器不用时，要拔下电源；

（　　）（4）不坐电梯，爬楼梯，又省电，又锻炼身体；

（　　）（5）少用塑料（sùliào, plastic）袋，一个塑料袋两毛钱，但它的污染可能
　　　　　　　是两毛钱的100倍；

（　　）（6）少使用一次性牙刷、一次性水杯和一次性筷子；

（　　）（7）少吃肉，因为吃太多的肉食，对动物、对你自己和地球都没有好处；

（　　）（8）短时间不用电脑时，让电脑"睡眠"，可以节约1/2的用电量；

（　　）（9）多步行，骑自行车，坐公交车，少开车；

（　　）（10）少用传真机（chuánzhēnjī, fax），多用电子邮件、QQ、MSN等；

（　　）（11）垃圾分类；

（　　）（12）多种树。

回答问题　Answer the following questions.

（1）对于普通人来说，"低碳生活"是什么意思？

（2）你有几个√？几个×？你的生活是不是低碳生活？

（3）一次性用品都有什么？

（4）吃太多肉有什么坏处？

（5）让电脑睡眠比开着电脑能节约多少用电量？

（6）用传真机和用电子邮件哪个更好？

十、说一说，写一写　*Speak and write*

回答下列问题，然后根据问答写成100字左右的小短文。

Answer the following questions, and then write a short passage of about 100 Chinese characters.

（1）你开始"低碳生活"了吗？为什么？

（2）你有什么不太"低碳"的习惯？

（3）你有什么节约的好方法？请介绍一下。

十一、走出课堂，拓展学习　　*Extended exercises*

1. 上网查一查有关"低碳生活"的文章

   Find some articles about low-carbon living on the Internet.

2. 说一说哪些习惯不是"低碳生活"

   Give some examples of behaviors which are not low-carbon.

24 父子长城
Father, Son and the Great Wall

题解
Introduction

父子二人爬长城，从父亲拉着儿子的小手，领着儿子爬上烽火台，到儿子的大手拉住了父亲，保护了父亲。长城记录下了儿子成长的足迹。

A father and his son used to climb the Great Wall. At the beginning, it was the father who held the son's little hand, and led him to the top of the beacon tower; in a later incident, the son's large hand caught the father, and saved the father's life. The Great Wall recorded the footsteps of the growth of the son.

词语学习
Vocabulary

1	以来	yǐlái	*n.*	since
2	壶	hú	*n.*	kettle; bottle
3	迈	mài	*v.*	step; walk; stride
4	抓	zhuā	*v*	seize; grab; grasp
5	提	tí	*v.*	carry; lift
6	哪怕	nǎpà	*conj.*	no matter how; even if
7	男子汉	nánzǐhàn	*n.*	real man; man of honor
8	登	dēng	*v.*	ascend; climb
9	烽火台	fēnghuǒtái	*n.*	beacon tower
10	望	wàng	*v.*	look into the distance; look far ahead
11	眼前	yǎnqián	*n.*	before one's eyes
12	幼小	yòuxiǎo	*adj.*	young and little
13	隔	gé	*v.*	be at a distance from (in space or time)

14	段	duàn	*m.*	*used to indicate time or distance*
15	遍	biàn	*n.*	all over; everywhere
16	强壮	qiángzhuàng	*adj.*	strong
17	肩	jiān	*n.*	shoulder
18	懂事	dǒng shì	*adj.*	sensible; intelligent
19	信任	xìnrèn	*v.*	trust
20	运动会	yùndònghuì	*n.*	sporting event; sporting games
21	成绩	chéngjì	*n.*	result; achievement
22	不断	búduàn	*adv.*	continually
23	山顶	shāndǐng	*n.*	top of a mountain; hilltop
24	夕阳	xīyáng	*n.*	setting sun
25	沿着	yánzhe	*prep.*	along (a certain route)
26	差点儿	chàdiǎnr	*adv.*	nearly
27	多亏	duōkuī	*v.*	be lucky; thanks to
28	点	diǎn	*v.*	light; kindle; ignite
29	操心	cāo xīn	*v.*	concern about; worry about
30	搜集	sōují	*v.*	gather; collect
31	有关	yǒuguān	*v.*	relate to; be about
32	资料	zīliào	*n.*	information; data
33	优秀	yōuxiù	*adj.*	outstanding; excellent
34	决心	juéxīn	*v.*	resolve; determine
35	专业	zhuānyè	*n.*	special field of study; major

走进课文
Text

父子长城

十几年以来[1]，父亲坚持经常带着儿子爬长城。

第一次带儿子爬长城时，儿子才五岁。两壶水，几个水果，几个面包，就是他们爬长城时带的全部东西。当时儿子太小了，有时候，他小小的腿，还不能迈上长城那高高的台阶，父亲只好从后面抓住儿子的衣服，把他轻轻地提上去。一路上，哪怕儿子再累，父亲也不背他："带儿子来爬长城的目的，就是要把他锻炼成男子汉。既然来了，就要让他用自己的脚登上长城。"当父子俩终于站到了高高的烽火台上的时候，望着眼前高大的烽火台，看着身边幼小的儿子，父亲心里非常感动：这么小的孩子，能自己登上长城，真的很了不起！

1. 十几年以来，父亲坚持做什么？

2. 他们爬长城的时候都带着什么？

3. 当儿子爬不上去的时候，父亲怎么帮助他？儿子累了，父亲为什么不背他？

4. 当终于登上烽火台的时候，父亲在想什么？

---

1. ……以来：从过去的某个时间直到现在的一段时间。"以来"(ever since) refers to a period of time between a point in the past and now. 例如：三年以来，我一直在学习汉语。/ 大学毕业以来，我一直住在北京。

从此，每隔² 一段时间，父子俩就要爬一次长城。

开始的时候，他们坐火车去。后来，儿子能骑自行车了，他们就骑自行车去。从家里到最近的长城，也要骑六七个小时。十几年来，他们几乎爬遍³了北京附近的每一段长城。

儿子十六岁那年，父亲忽然发现，儿子的身体强壮了，个子跟自己一样高了，肩和自己一样宽了，也变得懂事了，可以信任了。在学校运动会上，儿子参加长跑比赛，取得了好成绩，学习也越来越努力了。爬长城使他学到了在学校里学不到的东西，使他懂得了，人生就像爬长城一样，想要取得好成绩，就要不断努力。

就在这一年，发生了一件难忘的事情。有一天，父子俩又去爬长城。当他们爬上高高的山顶时，已经是下午五六点钟了。夕阳下的长城，真是太美了！他们拍了许多照片，几乎忘记了时间。当他们沿着一条从来没走过的路下山时，天已经黑了。路越来越难走，父亲眼睛不好，差点儿⁴从山上掉下去，多亏⁵儿子手快，一把拉住了父亲。

5. 他们一开始怎么去长城？后来呢？
6. 他们都爬过哪几段长城？

7. 儿子十六岁的时候，都有哪些变化和进步？
8. 儿子的进步和爬长城有关系吗？为什么？

9. 当他们爬上山顶的时候，是什么时间？长城的风景怎么样？他们在山上都做了什么？
10. 下山的时候发生了什么事？儿子怎样保护了父亲？

---

2. (每) 隔：(每) 隔＋一段时间；(每) 隔＋一段距离。(每) 隔：at intervals. It can be used before a period of time or a certain distance. 例如：每隔90分钟，休息一次。/ 隔500米左右，有一个公共汽车站。

3. V+遍：动作涉及了某个范围内的所有的地方、所有的人或事物。"V+遍" indicates the action involves every place, everyone or everything within a certain area. 例如：他走遍了中国。/我吃遍了附近的餐馆。/我问遍了所有的人，大家都说不知道。

4. 差点儿：副词，也可以说成"差一点儿"。表示某种事情几乎实现却没有实现，或几乎不能实现而终于实现了。The adverb "差点儿" means "almost". Another way of saying it is "差一点儿". It indicates something almost took place yet didn't, or something hard to be realized was realized. 例如：今天堵车，我差点儿迟到了，多亏我换了地铁。/第一次来这个地方，我差一点儿迷了路。

5. 多亏：动词，表示由于某人的帮助而避免了不如意的事情，含有感谢和庆幸的意思。The verb "多亏" means "thanks to", indicating that an undesirable situation has been avoided due to someone's help. It embodies such meanings as gratitude and rejoice. 例如：这次多亏了你，我才买到了车票。/ 多亏你告诉我，要不我就忘了。

父亲想继续走，可是儿子想了想，说："我们就在这儿等到天亮吧，万一遇到什么危险呢。"这次，不是儿子听父亲的，而是父亲听了儿子的话。父子俩来到一条小河边，他们点起一堆火，父子俩背靠着背，等着天亮。儿子的背又强壮又温暖，父亲感到：儿子真的长大了。

从那以后，再去长城，就都交给儿子来安排了，用不着父亲操心了。

十几年以来，他们照了很多长城的照片，还搜集了很多有关长城的历史资料。现在儿子十八岁了，学习成绩很优秀，考上了大学。因为他决心要写一部有关长城的历史，所以他选择了历史专业。

（根据飞飞飞飞《父亲 儿子 长城》改写）

11. 这一次爬长城和以前有什么不同？

12. 儿子为什么选择学习历史专业？

综合注释
Comprehensive Notes

1. 哪怕儿子再累，父亲也不背他

"哪怕……也……"，用法和"即使……也……"基本相同，多用于口语。例如：

"哪怕……也……" (even though...) is fundamentally the same as "即使……也……", but more commonly used in oral Chinese. For example,

① 哪怕再远，我也要去。

② 哪怕只能看一眼，也很满足。

③ 哪怕所有的人都不参加，我也还是要参加。

▶ 试一试：根据提示完成句子

Practice: Complete the sentences using the expressions provided.

（1）哪怕星期天不休息，＿＿＿＿＿＿＿＿＿＿＿＿。（V+完）

（2）哪怕再便宜，再好看，如果没有用，＿＿＿＿＿＿＿＿＿。（买）

（3）＿＿＿＿＿＿＿＿＿＿＿，我也要换工作。（不同意）

2. 万一遇到什么危险呢

"万一"，副词，指可能性极小的不利情况，但有可能发生。例如：

The adverb "万一" means "in case", indicating that the adverse case may possibly happen, though the possibility is rather slim. For example,

① 万一下雨呢，我们还是带着伞吧。

② 万一你的钱花没了也没关系，我这儿有。

③ 我们还是检查一下吧，万一错了呢。

▶ 试一试：根据情境，选择上面例句中合适的句子完成对话

Practice: Based on the contexts, choose the proper sentences from the examples above to complete the dialogues.

（1）A：要是我的钱花没了怎么办呢？

B：_____

（2）A：终于做完了，可以交给老板了。

B：_____

（3）A：今天天气真好，爬山可以少带点儿东西了。

B：_____

3. 用不着父亲操心了

"用不着"，表示没有必要。后面可以跟动词短语或小句。例如：

"用不着" means "not necessary". It can be followed by a verbal phrase or clause. For example,

① 我住的地方离公司很近，每天走路上班，用不着坐车。

② 用不着问别人，上网一查就知道了。

③ 我们做就行了，用不着您动手。

▶ 试一试：根据语境，选择上面例句中合适的句子完成下面的对话

Practice: Based on the contexts, choose the proper sentences from the examples above to complete the dialogues.

（1）A：现在去法国的飞机票多少钱了？我们打电话问问吧。

B：_____

（2）A：我和你们一起干吧。

B：_____

（3）A：你每天开车上班吗？

B：_____

课堂活动
In-Class Activity

游戏：每人做一张卡片。正面写句子，背面写提示的词语或格式。一个同学读出手里卡片正面的句子，其他同学看着卡片背面的提示词语或格式，说出另一种说法。

Game: Each person makes a card. Write down a sentence on one side of the card and a suggestive word or pattern on the other. When one student reads out the sentence on his/her card, the rest of the class try to say it in another way using the word or pattern on the back of the card.

例：（正面）他很穷。我喜欢他。

　　（背面）哪怕再……也……

　　→哪怕他再穷，我也喜欢他。

参考内容：Sentences and words for your reference:

（1）（正面）他工作很累，但还是每天锻炼身体。

　　　（背面）哪怕再……也……

（2）（正面）还是带一点儿药吧，要是生病了，怎么办呢？

　　　（背面）万一

（3）（正面）我知道路，你不必担心。

　　　（背面）用不着

（4）（正面）到学校的公共汽车 15 分钟一辆。

　　　（背面）每隔

综合练习
Comprehensive Exercises

一、根据词义给"背""长""得"注音并朗读

Write the pinyin of "背", "长" and "得" in the following expressions, and then read aloud.

背：后背　背面　　背靠背　　　　　（　　　　）

　　背包　背东西　背不动　　　　　（　　　　）

长：长城　长江　　长跑　很长　　　（　　　　）

　　成长　长大　　长高　　　　　　（　　　　）

得：跑得快 说得好 跳得高   （   ）

时间不早了，我得走了。   （   ）

取得 得到 获得   （   ）

二、选择恰当的动词填空 *Fill in the blanks with the proper verbs.*

迈 提 登 望 搜集

1. 他在网上（   ）关于长城历史的资料。

2. 我最喜欢的运动是（   ）山。

3. 站在山顶能（   ）到远处的村庄。

4. 我的行李太重了，麻烦你帮我（   ）一下。

5. 台阶有点儿高，这个小孩儿（   ）不上去。

三、选择课文中学过的下列词语填空

Fill in the blanks with the given words and expressions.

信任 取得 懂得 不断 有关 优秀 决心 强壮

1. 今年他（   ）了很好的成绩。

2. 这孩子的身体越来越（   ）了。

3. 我正在搜集（   ）茶文化的材料。

4. 这儿的员工都很（   ），想进这个公司不太容易。

5. 我（   ）从现在起好好儿学习，一定要考上大学。

6. 公司最近（   ）地出现问题，不知道为什么。

7. 小时候不（   ）学习的重要，现在才知道。

8. 领导很（   ）他，因为他不但有能力，而且工作很认真。

四、选择意思相近的词语填空 *Choose a suitable word for each blank.*

1. 差不多 差点儿

（1）我今天（   ）迟到。

（2）他（   ）已经做完了。

2. 决心 决定

（1）我（   ）一定要考上最好的大学。

（2）我还没（   ）去不去留学呢。

3. 懂得 懂事

（1）他长大了，越来越（   ）了。

（2）我现在还不（   ）这句话的意思。

4. 不断　不停

（1）只有（　　　　）地努力，才能取得最好的成绩。

（2）小孩子（　　　　）地哭闹，怎么办？

五、根据提示完成对话　*Complete the dialogues using the expressions provided.*

1. A：明天就交作文了，你现在还没写呢，能写完吗？

　　B：_____。（哪怕……也……）

2. A：我听说学书法很难，你别学了。

　　B：_____。（哪怕……也……）

3. A：我们打车去吧，听说挺远的。

　　B：_____，坐地铁更方便。（用不着）

4. A：孩子发烧了，怎么办呢？我担心死了。

　　B：大夫说_____，吃点儿药就没事了。（用不着）

5. A：我们不用带那么多现金，带卡就行了，到处都有自动取款机。

　　B：_____呢？我们还是多带点儿现金吧。（万一）

6. A：用不着带药，我一个星期就回来了，不会生病的。

　　B：还是带点儿药吧，_____，怎么办呢？（万一）

六、判断下面的事情的结果　*What are the true outcomes of the following incidents?*

1. 我昨天差一点儿迷了路，要不是遇见了马克，我就回不来了。

　　问："我"迷路了吗？为什么？

　　答：_____，因为_____。

2. 他差一点儿就赶上飞机了，都怪路上堵车了。

　　问：他赶上飞机了吗？为什么？

　　答：_____，因为_____。

3. 我差一点儿忘了上课，要不是小李来找我，就糟糕了。

　　问："我"忘了上课了吗？为什么？

　　答：_____，因为_____。

4. 要不是老板信任他，这个经理，小王差一点儿就当不成了。

　　问：小王当上经理了吗？为什么？

　　答：_____，因为_____。

七、完成对话 *Complete the dialogues.*

1. A：马克在哪儿？

   B：不是＿＿＿＿＿＿＿＿＿＿＿＿＿，就是＿＿＿＿＿＿＿＿＿＿＿＿＿。

2. A：我怎么样才能提高汉语听说能力呢？

   B：只有多听多说，才能＿＿＿＿＿＿＿＿＿＿＿＿＿。

3. A：你想什么时候去旅行？

   B：只要一放假，我就＿＿＿＿＿＿＿＿＿＿＿＿＿。

4. A：我不喜欢自己的专业，怎么办呢？

   B：既然这样，你就＿＿＿＿＿＿＿＿＿＿＿＿＿。

5. A：我最近学习太忙了，不去开会可以吗？

   B：不管多忙，＿＿＿＿＿＿＿＿＿＿＿＿＿。

八、根据课文内容回答问题 *Answer the following questions according to the text.*

1. 父亲十几年来经常带儿子爬长城的目的是什么？

   （把……锻炼成）

2. 爬长城对儿子的成长有什么影响？这些影响都表现在哪些方面？

   （强壮　懂事　懂得）

3. 开始时是父亲带儿子爬长城，后来呢？

   （交给　用不着）

4. 父子俩在爬长城的时候还做了什么？

   （照　搜集　有关）

5. 儿子为什么选择了学习历史专业？

   （决心）

九、阅读理解 *Reading comprehension*

从中学到大学都没有的知识

大学就要毕业了，来上课的人不多。

老师在黑板上写下了"中学到大学"几个字，问："知道它的意思吗？"

学生们笑起来。老师又写了"都没有的知识"几个字，问："谁来念一下？"

没有人愿意当"小学生"。老师只好自己念："中学到大学都没有的知识。"

老师又在前边加了一个"从"字，有个学生小声念："从中学到大学都没有的知
识。"老师立刻指着他："请你朗读一下这句话。"

那个学生有点儿不好意思，念道："从中学/到大学/都没有的/知识。"

同学们大笑起来。

老师问："他念得对吗？"没人回答。

老师又问："没有别的读法吗？"

这时有人问："他念得不对吗？"

老师回答："只对了一半！"台下立刻安静了。老师开始念："从中/学到/大学都没有的/知识！"

老师说："毕业以前，我想告诉大家，社会是个大课堂，在那里，有你们'从中学/到大学/都没有的/知识'，而你们又必须'从中/学到/大学都没有的/知识'。"

教室里响起一片掌声。

（根据博客浙江（blog.zj.com）同名文章改写）

1. 判断正误　True or false

（1）老师觉得同学们没有知识。　　　　　　　　（　　）

（2）学生们不想读老师写的句子，是因为太简单。（　　）

（3）老师觉得那个学生完全读错了。　　　　　　（　　）

（4）老师说这句话有两种读法。　　　　　　　　（　　）

2. 回答问题　Answer the following questions.

（1）为什么来上课的人不多？

（2）老师在黑板上写下了一句什么话？

（3）这个句子有哪两种读法？你能读一下并说明它们的意思吗？

十、说一说，写一写　*Speak and write*

先根据自己的情况回答问题，然后选择喜欢的话题，写一篇100字左右的小短文。

Answer the following questions according to your own circumstances, and then write a short passage of about 100 Chinese characters about one topic you like.

（1）你小的时候，经常和父母一起出去旅行（包括短途的和长途的）？有什么难忘的故事吗？

（2）长大以后，你自己都去过哪些地方旅行？什么地方印象最深？

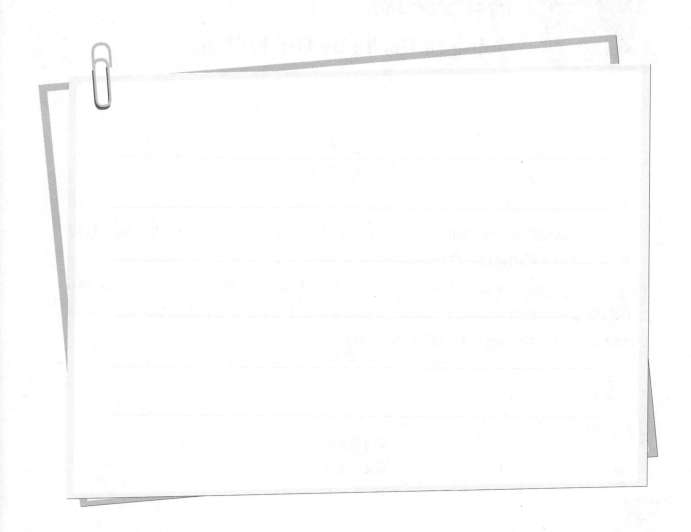

十一、走出课堂，拓展学习　*Extended exercises*

　　采访几个不同国家的人，也可以上网查资料，搜集各个国家有关旅行的名言名句，越多越好，然后翻译成汉语，上课时互相交流一下。

Interview a few people from different countries, or do a research on the Internet. Find out as many sayings or proverbs about traveling used in different countries as possible. Translate them into Chinese. Then exchange your findings in class.

例：

　　（1）读万卷书，行万里路。（中国）

　　（2）不到长城非好汉。（中国）

　　（3）让好孩子去远行吧。（日本）

　　······

25 搭车去柏林
Going to Berlin by Hitchhiking

题解
Introduction

从北京到柏林，坐飞机只需要十几个小时，可这两个北京小伙子却一定要搭便车去，目的是到柏林送一件特别的情人节礼物。

It takes only a dozen hours to travel from Beijing to Berlin by plane, but the two Beijing young men insisted on going to Berlin by hitchhiking, and their purpose was to take a special Valentine's Day gift to someone there.

词语学习
Vocabulary

01

1	搭车	dā chē	v.	hitchhike; get a ride
2	招手	zhāo shǒu	v.	move one's hand as a signal; beckon; wave
3	穿越	chuānyuè	v.	pass through
4	行程	xíngchéng	n.	distance of travel
5	公里	gōnglǐ	m.	kilometer
6	目的	mùdì	n.	purpose; aim
7	竟然	jìngrán	adv.	unexpectedly; to one's surprise
8	年底	niándǐ	n.	end of the year
9	舍不得	shěbude	v.	be loath to part with or give up
10	便车	biànchē	n.	car in which one may have a free ride
11	由	yóu	prep.	by (sb.)
12	摄像机	shèxiàngjī	n.	video camera
13	拍	pāi	v.	shoot (a movie)

14	旅途	lǚtú	*n.*	journey; trip
15	说服	shuōfú	*v.*	persuade
16	签证官	qiānzhèngguān	*n.*	visa officer
17	签证	qiānzhèng	*n.*	visa
18	拒绝	jùjué	*v.*	refuse; turn down
19	想象	xiǎngxiàng	*v./n.*	imagine; imagination
20	像	xiàng	*n.*	portrait; photo
21	打火机	dǎhuǒjī	*n.*	lighter
22	浪漫	làngmàn	*adj.*	romantic
23	边界	biānjiè	*n.*	border; boundary
24	落山	luòshān	*v.*	(the sun) goes down
25	中央	zhōngyāng	*n.*	center
26	拥抱	yōngbào	*v.*	embrace; hug
27	亲吻	qīnwěn	*v.*	kiss
28	漫长	màncháng	*adj.*	endless; long

专名 Proper Names

1	柏林	Bólín	Berlin
2	俄语	Éyǔ	Russian (language)
3	土耳其	Tǔ'ěrqí	Turkey
4	乌兹别克斯坦	Wūzībiékèsītǎn	Uzbekistan
5	毛泽东	Máo Zédōng	Mao Zedong
6	捷克	Jiékè	Czech

走进课文
Text

搭车去柏林

两个北京小伙子用招手搭车的方式，从北京

来到了柏林。他们一共穿越了13个国家，搭车88次，走了3个半月，行程1.6万多公里。他们的目的竟然是要送给其中一个人的女朋友一件特别的情人节礼物。

我一定会去柏林看你

2008年底[1]，德国姑娘伊卡要离开北京回老家柏林了。她最舍不得[2]的人是男朋友谷岳。告别的时候，谷岳说："我一定会去柏林看你的，等着我！"

从北京到柏林，坐飞机只需要十几个小时，可是谷岳说的"去"，却是搭便车去。朋友刘畅愿意陪他一起去，一路上由刘畅用摄像机拍下这次旅途的故事。

说服了十二个国家的签证官

最难办的是签证。他们要一次又一次地去十二个国家的大使馆说明自己的理由，每个大使馆都要去上许多次。终于，在半年后，签证办好了。签证一下来，他们就带着简单的行李和摄像机上路了。

曾经被1000多位司机拒绝

搭车并不像想象的那么容易，从北京到柏

---

1. 年底：一年的最后的一段时间，也叫"年末"，但"周"只有"周末"一种说法。
   "年底"，meaning "end of the year", can also be called "年末". The end of a month is called "月底"or "月末", but the end of a week can only be referred to as "周末".

2. 舍不得：不忍分离。可带名词、动词做宾语。"舍不得" means "to be reluctant or cannot bear to be separated from". Its object can be a noun or a verb. 例如：明天就离开中国了，我真舍不得这里的朋友。/大家在一起这么久了，舍不得分手。

林，这两个中国小伙子曾经被1000多位司机拒绝过。汽车一辆接一辆³地开过去，却没有人愿意让他们搭车。最长的一次，从第一天早晨，到第二天天黑下来了，才有一个好心人让他们搭车，他们在路边整整等了两天。

两个人都会说英语，却不会说俄语。谷岳在北京就请人用俄语写了四张卡片："我们俩要从中国搭便车一路到德国。""如果方便的话，能带我们一段吗？""不好意思⁴，我们可能没有钱给您，但是有香烟和微笑。""非常感谢您！"

11. 他们不会说俄语怎么办？卡片上的四个句子是什么意思？请用中文说一下。

遇到了很多有意思的人和事

在土耳其，他们遇到了一个热情的开车人，不仅半夜带着他们参观城市，竟然还帮助他们找宾馆。"我们没有钱，想找便宜的地方住。"那个人却说："你们坐了我的车，就是我的客人，宾馆钱我已经付了。"

在乌兹别克斯坦，当他们把一个有毛泽东像的打火机送给一个老人时，他竟然用标准的汉语说出"毛泽东"三个字。

12. 在土耳其他们遇到一个什么样的人？那个人怎样帮助了他们？
13. 他们送给那个乌兹别克斯坦的老人一件什么礼物？老人说了什么？

最浪漫的礼物

在德国和捷克边界，谷岳和刘畅搭上了去德国的最后一辆车。在去往柏林的路上，谷岳很激动："这三个月来，我每天都朝着太阳落山的方

---

3. 一辆接一辆："一M接一M"表示连续不断地。使用中，量词可随着语境变化。"一M接一M" means "continuously" or "one after another". The measure word changes with the context. 例如：同学们一个接一个地走进去口试。

4. 不好意思：在这里是"对不起"的意思。"不好意思" means "sorry" here.

向走，因为太阳落山的方向就是柏林，伊卡在那儿等着我。"

在柏林的街道中央，谷岳和伊卡拥抱在一起亲吻，两个人一激动，也不管刘畅就在身边了。刘畅拍摄下了这感人的画面。经过了漫长⁵的旅途，谷岳把一份最浪漫的情人节礼物送给了伊卡。

（选自重庆晚报网）

14. 他们为什么每天朝着太阳落山的方向走？
15. 谷岳送给伊卡的情人节礼物是什么？

综合注释
Comprehensive Notes

1. 他们的目的竟然是要送给其中一个人的女朋友一件特别的情人节礼物

"竟然"，副词。表示出乎意料，想不到。例如：

The adverb "竟然" indicates something happened beyond imagination or expectation. For example,

① 我真马虎，考试的时候竟然忘了写名字。
② 我担心他反对，他竟然同意了。
③ 这么厚的书，你竟然一天就看完了！

试一试：用"竟然"改写句子

Practice: Rewrite the following sentences with "竟然".

例：什么？你一点儿也听不懂？你不是学过一年汉语了吗？

→什么？你竟然一点儿听不懂？你不是学过一年汉语了吗？

（1）我担心他不会来了，他却早早就来了。

→＿＿＿＿＿＿＿＿＿＿＿＿＿＿＿＿＿

（2）我到处找你，想不到在这儿遇见了你。

→＿＿＿＿＿＿＿＿＿＿＿＿＿＿＿＿＿

_____

5. 漫长：长到看不到尽头。可以用来形容时间或路程。 "漫长" means that something is so long as if it is endless. It can be used to describe either time or a route of travel. 例如：十年的等待，我觉得太漫长了。/一万多公里漫长的旅程，我终于走完了。

（3）开运动会的那天，没想到下起了大雨，运动会只好延期。

→_____

2. 一路上由刘畅用摄像机拍下这次旅途的故事

"由＋N（＋来）＋V（＋O）"，表示N来承担V。例如：

"由＋N（＋来）＋V（＋O）" indicates N undertakes V. For example,

① 今天的电影票由我买。（我买）

② 订餐的事由小王负责。（小王负责）

③ 你觉得这个工作由谁负责合适？（谁负责）

试一试：根据语境，选择上面例句中合适的句子完成对话

Practice: Based on the contexts, choose the proper sentences from the examples above to complete the dialogues.

（1）A：_____?

B：我看小刘做事挺认真的，让他负责吧。

（2）A：_____。

B：别客气，谁买都一样。

（3）A：明天会议订餐的事怎么办?

B：_____。

3. 天黑下来了

"Adj＋下来"，表示某种状态开始出现并继续发展。变化多是由动到静，由高到低，由明到暗，由紧到松等。例如：

"Adj＋下来" indicates that a certain status has started to emerge and continues to develop (from active to quiet, from high to low, from bright to dim, or from tight to loose, etc). For example,

① 吵完架以后，我的心情慢慢平静下来了，开始觉得后悔了。

② 到了半夜，外面才能安静下来。

③ 考试结束了，紧张的心情终于放松下来了。

试一试：根据语境，选择上面例句中合适的句子完成对话

Practice: Based on the contexts, choose the proper sentences from the examples above to complete the dialogues.

（1）A：你现在还紧张吗?

B：现在好多了，_____

（2）A：你现在住的地方怎么样？夜里安静吗？

　　　　B：白天有点儿吵，＿＿＿＿＿＿＿＿＿＿＿＿＿＿＿＿＿

（3）A：昨天你们俩都那么生气，现在怎么样？

　　　　B：＿＿＿＿＿＿＿＿＿＿＿＿＿＿＿＿＿＿＿＿＿＿＿＿＿

4. 两个人<u>一</u>激动，也不管刘畅就在身边了

"一+ V/Adj，……"，表示很短的动作或情绪出现以后，接着出现了后面的结果。例如：

"一+ V/Adj，……" indicates that a result emerges right after a very short action or feeling. For example,

① 我一说，你肯定愿意。

② 小王一紧张，脸都红了。

③ 他一高兴，想说什么都忘了。

▶ 试一试：用"一+ V/Adj"完成句子

Practice: Complete the following sentences with "一+ V/Adj".

（1）＿＿＿＿＿＿＿＿＿＿＿＿＿＿＿，病果然见好。

（2）＿＿＿＿＿＿＿＿＿＿＿＿＿＿＿，你肯定愿意。

（3）我一想，＿＿＿＿＿＿＿＿＿＿＿＿＿＿＿。

（4）那天考试，我一马虎，＿＿＿＿＿＿＿＿＿＿＿＿＿＿＿。

课堂活动
In-Class Activity

两个人一组，表演搭便车。搭车人向开车人说明自己的理由，开车人可以表示同意或拒绝，拒绝要说明理由。

Work in pairs to role play hitchhiking. The hitchhiker should explain to the driver his/her reasons, and the driver can decide whether the hitchhiker will be accepted. The driver should give his/her reasons if he/she doesn't agree to give a ride.

参考问题：Questions for your reference:

（1）为什么要搭车？有什么特别的理由吗？

（2）搭车去哪里？去做什么？

（3）用什么方式表示感谢？

（4）拒绝别人搭车的理由是什么？

综合练习
Comprehensive Exercises

一、选词填空 *Choose the right words to fill in the blanks.*

　　"宾馆"的"馆"还可以组成"图书馆／旅馆／游泳馆／展览馆"等。试着选择合适的词填到括号里。

　　"馆", as in "宾馆", can also be found in other words like "图书馆／旅馆／游泳馆／展览馆", etc. Choose the proper words to fill in the blanks.

1.（　　　）有一个世界名画展。

2. 他上午去（　　　）借书了。

3. 这个（　　　）已经住满了。

4. 今天（　　　）的水有点儿凉。

二、把下面左边带有"说"的词语和右边对词语的解释连线

Draw a line to match each word on the left with its definition on the right.

1. 说明　　　　　　a. 说假话

2. 说服　　　　　　b. 意见，看法，解释

3. 说法　　　　　　c. 说明理由，让对方接受自己的看法

4. 说谎　　　　　　d. 解释清楚

三、选择课文中学过的下列词语填空

Fill in the blanks with the given words and expressions.

　　目的　竟然　舍不得　旅途　说服　曾经　拒绝　激动

1. 两个人好几年没见面了，见面时很（　　　）。

2. 我和同屋分手时，互相都（　　　）。

3. 他只学了一年汉语，想不到（　　　）能用汉语工作了。

4. 我来这里的（　　　）除了学习，还想找工作。

5. 他（　　　）帮助我们，我们（　　　）不了他。

6. 十年前，我（　　　）来过这里。

7. 祝你（　　　）愉快！

四、选择意思相近的词语填空 *Choose a suitable word for each blank.*

1. 一个星期的工作结束了，好好儿放松一下，周（　　　）去哪儿玩儿？（底　末）

2. 屋子已经好长时间没住人了，（　　　）脏了。（竟然　当然）

3. 这段录像（　　　）得真不错。（拍　照）

4. 漫长的旅程终于走完了，两个人（　　　　）得哭了。（激动　感动）

5. 小说很（　　　　），一天看不完。（漫长　长）

五、根据提示完成句子　*Complete the sentences using the expressions provided.*

1. 他的汉语说得那么好，想不到＿＿＿＿＿＿＿＿＿＿＿。（竟然　只）

2. 开始时＿＿＿＿＿＿＿＿＿＿，不过现在都解决了。（一个接一个）

3. 孩子不哭了，屋子里＿＿＿＿＿＿＿＿＿＿了。（下来）

4. 今天＿＿＿＿＿＿＿＿＿＿，你们就等着吃吧。（由　做）

5. 真＿＿＿＿＿＿＿＿＿＿，这儿的风景太美了！（舍不得　离开）

六、选择合适的词语填空　*Fill in the blanks with the proper words.*

1.　先　然后　由　一　就　好

西红柿炒鸡蛋是中国的一道家常菜，它好看，好吃，做起来还特别快。我的中国朋友是这样做的：（　　　）把油放在锅里，油热了放鸡蛋，鸡蛋炒（　　　）了，拿出来，放在一个盘子里，（　　　）炒西红柿，再放炒好的鸡蛋，最后还要放些盐和糖。我每次（　　　）想起西红柿炒鸡蛋，（　　　）想到中国，因为这道菜太有中国特色了。怎么样？简单吧？今天这道菜就（　　　）你来做了。

2.　一个接一个　一支接一支　当然　漫长　浪漫　朝

他是我在学校的一次舞会上认识的，那次舞会我永远也忘不了。舞会已经开始半天了，女同学们（　　　）地被请去跳舞，只有我一个人坐在那儿——因为我不会跳舞。舞会并不像我想象的那么（　　　）。舞曲（　　　）地放着，只有我一个人还坐着，我觉得时间变得很（　　　），心想以后我一定要学会跳舞！我正要走的时候，他（　　　）我走来了，（　　　），他是来请我跳舞的。后来，我弄脏了他的鞋，再后来，我们成了好朋友。

七、情境表达　*Expression based on the specific situation*

1. 下面的句子在什么情况下可以说？

When do you use the following sentences?

（1）如果方便的话，能搭我一段吗？

（2）今天的饭由我来付钱吧。

（3）我一定去，等着我。

2. 下面的情境下该怎么说？

What would you say in the following situations?

（1）你要搭便车，你怎么告诉对方你不能给他钱？（不好意思）

（2）你因为太着急，忘了带钱包，你想跟朋友借钱，你该怎么说？

（——……　能不能……）

（3）毕业了，大家都要回国了，你不想离开朋友们，你该怎么表达？（舍不得）

八、根据课文内容，用提示的词语完成对话

Complete the dialogues with the given words and expressions according to the text.

1. A：你们为什么选择搭车的方式去柏林？

　　B：＿＿＿＿＿＿＿＿＿＿＿＿＿＿＿＿＿＿＿＿＿＿＿。（特别的情人节礼物）

2. A：＿＿＿＿＿＿＿＿＿＿＿＿＿＿＿＿＿＿＿＿＿＿＿。（多长时间）

　　B：我们在路上走了三个多月。

3. A：从北京到柏林旅程有多长？

　　B：＿＿＿＿＿＿＿＿＿＿＿＿＿＿＿＿＿＿＿＿＿＿＿。（公里　漫长）

4. A：搭便车容易吗？

　　B：＿＿＿＿＿＿＿＿＿＿＿＿＿＿＿＿＿＿＿＿＿＿＿。（不像想象的）

5. A：最长的一次，你们等了多长时间？

　　B：＿＿＿＿＿＿＿＿＿＿＿＿＿＿＿＿＿＿＿＿＿＿＿。（整整）

6. A：你们经常被拒绝吧？

　　B：是啊，＿＿＿＿＿＿＿＿＿＿＿＿＿＿＿＿＿＿＿＿。（一千多位）

7. A：这么漫长的路，是什么力量使你坚持走到底的？

　　B：是啊，太漫长了。可是＿＿＿＿＿＿＿＿＿＿＿＿＿＿＿＿。（等）

九、阅读理解　***Reading comprehension***

读万卷书，行万里路

　　儿子终于从西藏（Xīzàng，Tibet）回来了，妈妈又心疼又高兴，心疼的是儿子又黑又瘦，高兴的是儿子平安回来了，现在自己可以放心地睡觉了。

　　这一次儿子是骑自行车去西藏的，整整四个月的时间，妈妈一直在为他担心。每天只有接到电话，妈妈才能放心，如果一天没接到电话，就急得睡不着觉。朋友问她："你既然这么不放心，为什么还让他去呢？"妈妈说："孩子长大了，有自己的兴趣和理想，我怎么能不同意呢？再说，他一边锻炼身体，一边宣传环保，是大好事啊！只有'读万卷书，行万里路'，才能长成男子汉啊！"

　　儿子回来了，虽然又黑又瘦，但是更强壮，更懂事了。走的时候还是个大男孩儿，短短的四个月就真的变成男子汉了。

　　儿子一边给父母和朋友看自己拍的照片，一边讲述着自己一路的见闻。照片上的风景太美了，儿子的经历也太有意思了！下次儿子远行的时候，就不会是一个人了，许多人都决定跟他一起去。

1. 判断正误　True or false

（1）儿子是在四个月以前骑自行车去的西藏。　　　　　　　（　　　）

（2）妈妈因为担心，坚决不让他去。　　　　　　　　　　　（　　　）

（3）妈妈认为只有读万卷书很重要。　　　　　　　　　　　（　　　）

（4）儿子骑车去西藏的目的是一边锻炼身体，一边宣传环保。（　　　）

（5）儿子给大家看自己拍的照片，讲自己在路上的见闻。　　（　　　）

（6）儿子还打算骑自行车去旅行，他的两个朋友决定和他一起去。（　　　）

2. 回答问题　Answer the following questions.

（1）儿子骑自行车去西藏，妈妈为什么担心？又为什么不反对呢？

（2）儿子骑自行车游西藏前后有什么变化和收获？

（3）你怎么理解"读万卷书，行万里路"？

十、说一说，写一写　***Speak and write***

先根据自己的情况回答问题，然后选择一个话题，写一篇100字左右的小短文。

Answer the following questions according to your own circumstances, and then write a short passage of about 100 Chinese characters on either of the topics.

（1）你喜欢什么样的旅行方式？

（2）你最难忘的一次旅行是去哪儿？是怎么去的？旅途中发生了什么事情？

十一、走出课堂，拓展学习 *Extended exercises*

1. 上网查找 Do a research on the Internet.

（1）谷岳和刘畅万里搭车去柏林的视频。Find the videos about Gu Yue and Liu Chang going to Berlin.

（2）媒体对他们的有关采访。Find the media interviews of them.

2. 在世界地图上画出谷岳和刘畅的行走路线，并写出他们路上所经过的12个国家的名字。Mark the route of Gu Yue and Liu Chang on a world map, and write down the names of the 12 countries they passed through.

语言点小结（五）
Summary of the Grammar Points (V)

概数 Approximate numbers

1. 用"几"表示概数

   Using the character "几" to indicate an approximate number

   今天只来了几个人。

   我们坐了十几个小时的火车。

2. 用"多"表示概数

   Using the character "多" to indicate an approximate number

   他走了半个多小时。

   他们班有二十多个人。

3. 用两个相邻的数表示概数

   Using two adjacent numbers to indicate an approximate number

   还有两三个星期我们就该放假了。

   看样子，他有二十七八岁。

4. 用"左右"表示概数

   Using "左右" to indicate an approximate number

   他身高有一米八左右。

   我认识的汉字有500个左右。

5. 用"来"表示概数

   Using the character "来" to indicate an approximate number

   我们去上海玩儿了十来天。

   那个城市有一千来万人口。

词语总表
Vocabulary

A	矮	ǎi	*adj.*	8		必须	bìxū	*adv.*	14
	爱情	àiqíng	*n.*	8		毕业	bìyè	*v.*	2
	爱惜	àixī	*v.*	16		闭	bì	*v.*	8
	安静	ānjìng	*adj.*	11		边界	biānjiè	*n.*	25
	安全	ānquán	*adj.*	22		编	biān	*v.*	11
	安慰	ānwèi	*v.*	15		编	biān	*v.*	18
B	巴掌	bāzhang	*n.*	7		便车	biànchē	*n.*	25
	拔	bá	*v.*	23		变成	biànchéng	*v.*	11
	百分之……	bǎifēnzhī		22		遍	biàn	*n.*	24
	摆	bǎi	*v.*	2		表示	biǎoshì	*v.*	9
	班主任	bānzhǔrèn	*n.*	9		并	bìng	*adv.*	8
	搬	bān	*v.*	6		并且	bìngqiě	*conj.*	13
	半天	bàntiān	*n.*	21		病毒	bìngdú	*n.*	2
	帮忙	bāng máng	*v.*	21		拨	bō	*v.*	16
	棒	bàng	*adj.*	15		不必	búbì	*adv.*	22
	包裹	bāoguǒ	*n.*	19		不但	búdàn	*conj.*	4
	宝贵	bǎoguì	*adj.*	23		不断	búduàn	*adv.*	24
	保持	bǎochí	*v.*	19		不过	búguò	*conj.*	2
	保存	bǎocún	*v.*	19		不再	búzài	*adv.*	17
	保护	bǎohù	*v.*	2		不得了	bù déliǎo		5
	抱	bào	*v.*	15		不管	bùguǎn	*conj.*	21
	背	bēi	*v.*	21		不好意思	bù hǎoyìsi		1
	北上	běishàng	*v.*	15		不仅	bùjǐn	*conj.*	23
	背面	bèimiàn	*n.*	13		不满	bùmǎn	*v.*	16
	倍	bèi	*m.*	23		不如	bùrú	*v.*	9
	被	bèi	*prep.*	14		不时	bùshí	*adv.*	18
	被子	bèizi	*n.*	12		不知不觉	bù zhī bù jué	*adm.*	17
	比	bǐ	*prep.*	8		部	bù	*m.*	18
	比赛	bǐsài	*n.*	15	**C**	擦	cā	*v.*	20
	笔友	bǐyǒu	*n.*	19		猜	cāi	*v.*	13

291

操心	cāo xīn	*v.*	24		打听	dǎting	*v.*	8
曾经	céngjīng	*adv.*	19		打印	dǎyìn	*v.*	10
插	chā	*v.*	22		打招呼	dǎ zhāohu		1
差不多	chàbuduō	*adv.*	13		代替	dàitì	*v.*	22
差点儿	chàdiǎnr	*adv.*	24		带领	dàilǐng	*v.*	21
朝	cháo	*prep.*	17		袋	dài	*n.*	2
炒	chǎo	*v.*	6		当	dāng	*v.*	16
车牌号	chēpáihào	*n.*	14		当时	dāngshí	*n.*	16
成功	chénggōng	*n.*	16		挡	dǎng	*v.*	21
成绩	chéngjì	*n.*	24		导游	dǎoyóu	*n.*	4
成为	chéngwéi	*v.*	22		到底	dàodǐ	*adv.*	17
成语	chéngyǔ	*n.*	1		到底	dàodǐ	*v.*	21
乘	chéng	*v.*	16		道理	dàolǐ	*n.*	4
吃惊	chī jīng	*v.*	5		得	dé	*v.*	7
吃力	chīlì	*adj.*	19		登	dēng	*v.*	24
迟到	chídào	*v.*	1		低碳	dītàn	*adj.*	23
冲	chōng	*v.*	7		地点	dìdiǎn	*n.*	17
出息	chūxi	*n.*	4		地图	dìtú	*n.*	7
出现	chūxiàn	*v.*	8		地址	dìzhǐ	*n.*	19
初恋	chūliàn	*n.*	8		点	diǎn	*n.*	11
除了	chúle	*prep.*	13		点	diǎn	*v.*	24
厨师	chúshī	*n.*	4		点头	diǎn tóu	*v.*	18
穿越	chuānyuè	*v.*	25		电冰箱	diànbīngxiāng	*n.*	10
春夏秋冬	chūn xià qiū dōng		21		电器	diànqì	*n.*	23
从此	cóngcǐ	*adv.*	11		电梯	diàntī	*n.*	23
从来	cónglái	*adv.*	2		电源	diànyuán	*n.*	23
从前	cóngqián	*n.*	10		电子邮箱	diànzǐ yóuxiāng		6
匆忙	cōngmáng	*adj.*	14		掉	diào	*v.*	12
聪明	cōngming	*adj.*	6		订	dìng	*v.*	22
寸	cùn	*m.*	12		丢	diū	*v.*	14
D 搭车	dā chē	*v.*	25		懂得	dǒngde	*v.*	20
答案	dá'àn	*n.*	13		懂事	dǒng shì	*adj.*	24
打的	dǎ dī		14		豆浆	dòujiāng	*n.*	5
打火机	dǎhuǒjī	*n.*	25		堵车	dǔ chē	*v.*	16

段	duàn	*m.*	24		赶紧	gǎnjǐn	*adv.*	3
堆	duī	*m./ v.*	2		敢	gǎn	*v.*	7
对话	duìhuà	*n.*	1		感到	gǎndào	*v.*	17
多亏	duōkuī	*v.*	24		感动	gǎndòng	*v.*	21
朵	duǒ	*m.*	11		感激	gǎnjī	*v.*	20
E 额头	étóu	*n.*	9		感谢	gǎnxiè	*v.*	1
而	ér	*conj.*	1		刚刚	gānggāng	*adv.*	8
而且	érqiě	*conj.*	4		高考	gāokǎo	*n.*	9
耳朵	ěrduo	*n.*	9		告别	gàobié	*v.*	8
F 发	fā	*v.*	6		鸽子	gēzi	*n.*	15
发	fā	*v.*	9		隔	gé	*v.*	24
发抖	fādǒu	*v.*	12		各种各样	gè zhǒng gè yàng		10
发生	fāshēng	*v.*	3		公公	gōnggong	*n.*	5
翻	fān	*v.*	21		公交车	gōngjiāochē	*n.*	23
饭菜	fàncài	*n.*	5		公里	gōnglǐ	*m.*	25
访问	fǎngwèn	*v.*	16		恭喜	gōngxǐ	*v.*	2
放	fàng	*v.*	18		功夫	gōngfu	*n.*	4
放弃	fàngqì	*v.*	16		姑娘	gūniang	*n.*	3
放心	fàng xīn	*v.*	6		孤零零	gūlínglíng	*adj.*	17
飞落	fēiluò		15		顾客	gùkè	*n.*	3
飞吻	fēiwěn	*n.*	8		挂	guà	*v.*	2
废纸	fèizhǐ	*n.*	2		关系	guānxì	*n.*	2
粉色	fěnsè	*n.*	19		观众	guānzhòng	*n.*	18
风俗	fēngsú	*n.*	1		管	guǎn	*v.*	23
封	fēng	*m.*	13		惯	guàn	*v.*	6
烽火台	fēnghuǒtái	*n.*	24		广场	guǎngchǎng	*n.*	17
夫人	fūrén	*n.*	20		柜台	guìtái	*n.*	12
父亲	fùqin	*n.*	13		果然	guǒrán	*adv.*	14
父子	fùzǐ	*n.*	15		**H** 害怕	hàipà	*v.*	2
妇女	fùnǚ	*n.*	5		汗水	hànshuǐ	*n.*	20
G 该	gāi	*aux.*	1		好	hǎo	*aux.*	19
改	gǎi	*v.*	5		好处	hǎochu	*n.*	16
改变	gǎibiàn	*v.*	9		好像	hǎoxiàng	*v.*	6
干	gàn	*v.*	7		好在	hǎozài	*adv.*	19

和气	héqi	adj.	14		寂寞	jìmò	adj.	17
盒	hé	n.	2		夹	jiā	v.	11
黑暗	hēi'àn	adj./n.	17		家庭	jiātíng	n.	15
恨	hèn	v.	14		家乡	jiāxiāng	n.	6
后悔	hòuhuǐ	v.	4		肩	jiān	n.	24
忽然	hūrán	adv.	17		减肥	jiǎnféi	v.	10
壶	hú	n.	24		剪	jiǎn	v.	12
花盆	huāpén	n.	18		建	jiàn	v.	20
花香	huāxiāng	n.	18		健康	jiànkāng	adj.	6
画面	huàmiàn	n.	18		健全	jiànquán	adj.	20
话筒	huàtǒng	n.	18		渐渐	jiànjiàn	adv.	1
环境	huánjìng	n.	2		将来	jiānglái	n.	22
皇帝	huángdì	n.	5		讲解	jiǎngjiě	v.	18
回答	huídá	v.	1		讲解员	jiǎngjiěyuán	n.	18
回信	huíxìn	n.	13		交（朋友）	jiāo（péngyou）	v.	4
活	huó	v.	8		交流	jiāoliú	v.	5
火	huǒ	n.	7		浇	jiāo	v.	23
货架	huòjià	n.	12		脚步声	jiǎobù shēng		18
J 机器	jīqì	n.	22		叫	jiào	v.	7
激动	jīdòng	adj./v.	25/9		接	jiē	v.	23
级	jí	m.	10		接受	jiēshòu	v.	19
即使	jíshǐ	conj.	18		节能灯	jiénéngdēng	n.	23
极了	jí le				节约	jiéyuē	v.	23
急忙	jímáng	adv.	14		解决	jiějué	v.	22
几乎	jīhū	adv.	15		解释	jiěshì	v./n.	16
计划	jìhuà	n.	22		借	jiè	v.	14
计算	jìsuàn	v.	16		金字塔	Jīnzìtǎ		7
记	jì	v.	14		紧张	jǐnzhāng	adj.	9
记得	jìde	v.	7		尽管	jǐnguǎn	conj.	17
纪念	jìniàn	n.	20		进入	jìnrù	v.	8
纪念品	jìniànpǐn	n.	9		经理	jīnglǐ	n.	16
既……也……	jì……yě……		3		经历	jīnglì	n.	14
既然	jìrán	conj.	22		经验	jīngyàn	n.	3
继续	jìxù	v.	7		精神	jīngshen	n.	21

竟然	jìngrán	*adv.*	25	浪漫	làngmàn	*adj.*	25
静	jìng	*adj.*	18	劳动	láodòng	*n./v.*	20
镜子	jìngzi	*n.*	12	老板	lǎobǎn	*n.*	20
酒店	jiǔdiàn	*n.*	16	老奶奶	lǎonǎinai	*n.*	18
旧	jiù	*adj.*	2	老年	lǎonián	*n.*	8
旧梦	jiùmèng	*n.*	8	雷雨	léiyǔ	*n.*	15
拒绝	jùjué	*v.*	25	泪水	lèishuǐ	*n.*	13
决心	juéxīn	*v.*	24	离开	lí kāi	*v.*	17
K 卡奴	kǎnú	*n.*	22	礼貌	lǐmào.	*adj.*	19
开	kāi	*v.*	11	理发	lǐ fà	*v.*	12
开玩笑	kāi wánxiào		5	理发师	lǐfàshī	*n.*	12
开心	kāixīn	*adj.*	10	理解	lǐjiě	*v.*	20
看样子	kànyàngzi	*adv.*	14	历史	lìshǐ	*n.*	13
靠	kào	*v.*	2	连	lián	*adv.*	23
靠	kào	*v.*	20	连忙	liánmáng	*adv.*	13
可爱	kě'ài	*adj.*	9	了	liǎo	*part.*	7
可怜	kělián	*adj.*	20	了不起	liǎobuqǐ	*adj.*	20
可怕	kěpà	*adj.*	22	邻居	línjū	*n.*	1
可惜	kěxī	*adj.*	6	灵	líng	*adj.*	7
可笑	kěxiào	*adj.*	12	铃	líng	*n.*	15
客户	kèhù	*n.*	16	领	lǐng	*v.*	8
肯定	kěndìng	*adv.*	1	领导	lǐngdǎo	*n.*	16
空	kōng	*adj.*	2	流	liú	*v.*	4
口水	kǒushuǐ	*n.*	4	流畅	liúchàng	*adj.*	19
哭	kū	*v.*	13	流行	liúxíng	*v.*	4
L 垃圾	lājī	*n.*	2	旅馆	lǚguǎn	*n.*	22
拉（手）	lā (shǒu)	*v.*	8	旅途	lǚtú	*n.*	25
辣	là	*adj.*	3	乱七八糟	luànqībāzāo	*adj.*	2
辣椒	làjiāo	*n.*	3	轮	lún	*v.*	7
啦	la	*part.*	14	落山	luòshān	*v.*	25
来信	láixìn	*n.*	13	**M** 马路	mǎlù	*n.*	8
篮子	lánzi	*n.*	3	蚂蚁	mǎyǐ	*n.*	11
懒虫	lǎnchóng	*n.*	1	迈	mài	*v.*	24
浪费	làngfèi	*v.*	16	满足	mǎnzú	*v.*	10

漫长	màncháng	adj.	25	**O** 哦	ò	int.	2
盲人	mángrén	n.	18	**P** 怕	pà	v.	3
毛病	máobìng	n.	22	拍	pāi	v.	25
毛巾	máojīn	n.	20	派	pài	v.	21
美丽	měilì	adj.	9	盼望	pànwàng	v.	15
梦	mèng	n.	8	胖	pàng	adj.	10
迷路	mí lù	v.	11	怦	pēng	onom.	19
秘密	mìmì	n.	6	骗人	piàn rén	v.	5
秘书	mìshū	n.	16	平安	píng'ān	adj.	10
密码	mìmǎ	n.	22	瓶装水	píngzhuāng shuǐ		23
面前	miànqián	n.	7	婆婆	pópo	n.	5
灭	miè	v.	7	**Q** 妻子	qīzi	n.	5
名片	míngpiàn	n.	22	其实	qíshí	adv.	4
明明	míngmíng	adv.	12	奇怪	qíguài	adj.	1
明信片	míngxìnpiàn	n.	7	奇迹	qíjì	n.	3
陌生	mòshēng	adj.	19	乞丐	qǐgài	n.	20
母语	mǔyǔ	n.	19	千万	qiānwàn	adv.	20
目的	mùdì	n.	25	铅笔	qiānbǐ	n.	23
幕布	mùbù	n.	18	签证	qiānzhèng	n.	25
N 哪怕	nǎpà	conj.	24	签证官	qiānzhèngguān	n.	25
耐心	nàixīn	adj.	15	欠	qiàn	v.	22
男子汉	nánzǐhàn	n.	24	强壮	qiángzhuàng	adj.	24
难道	nándào	adv.	16	墙	qiáng	n.	2
难过	nánguò	v.	3	墙角	qiángjiǎo	n.	2
难忘	nánwàng	adj.	8	亲	qīn	v.	8
闹笑话	nào xiàohua		12	亲切	qīnqiè	adj.	1
闹钟	nàozhōng	n.	1	亲手	qīnshǒu	adv.	20
年底	niándǐ	n.	25	亲吻	qīnwěn	v.	25
年级	niánjí	n.	8	亲眼	qīnyǎn	adv.	18
年纪	niánjì	n.	21	轻	qīng	adj.	9
年龄	niánlíng	n.	8	情况	qíngkuàng	n.	6
农村	nóngcūn	n.	14	情人	qíngrén	n.	17
弄	nòng	v.	14	情书	qíngshū	n.	19
女主人	nǚzhǔrén	n.	20	情愿	qíngyuàn	v.	20

请求	qǐngqiú	v.	13
请求	qǐngqiú	n.	19
取得	qǔdé	v	16
娶	qǔ	v.	5
去世	qùshì	v.	19
全部	quánbù	n.	20
却	què	adv.	1
R 热烈	rèliè	adj.	9
人格	réngé	n.	20
认真	rènzhēn	adj.	4
任何	rènhé	pron.	15
扔	rēng	v.	17
仍然	réngrán	adv.	19
日子	rìzi	n.	15
如今	rújīn	n.	22
入乡随俗	rù xiāng suí sú	idm.	1
软	ruǎn	adj.	12
S 洒	sǎ	v.	18
伞	sǎn	n.	1
山村	shāncūn	n.	18
山顶	shāndǐng	n.	24
善良	shànliáng	adj.	10
伤	shāng	n.	15
商量	shāngliang	v.	21
烧	shāo	v.	7
稍微	shāowēi	adv.	14
舍不得	shěbude	v.	25
摄像机	shèxiàngjī	n.	25
身边	shēnbiān	n.	14
神仙	shénxiān	n.	21
生命	shēngmìng	n.	18
声音	shēngyīn	n.	6
省	shěng	v.	23
失望	shīwàng	v.	17

十分	shífēn	adv.	17
石头	shítou	n.	21
时代	shídài	n.	22
时刻	shíkè	n.	9
实在	shízài	adv.	12
食品	shípǐn	n.	2
使	shǐ	v.	10
使劲儿	shǐ jìnr	v.	8
使用	shǐyòng	v.	23
世界	shìjiè	n.	7
市场	shìchǎng	n.	3
式	shì	n	5
适应	shìyìng	v.	1
收养	shōuyǎng	v.	15
守时	shǒushí	v.	16
寿命	shòumìng	n.	23
受	shòu	v.	15
受不了	shòubuliǎo		10
受伤	shòu shāng	v.	15
售货员	shòuhuòyuán	n.	12
书本	shūběn	n.	11
蔬菜	shūcài	n.	18
熟人	shúrén	n.	1
束	shù	m.	17
数字	shùzì	n.	9
双	shuāng	m.	8
水缸	shuǐgāng	n.	23
说法	shuōfa	n.	19
说服	shuōfú	v.	25
死	sǐ	v.	19
似的	shìde	part.	18
送	sòng	v.	11
搜集	sōují	v.	24
酸奶	suānnǎi	n.	2

孙子	sūnzi	*n.*	21		为了	wèile	*prep.*	1
T 台阶	táijiē	*n.*	10		围	wéi	*v.*	7
唐装	Tángzhuāng	*n.*	4		唯一	wéiyī	*adj.*	15
讨厌	tǎoyàn	*v.*	7		味道	wèidao	*n.*	3
特殊	tèshū	*adj.*	9		温柔	wēnróu	*adj.*	10
特意	tèyì	*adv.*	17		文化	wénhuà	*n.*	4
提	tí	*v.*	24		文件	wénjiàn	*n.*	10
提包	tíbāo	*n.*	14		闻	wén	*v.*	6
提出	tí chū	*v.*	19		吻	wěn	*v.*	9
提前	tíqián	*v.*	16		问好	wènhǎo	*v.*	1
甜	tián	*adj.*	3		误会	wùhuì	*v.*	12
填	tián	*v.*	10		**X** 夕阳	xīyáng	*n.*	24
帖子	tiězi	*n.*	13		媳妇	xífù	*n.*	5
停	tíng	*v.*	14		洗澡	xǐzǎo	*v.*	7
挺	tǐng	*adv.*	1		下班	xià bān	*v.*	16
通风	tōng fēng		23		下面	xiàmiàn	*n.*	1
通信	tōng xìn	*v.*	19		吓一跳	xià yí tiào		12
通行证	tōngxíngzhèng	*n.*	22		鲜花	xiānhuā	*n.*	18
同事	tóngshì	*n.*	8		闲事	xiánshì	*n.*	23
同样	tóngyàng	*adj.*	9		现金	xiànjīn	*n.*	22
同意	tóngyì	*v.*	21		羡慕	xiànmù	*v.*	11
童年	tóngnián	*n.*	10		相识	xiāngshí	*v.*	15
土	tǔ	*n.*	21		相同	xiāngtóng	*adj.*	15
腿	tuǐ	*n.*	15		相信	xiāngxìn	*v.*	3
W 挖	wā	*v.*	21		香	xiāng	*adj.*	3
袜子	wàzi	*n.*	2		香味	xiāngwèi		6
万	wàn	*num.*	14		箱	xiāng	*n.*	2
网络	wǎngluò	*n.*	6		享受	xiǎngshòu	*v.*	22
往返	wǎngfǎn	*v.*	21		响	xiǎng	*v.*	9
往事	wǎngshì	*n.*	8		想不到	xiǎng bu dào		12
忘记	wàngjì	*v.*	8		想不通	xiǎng bu tōng		3
望	wàng	*v.*	24		想象	xiǎngxiàng	*v./n.*	25
危险	wēixiǎn	*adj.*	22		像	xiàng	*n.*	25
微笑	wēixiào	*v.*	9		消毒	xiāodú	*v.*	2

消息	xiāoxi	n.	8	洋	yáng	adj.	5
小看	xiǎokàn	v.	23	养	yǎng	v.	15
小气	xiǎoqì	adj.	23	样子	yàngzi	n.	12
小声	xiǎoshēng		7	摇头	yáo tóu	v.	3
小时候	xiǎoshíhou	n.	7	钥匙	yàoshi	n.	22
小心	xiǎoxīn	v.	2	噎	yē	v.	5
小学	xiǎoxué	n.	7	也许	yěxǔ	adv.	11
小子	xiǎozi	n.	7	页	yè	m.	11
笑话	xiàohua	v.	23	夜里	yèlǐ	n.	14
笑脸	xiàoliǎn	n.	6	夜猫子	yèmāozi	n.	1
谢	xiè	v.	14	一辈子	yíbèizi	n.	7
心爱	xīn'ài	adj.	15	一次性	yícìxìng	adj.	23
心情	xīnqíng	n.	9	一刻	yíkè	n	9
辛苦	xīnkǔ	adj.	10	一路	yílù	n.	16
新鲜	xīnxiān	adj.	3	一片	yí piàn		17
信鸽	xìngē	n.	15	一切	yíqiè	pron.	6
信任	xìnrèn	v.	24	一下子	yíxiàzi	adv.	11
行程	xíngchéng	n.	25	一阵子	yízhènzi	m.	10
醒来	xǐng lái	v.	11	一生	yìshēng	n.	8
幸福	xìngfú	adj.	9	衣柜	yīguì	n.	2
幸好	xìnghǎo	adv.	14	移	yí	v.	21
需要	xūyào	v.	16	以来	yǐlái	n.	24
选	xuǎn	v.	5	以外	yǐwài	n.	13
选择	xuǎnzé	v.	4	椅子	yǐzi	n.	17
选中	xuǎnzhòng		5	毅力	yìlì	n.	21
学费	xuéfèi	n.	4	因此	yīncǐ	conj.	4
学好	xué hǎo		13	印象	yìnxiàng	n.	14
延续	yánxù	v.	21	硬	yìng	adj.	12
严重	yánzhòng	adj.	14	拥抱	yōngbào	v.	25
沿着	yánzhe	part.	24	永远	yǒngyuǎn	adv.	20
眼镜	yǎnjìng	n.	17	用电量	yòngdiàn liàng		23
眼泪	yǎnlèi	n.	9	用来	yònglái	v.	23
眼前	yǎnqián	n.	24	优点	yōudiǎn	n.	16
阳台	yángtái	n.	15	优美	yōuměi	adj.	19

优秀	yōuxiù	adj.	24
由	yóu	prep.	25
由于	yóuyú	conj.	13
油条	yóutiáo	n.	5
游览	yóulǎn	v.	5
游戏	yóuxì	n.	9
有关	yǒuguān	v.	24
有趣	yǒuqù	adj.	11
有时	yǒushí	adv.	8
有些	yǒuxiē	pron.	1
有用	yǒu yòng	adj.	13
幼小	yòuxiǎo	adj.	24
于是	yúshì	conj.	17
愉快	yúkuài	adj.	13
愚公移山	Yúgōng yí shān	idm.	21
雨点	yǔdiǎn	n.	15
浴巾	yùjīn	n.	7
浴室	yùshì	n.	7
遇到	yùdào	v.	17
元素	yuánsù	n.	4
缘分	yuánfèn	n.	4
约	yuē	v.	17
约会	yuēhuì	n.	4
月光	yuèguāng	n.	18
运	yùn	v.	21
运动会	yùndònghuì	n.	24
Z 再说	zàishuō	conj.	21
赞成	zànchéng	v.	21
脏	zāng	adj.	2
早餐	zǎocān	n.	5
怎样	zěnyàng	prep.	10
摘	zhāi	v.	11
债	zhài	n.	22
蘸	zhàn	v.	5

张	zhāng	m.	19
长相	zhǎngxiàng	n.	17
掌声	zhǎngshēng	n.	9
招手	zhāo shǒu	v.	25
照	zhào	v.	12
照顾	zhàogù	v.	8
这时	zhèshí	n.	17
着	zhe	part.	1
针头	zhēntóu	n.	12
枕头	zhěntou	n.	12
整天	zhěngtiān	n.	10
挣	zhèng	v.	4
整整	zhěngzhěng	adv.	20
之间	zhījiān	n.	17
只	zhī	m.	20
只要	zhǐyào	conj.	22
只有	zhǐyǒu	conj.	19
指	zhǐ	v.	5
志愿者	zhìyuànzhě	n.	18
治	zhì	v.	15
中	zhōng	n.	8
中间	zhōngjiān	n.	3
中心	zhōngxīn	n.	17
中央	zhōngyāng	n.	25
终于	zhōngyú	adv.	11
中	zhòng	v.	5
主人	zhǔrén	n.	15
祝	zhù	v.	6
祝福	zhùfú	n.	10
抓	zhuā	v	24
专业	zhuānyè	n.	24
砖	zhuān	n.	20
追	zhuī	v.	14
准	zhǔn	adj.	12

准时	zhǔnshí	adj.	16
资料	zīliào	n.	24
子孙	zǐsūn	n.	21
仔细	zǐxì	adj.	11
自动取款机	zìdòng qǔkuǎnjī		22
自来水	zìláishuǐ	n.	23
自信	zìxìn	adj.	12
自由	zìyóu	n./adj.	2

自由自在	zìyóu zìzài	idm.	11
尊敬	zūnjìng	n.	20
尊重	zūnzhòng	v.	5
左右	zuǒyòu	n.	18
座	zuò	m.	20
做人	zuòrén	v.	4

专　名

埃及	Āijí	7
柏林	Bólín	25
俄语	Éyǔ	25
哥伦比亚	Gēlúnbǐyà	13
广东话	Guǎngdōnghuà	8
捷克	Jiékè	25
毛泽东	Máo Zédōng	25
情人节	Qíngrén Jié	17

山东	Shāndōng	3
四川	Sìchuān	3
太行山	Tàiháng Shān	21
天津	Tiānjīn	14
土耳其	Tǔ'ěrqí	25
王屋山	Wángwū Shān	21
乌兹别克斯坦	Wūzībiékèsītǎn	25
玉帝	Yùdì	21

《发展汉语》（第二版）
基本使用信息

教 材	适用水平	每册课数	每课建议课时	每册建议总课时
初级综合（I）	零起点及初学阶段	30课	5课时	150-160
初级综合（II）		25课	6课时	150-160
中级综合（I）	已掌握2000-2500词汇量	15课	6课时	90-100
中级综合（II）		15课	6课时	90-100
高级综合（I）	已掌握3500-4000词汇量	15课	6课时	90-100
高级综合（II）		15课	6课时	90-100
初级口语（I）	零起点及初学阶段	23课	4课时	92-100
初级口语（II）		23课	4课时	92-100
中级口语（I）	已掌握2000-2500词汇量	15课	6课时	90-100
中级口语（II）		15课	6课时	90-100
高级口语（I）	已掌握3500-4000词汇量	15课	4课时	60-70
高级口语（II）		15课	4课时	60-70
初级听力（I）	零起点及初学阶段	30课	2课时	60-70
初级听力（II）		30课	2课时	60-70
中级听力（I）	已掌握2000-2500词汇量	30课	2课时	60-70
中级听力（II）		30课	2课时	60-70
高级听力（I）	已掌握3500-4000词汇量	30课	2课时	60-70
高级听力（II）		30课	2课时	60-70
初级读写（I）	零起点及初学阶段	15课	2课时	30-40
初级读写（II）		15课	2课时	30-40
中级阅读（I）	已掌握2000-2500词汇量	15课	2课时	30-40
中级阅读（II）		15课	2课时	30-40
高级阅读（I）	已掌握3500-4000词汇量	15课	2课时	30-40
高级阅读（II）		15课	2课时	30-40
中级写作（I）	已掌握2000-2500词汇量	15课	2课时	30-40
中级写作（II）		15课	2课时	30-40
高级写作（I）	已掌握3500-4000词汇量	12课	2课时	30-40
高级写作（II）		12课	2课时	30-40

发展汉语 Developing **Chinese** 第二版 2nd Edition

综 合

○ 初级综合（Ⅰ）含1MP3	ISBN 978-7-5619-3076-2	79.00元
○ 初级综合（Ⅱ）含1MP3	ISBN 978-7-5619-3077-9	75.00元
○ 中级综合（Ⅰ）含1MP3	ISBN 978-7-5619-3089-2	56.00元
○ 中级综合（Ⅱ）含1MP3	ISBN 978-7-5619-3239-1	60.00元
○ 高级综合（Ⅰ）含1MP3	ISBN 978-7-5619-3133-2	55.00元
○ 高级综合（Ⅱ）含1MP3	ISBN 978-7-5619-3251-3	60.00元

口 语

○ 初级口语（Ⅰ）含1MP3	ISBN 978-7-5619-3247-6	65.00元
○ 初级口语（Ⅱ）含1MP3	ISBN 978-7-5619-3298-8	74.00元
○ 中级口语（Ⅰ）含1MP3	ISBN 978-7-5619-3068-7	56.00元
○ 中级口语（Ⅱ）含1MP3	ISBN 978-7-5619-3069-4	52.00元
○ 高级口语（Ⅰ）含1MP3	ISBN 978-7-5619-3147-9	58.00元
○ 高级口语（Ⅱ）含1MP3	ISBN 978-7-5619-3071-7	56.00元

听 力

○ 初级听力（Ⅰ）含1MP3	ISBN 978-7-5619-3063-2	79.00元
○ 初级听力（Ⅱ）含1MP3	ISBN 978-7-5619-3014-4	68.00元
○ 中级听力（Ⅰ）含1MP3	ISBN 978-7-5619-3064-9	62.00元
○ 中级听力（Ⅱ）含1MP3	ISBN 978-7-5619-2577-5	70.00元
○ 高级听力（Ⅰ）含1MP3	ISBN 978-7-5619-3070-0	68.00元
○ 高级听力（Ⅱ）含1MP3	ISBN 978-7-5619-3079-3	70.00元

"练习与活动" + "文本与答案"

读 写

○ 初级读写（Ⅰ）

　　ISBN 978-7-5619-3360-2　　27.00元

○ 初级读写（Ⅱ）

　　即将出版

阅 读

○ 中级阅读（Ⅰ）

　　ISBN 978-7-5619-3123-3　　29.00元

○ 中级阅读（Ⅱ）

　　ISBN 978-7-5619-3197-4　　29.00元

○ 高级阅读（Ⅰ）

　　ISBN 978-7-5619-3080-9　　32.00元

○ 高级阅读（Ⅱ）

　　ISBN 978-7-5619-3084-7　　35.00元

写 作

○ 中级写作（Ⅰ）

　　ISBN 978-7-5619-3286-5　　35.00元

○ 中级写作（Ⅱ）

　　ISBN 978-7-5619-3287-2　　39.00元

○ 高级写作（Ⅰ）

　　ISBN 978-7-5619-3361-9　　29.00元

○ 高级写作（Ⅱ）

　　ISBN 978-7-5619-3269-8　　29.00元

中国文化百题
A Kaleidoscope of Chinese Culture

纵横古今，中华文明历历在目　享誉中外，东方魅力层层绽放
Unfold the splendid and fascinating Chinese civilization

了解中国的窗口
A window to China

- 大量翔实的高清影视资料，展现中国文化的魅力。既是全面了解中国文化的影视精品，又是汉语教学的文化视听精品教材。

- 涵盖了中国最典型的200个文化点，包括中国的名胜古迹、中国各地、中国的地下宝藏、中国的名山大川、中国的民族、中国的美食、中国的节日、中国的传统美德、中国人的生活、儒家、佛教与道教、中国的风俗、中国的历史、中医中药、中国的文明与艺术、中国的著作、中国的人物、中国的故事等18个方面。

- 简洁易懂的语言，展示了每个文化点的精髓。

- 共四辑，每辑50个文化点，每个文化点3分钟。中外文解说和字幕，可灵活搭配选择。已出版英语、德语、韩语、日语、俄语五个注释文种，其他文种将陆续出版。

目　录　Contents

第一辑 Album 1

中国各地之一
Places in China I

第一盘 DVD 1
- ■ 中国概况　■ 北京　■ 上海　■ 天津　■ 重庆
- ■ 山东省　■ 新疆维吾尔自治区　■ 西藏自治区
- ■ 香港特别行政区　■ 澳门特别行政区

第三盘 DVD 3
- ■ 黄河　■ 泰山　■ 故宫　■ 周口店北京猿人遗址
- ■ 长江　■ 龙门石窟　■ 黄山　■ 九寨沟
- ■ 张家界　■ 庐山

中国文明与艺术之一
Chinese Civilization and Art I

第五盘 DVD 5
- ■ 书法艺术　■ 中国画　■ 年画　■ 剪纸
- ■ 中国丝绸　■ 刺绣　■ 旗袍　■ 瓷器
- ■ 中医的理论基础——阴阳五行　■ 针灸

中国名胜古迹之一
Scenic Spots and Historical Sites in China I

第二盘 DVD 2
- ■ 长城　■ 颐和园　■ 避暑山庄　■ 明十三陵　■ 少林寺
- ■ 苏州古典园林　■ 山西平遥古城　■ 丽江古城
- ■ 桂林漓江　■ 河姆渡遗址

第四盘 DVD 4
- ■ 秦始皇兵马俑　■ 马王堆汉墓　■ 殷墟
- ■ 殷墟的墓葬　■ 殷墟的甲骨文　■ 曾侯乙编钟
- ■ 法门寺地宫　■ 三星堆遗址　■ 古蜀金沙　■ 马踏飞燕

第二辑 Album 2

中国名胜古迹之二
Scenic Spots and Historical Sites in China II

第一盘 DVD 1

■ 天坛　■ 布达拉宫　■ 孔庙、孔府、孔林　■ 敦煌莫高窟
■ 云冈石窟　■ 乐山大佛　■ 长白山　■ 华山　■ 武夷山
■ 皖南古村落——西递、宏村

中国的民族
Chinese Nationalities

第二盘 DVD 2

■ 多民族的国家　■ 汉族、满族　■ 瑶族、纳西族
■ 侗族、朝鲜族　■ 苗族、彝族　■ 蒙古族、壮族
■ 白族、傣族　■ 回族、维吾尔族、哈萨克族
■ 民族服饰　■ 民族歌舞

中国文明与艺术之二
Chinese Civilization and Art II

第三盘 DVD 3

■ 龙　■ 中国的城门　■ 中国的牌楼　■ 中国的祭坛
■ 北京的胡同　■ 北京四合院　■ 中国的白酒
■ 各地小吃　■ 北京烤鸭　■ 中国的面食

中国文明与艺术之三
Chinese Civilization and Art III

第四盘 DVD 4

■ 神奇的汉字　■ 茶　■ 中国功夫
■ 中国的玉器　■ 京剧　■ 中国民乐　■ 风筝
■ 民间面塑　■ 民间泥塑　■ 民间皮影

中国的宗教与思想
Chinese Religions and Ideology

第五盘 DVD 5

■ 儒家思想　■ 中国的佛教　■ 道教与神仙　■ 宗教建筑　■ 孔子和儒家思想　■ 老子和道家思想
■ 佛教名山——峨眉山　■ 佛教名山——五台山　■ 道教名山——武当山　■ 道教名山——崂山

第三辑 Album 3

中国各地之二
Places in China II

第一盘 DVD 1

■ 黑龙江省　■ 河北省　■ 江苏省　■ 浙江省
■ 四川省　■ 安徽省　■ 云南省　■ 福建省　■ 广东省
■ 贵州省、海南省　■ 广西壮族自治区、台湾省

中国各地之三
Places in China III

第二盘 DVD 2

■ 吉林省　■ 辽宁省　■ 山西省　■ 陕西省
■ 甘肃省、宁夏回族自治区　■ 青海省　■ 内蒙古自治区
■ 湖北省　■ 湖南省　■ 河南省　■ 江西省

中国人物之一
People in China I

第三盘 DVD 3

■ 皇帝　■ 尧舜　■ 秦始皇　■ 屈原　■ 司马迁
■ 张仲景　■ 张衡　■ 蔡伦　■ 毕昇　■ 李时珍

中国现代建筑大观
Modern Architectures in China

第四盘 DVD 4

■ 鸟巢　■ 青藏铁路　■ 国家大剧院　■ 首都机场3号航站楼
■ 浦东新高度　■ 长江三峡工程　■ 杭州湾跨海大桥　■ 上海外滩

中国文明与艺术之四
Chinese Civilization and Art IV

第五盘 DVD 5

■ 中国菜（上）　■ 中国菜（下）　■ 筷子　■ 扇子　■ 太极拳
■ 杂技　■ 把脉、推拿、拔火罐、刮痧　■ 中药　■ 篆刻　■《论语》

每辑：5张DVD + 5册图书 + 精美书签50枚
定价：¥980.00 / 辑
Each album: 5 DVDs + 5 books + 50 beautiful bookmarks
Price: ¥980.00/album

第四辑 Album 4

中国传统节日
Chinese Traditional Festivals

第一盘 DVD 1

■ 春节　■ 元宵节　■ 清明节　■ 端午节
■ 七夕节　■ 中秋节　■ 重阳节　■ 二十四节气

中国人物之二
People in China II

第二盘 DVD 2

■ 孙子　■ 孟子　■ 关羽　■ 诸葛亮　■ 玄奘
■ 李白和杜甫　■ 孙中山　■ 鲁迅　■ 老舍　■ 雷锋

中国故事
Chinese Stories

第三盘 DVD 3

■ 孟姜女　■ 梁山伯与祝英台　■ 牛郎织女
■ 白蛇传嫦娥奔月　■ 木兰从军　■ 大禹治水
■ 鲁班的传说　■ 包公与陈世美

中国文明与艺术之五
Chinese Civilization and Art V

第四盘 DVD 4

■ 中国历史　■《诗经》与《楚辞》　■ 唐诗与宋词
■ 中国四大名著（上）　■ 中国四大名著（下）　■ 地方戏
■ 曲艺　■ 中国民歌　■《易经》与八卦　■ 风水　■ 气功

中国文明与艺术之六
Chinese Civilization and Art VI

第五盘 DVD 5

■ 汉族的姓名　■ 中国的十二生肖　■ 凤凰　■ 动物（上）　■ 动物（下）　■ 植物
■ 颜色　■ 对联　■ 灯笼、锣鼓、烟花爆竹　■ 中国人的生日　■ 中国人的婚嫁

图书在版编目（CIP）数据

初级综合.Ⅱ/徐桂梅编著.—2版.—北京：
北京语言大学出版社，2012重印
（发展汉语（第二版））
普通高等教育"十一五"国家级规划教材
ISBN 978-7-5619-3077-9

Ⅰ.①初…　Ⅱ.①徐…　Ⅲ.①汉语—对外汉语教学—
教材　Ⅳ.①H195.4

中国版本图书馆 CIP 数据核字（2011）第 138625 号

书　　名：	发展汉语（第二版）初级综合（Ⅱ）
责任印制：	汪学发

出版发行：**北京语言大学出版社**

社　　址：北京市海淀区学院路 15 号　　邮政编码：100083
网　　址：www.blcup.com
电　　话：发行部　010-82303650 / 3591 / 3651
　　　　　编辑部　010-82303647 / 3592
　　　　　读者服务部　010-82303653 / 3908
　　　　　网上订购电话　010-82303668
　　　　　客户服务信箱　service@blcup.com
印　　刷：北京东海印刷有限公司
经　　销：全国新华书店

版　　次：2012 年 2 月第 2 版　　2012 年 8 月第 2 次印刷
开　　本：889 毫米×1194 毫米　　1/16
印　　张：20
字　　数：415 千字
书　　号：ISBN 978-7-5619-3077-9 / H·11117
定　　价：75.00 元

凡有印装质量问题，本社负责调换。电话：010-82303590